独身名人的爱情

DUSHENMINGRENDEAIQING

赵凤山 赵海梅 /著

中国社会出版社
国家一级出版社★全国百佳图书出版单位

图书在版编目(CIP)数据

独身名人的爱情/赵风山，赵海梅著. --北京：中国社会出版社，2013.10
ISBN 978-7-5087-4559-6

Ⅰ.①独… Ⅱ.①赵… ②赵… Ⅲ.①名人—生平事迹—世界 Ⅳ.①K811

中国版本图书馆 CIP 数据核字（2013）第 232876 号

书　　名：独身名人的爱情
著　　者：赵风山　赵海梅
责任编辑：王晓翔
助理编辑：赵津莹

出版发行：中国社会出版社　　　邮政编码：100032
通联方法：北京市西城区二龙路甲 33 号
电话：编辑部：（010）66061723
邮购部：（010）66081078
销售部：（010）66080300　　（010）66085300
（010）66083600
传　真：（010）66051713　　（010）66080880
网　　址：www.shcbs.com.cn
经　　销：各地新华书店

印刷装订：中国电影出版社印刷厂
开　　本：170mm×240mm　1/16
印　　张：19.25
字　　数：260 千字
版　　次：2013 年 12 月第 1 版
印　　次：2013 年 12 月第 1 次印刷
定　　价：38.00 元

目 录

影。肖邦与法国女作家乔治·桑同居的9年，是他个人生命中音乐创作的最高峰。

匈牙利出色的钢琴家、作曲家李斯特，才华横溢，英俊潇洒，生性热情。在他的一生中艳遇不断，身边总是围绕着众多的名媛佳丽。他不停地征服漂亮女人，也不停地成为这些女人的俘虏。他与巴黎最动人、最高贵的玛丽·道格尔特伯爵夫人私奔同居，两人有过3个孩子，可最终还是分手。

俄国著名的批判现实主义作家冈察洛夫，虽然长得仪表堂堂，风度翩翩，却始终没有品尝过爱情的甜蜜，孤独的苦涩伴随着他的一生。他爱恋过几个理想的女人，但始终没有迸发出爱情的火花，均化作了深厚的友谊。爱情的悲剧激发了他的创作欲望，他只能在作品里与恋人化身的女主人公交流。

俄国批判现实主义作家屠格涅夫，在向艺术顶峰艰难的攀登中取得了成功。但在爱情方面，由于他的孟浪，使女裁缝为他生下了一个女孩，留下了一生中唯一的骨血。他在长达40年的时间里，始终不渝地与欧洲著名女歌唱家波莉娜·维亚尔多夫人保持着纯真的友谊和爱的依恋。

美国杰出的民主主义诗人惠特曼，一生留给人们很多谜。他写过为数不少的性爱诗，但对女性的追求有时却表现出不感兴趣。他对风流韵事守口如瓶，任人去猜测。英国女作家安妮·吉尔克利斯特夫人大胆、狂热地献出自己的爱，他却拒不接受；他终身未婚，临死前却说自己有6个孩子。

法国批判现实主义作家福楼拜，在他留传后世的作品里，塑造了众多成功

爱的魔力是艺术的源泉——米开朗基罗

意大利伟大的雕刻家米开朗基罗，一生真正爱过的女人有3个。门第之见断送了他与康黛辛娜的初恋，美女克拉丽萨使他感受到了爱情的魔力，与公爵夫人圣洁的爱使他的艺术创造力如春潮汹涌。为了艺术，为了他不能舍弃的大理石，他孤身一人走完了89年充满荆棘的路程。

米开朗基罗·博那罗蒂（1475—1564年）是意大利文艺复兴时期伟大的绘画家、雕塑家、建筑师和诗人，人类历史上罕见的艺术大师之一，与拉斐尔和达芬奇并称为“文艺复兴三杰”。代表作品有《大卫》《摩西》《奴隶》《最后的审判》《圣家族》及《创世纪》等。他的雕塑和绘画作品，艺术风格以现实主义为基础，兼具浪漫主义风格，有很深的人文主义思想，代表了文艺复兴时期雕塑艺术的最高成就，至今仍是无比珍贵的艺术瑰宝。

然而，他在整个艺术生涯中所遭受的磨难，恐怕也是艺术史上罕见的。为了艺术，他放弃了唾手可得的宝贵尊荣；为了艺术，他与无数的打击、诬蔑和诽谤作斗争；为了艺术，他放弃了原本十分向往的家庭生活，孤身一人走完了布满荆棘的人生之路。

1475年3月6日，米开朗基罗出生于意大利佛罗伦萨附近的卡普雷塞，父亲是当地的一名法官，脾气暴躁、惧怕上帝。母亲在米开朗基罗6岁的时候就死了，兄弟5人，分别是：利奥那多、米开朗基罗、博纳罗陀、乔凡西莫内和西吉斯蒙多。米开朗基罗出生之后，被送到塞蒂涅阿诺德一个石匠的妻子那里喂养。成名后，他曾开玩笑说，他的雕塑家志向就源于石匠妻子的乳房。父亲送他进拉丁文与希腊文学校学习，但是他只喜欢画素描，因此经常被父亲及叔叔伯伯们殴打。博那罗蒂家族曾飞黄腾达过，有几人任过市长和市政委员会的委员。他们瞧不起搞艺术的人，甚至视艺术为仇敌。没想到米开朗基罗竟是家族的叛逆者。

米开朗基罗的固执最终战胜了父亲。13 岁时，他进入佛罗伦萨最大最好的梅尼斯·吉兰达约的画室当学徒。最初的几件作品便获得了极大的成功，显示出他在美术方面的天赋。之后，又拜在佛罗伦萨的壁画家多门尼哥·吉尔兰岱门下。一年学徒期满后，他萌发了对雕塑的热情，想当个大理石雕刻家。于是他离开了自己的老师。

15 岁的米开朗基罗情窦初开，爱上了雕塑学校校长的女儿——康黛辛娜。他们的初恋是那么朦胧，那么纯净，那么甜蜜。然而，少女家族的高贵，怎能允许他们相爱？他拼命地雕塑作品，以排解失恋的痛苦。

此后，米开朗基罗到罗伦佐·德·美迪齐亲王在圣马可花园开办的雕塑学校学习。在那儿他埋首于古代收藏品之中，沐浴在柏拉图门徒的诗意氛围之下。由于沉湎于古代生活，他的心灵深处充满了崇古思想。

米开朗基罗刚到雕刻学校一周，就见到了罗伦佐的女儿——康黛辛娜·德·美迪齐。他目不转睛地盯着她那惹人喜爱的面庞，康黛辛娜也注视着他。两个人都感到呼吸加快了，两性的吸引使他们感到某种东西在觉醒。此后，康黛辛娜几乎每天都要到圣马可花园来，和其他学徒热情地说话，但从来没有看过米开朗基罗一眼。只要康黛辛娜一踏进园门，米开朗基罗就知道她来了；康黛辛娜一离开，他就感到莫名的空虚。他还从来没有和小姐来往过，也从来对她们不感兴趣。可现在他一看到美迪齐家这位血统高贵的公主与其他人说说笑笑，心里就说不出的难受。他希望她能走得远远的，别扰乱自己原本平静的心情；但又希望有一天她能亲热地与他说话。这位 14 岁少年的心惶然了。

终于有一天，当园子里只剩下米开朗基罗一个人时，康黛辛娜和其他两个兄弟一起游览花园。康黛辛娜第一次跟米开朗基罗说话。米开朗基罗兴奋得发抖，但他故作镇静，仍未停止手中的雕刻。好景不长，随着潮湿季节的到来，罗伦佐再也不许女儿离开府邸了，因为康黛辛娜的身体十分虚弱。在过去的一年里，肺病已经带走了她的母亲和姐姐，别人预言她也将不久于人世。没有了康黛辛娜，米开朗基罗感到花园是那么空旷无聊，日子也显得更加漫长。

1490 年 3 月，米开朗基罗第一次被邀请去罗伦佐的府邸欣赏一个半羊神雕像。他正在仔细端详，突然感到一缕细细的幽香飘进他的鼻子。他深深吸了一口气，知道康黛辛娜来了。他已经有几个月没有见过她了。他猛地回转身来，只见康黛辛娜还是那样娇小柔弱，手里拿着一卷希腊羊皮纸抄本及一本演讲集。她轻轻叫了一声“米开朗基罗”。这一声娇呼给米开朗基罗带来了莫大的欢乐，他激动得语无伦次。康黛辛娜脸一红，说道：“我在你身边就有了力量，这是为什么?”米开朗基罗反问道：“我在你身边就感到拘束，这是为什么?”两个人都会心地笑了。临走时，康黛辛娜伸出一只纤弱得像小鸟儿一样的手，放在米开朗基罗那双粗糙的手上。米开朗基罗感到一阵震颤、一阵温暖。这天晚上，米开朗基罗失眠了。

米开朗基罗在工作中并不顺利。他的老师白托多对他很严厉，很少赞扬他，也不给他报酬。米开朗基罗不知道这是罗伦佐和白托多故意给他设置障碍，以此看他有没有毅力。他们早已看出米开朗基罗非常具有天赋，但对他的性格并不了解，故此百般刁难。米开朗基罗经受住了考验。罗伦佐终于把他请进书房，邀请他住在自己的府邸，允许他和自己的儿子们同席，并将他视为家庭中的一员。

米开朗基罗在罗伦佐家过得并不开心，与罗伦佐的儿子彼埃罗·德·美迪齐相处也不融洽，幸亏康黛辛娜从中周旋，在生活各方面照顾他，提醒他注意与家族成员的关系，才使得米开朗基罗能够安心地工作，获得了罗伦佐、白托多等人的高度赞赏。但这遭到了同事托里吉安尼的忌妒，他以一记重拳打断了米开朗基罗的鼻梁骨。托里吉安尼的大拳头使他的整个脸变了形，疼痛难忍。他不愿见任何人，但他怎么能拒绝康黛辛娜的探访呢？康黛辛娜的眼泪掉在了米开朗基罗的脸上，米开朗基罗也差一点哭出来。康黛辛娜把嘴唇贴在他那发肿的鼻梁上，他感到一阵温暖，像镇痛的香膏。两情相悦的温馨弥漫了整个房间。突然，康黛辛娜的目光落在了门口，她很快抬起了头，门口是双唇紧闭的罗伦佐。原来是罗伦佐哥哥的私生子、以后的教皇克利门特七世——玖里奥·德·美迪齐向罗伦佐密告了他们的会面。罗伦佐静静地说："你们的友谊是好的，艺术家要有朋友，这是很重要的。美迪齐家族也需要朋友。"随后他扔下两个手足无措的大孩子，转身走了。

几天后的一个晚上，月亮高高地挂在空中，空气中弥漫着原野的香味。米开朗基罗和康黛辛娜并肩坐在草地上。康黛辛娜叹了一口气说："要是能找到一个能俯瞰佛罗伦萨夜景的地方，该有多好呀！"米开朗基罗叫道："我知道一个地方，咱们俩从后园溜出去，分头走。"

他俩在后园外见了面，来到古老的柏维地尔要塞。他们陶醉在这个城市的美景之中。这是主教堂，那是市政大厦……兴奋之余，两人一只手指点着高大的建筑，另一只手绕过粗糙的石头，找寻着对方的手。两只手相遇，紧紧地握在了一起，一股热乎乎的暖流涌上心头。

不久，罗伦佐把米开朗基罗叫到了办公室。米开朗基罗十分明白叫他的缘由，抢先说道："她在我身边一直是安全的，阁下。那儿的景色十分美丽。"罗伦佐盯着他说："我不怀疑你的行为，米开朗基罗，而是怀疑你的明智。你真以为没有人会看见你们吗？要知道佛罗伦萨是一个充满恶毒舌头的城市。"米开朗基罗天真地问道："他们对一个小姑娘总不会说三道四吧？我能做点什么补救的工作吗？"罗伦佐摇了摇头，意味深长地看着米开朗基罗说道："康黛辛娜快要长大了，你的心是好的。行了，孩子，回去工作吧。"

此后几天，米开朗基罗听说彼埃罗和其妻提出了抗议，反对一个普通人跟美迪齐家族的亲密来往，并声称如果不对康黛辛娜采取措施，后果将不堪设想。很快，康黛辛娜就被送到别处做客去了。当她回来时，她已与彼埃罗·里多菲订婚了。康黛辛娜试图从米开朗基罗那里得到安慰，但米开朗基罗退缩了。他不能背叛恩人罗伦佐，对他来讲，工作才是生命中最有价值的部分，而爱情不过是生活的添加剂。康黛辛娜失望了，但她留下了“我的感情只属于我自己”的话。不久，米开朗基罗挚爱的老师白托多与罗伦佐因病相继离开人世，他失去了精神支柱。

雕像花园里现在变得格外冷清，而府邸里到处是轻歌曼舞、饮酒狂欢。康黛辛娜的婚礼正在积极筹备着。米开朗基罗感到非常寂寞，只有拼命工作才能排解心中的痛苦。于是，《阶梯旁的圣母》《半马人的战斗》《海丘力士》就在这时诞生了。

1493 年 5 月 24 日，从清晨起，三千贺客陆续涌进了佛罗伦萨城，康黛辛娜和里多菲的婚礼举行了。里多菲身穿缎子礼服，高高的个子，黑栗色的头发衬着他清瘦的面颊。康黛辛娜穿着白貂皮镶领的朱红锦绣长袍，曳着长长的衣裙。米开朗基罗在心中默默地为这对新人祝福，愿他们白头偕老。只要康黛辛娜感到幸福，他就放心了。

米开朗基罗在波伦亚被美女克拉丽萨迷住了。她的微笑和呼吸都令人陶醉，彼此的需要使他们融合在一起，米开朗基罗尝到了爱的甜蜜。同时《哀悼基督》和《大卫》雕像的完成，奠定了他的艺术家地位。

彼埃罗继承父业，掌管美迪齐雕像花园，然而他远远比不上他的父亲罗伦佐。秋季，佛罗伦萨爆发了动乱。动乱之后，美迪齐家族被当权者流放。米开朗基罗想方设法保护了一些珍贵文物，只身逃到了波伦亚，巧遇了罗伦佐的朋友——简佛朗切斯柯·阿多佛朗第。他领着米开朗基罗观光了城市。令米开朗基罗激动的是，在阿多佛朗第侄子的别墅里，他发现了一个可心的女人——阿多佛朗第侄了马可的情妇克拉丽萨·莎菲。她是个罕见的美女，身材苗条，十分迷人，甚至连呼吸都令人陶醉。克拉丽萨用微笑对米开朗基罗表示了欢迎，她似乎喜欢所有男人。自从她在打扫父亲的皮匠店时遇到马可后，已做了 3 年他的情妇。

晚饭后，当男人们谈论政府的时候，米开朗基罗和克拉丽萨单独停留在一间法国式的音乐间里。他痴迷地望着她，心里却埋怨自己：这简直是发疯，我这是怎么了！克拉丽萨从他的眼睛里看到了全无掩饰的欲望，一片红晕飞上她凝脂般的面颊，她没有拒绝米开朗基罗再访的请求。

回来的路上，阿多佛朗第警告他道：“我侄子的脾气在波伦亚算是最暴躁的，他还有最锋利的宝剑。”几个星期后，阿多佛朗第又带着他到马可的别墅去了。一群人在玩牌，米开朗基罗跟克拉丽萨坐在另一间屋子的壁炉前面。他凝视着她被火光照亮的面庞，她的眼眉口鼻是那么娇嫩柔媚，却又饱含着那么多奔放的热情。克拉丽萨把手放在他的手上问道：“你在我面前为什么总好像有些腼腆？有人爱恋是美好的，你恋爱过吗？”米开朗基罗叹了一口气答道：“在一定程度上。”克拉丽萨听后，望着前方说道：“什么东西都只是在一定的程度上，爱情也不例外。有的为了政治，有的为了生儿育女，有的为了不再受苦受累，有的则是为了珠宝和府邸，比如我自己。”米开朗基罗饱含热情地盯着她的眼睛说：“也有为了我们相互感到的那种感情的。”克拉丽萨身子一震，她瑟瑟发抖说：“我们是年轻人，为什么不能彼此需要呢？”晚上，米开朗基罗翻来覆去难以入睡，反反复复地想着她说的这句话。

1494 年 5 月 1 日到了。这一天由爱神统治，是波伦亚城一年之中最欢乐的日子。每一个恋人都在情人的窗下放一株绿意葱茏的树，树上拴着彩色的丝带，并让朋友们为意中人演奏《小夜曲》。在这种令人动情的气氛中，米开朗基罗也想向爱情顶礼膜拜。他看到马可和家人在一起，但没有见到克拉丽萨，于是快步来到马可的别墅，反复拍打着门环。门打开了一道缝，克拉丽萨穿着一件宽大的梳洗装，金色的头发披散着。米开朗基罗急切地把门推开，两个人随即紧紧地拥抱在一起，疯狂地吮吸着对方的嘴唇。两个躯体很快地融合在一起。

五月节以后，米开朗基罗开始雕刻一座刚毅矫健的圣·普洛苦拉斯像，这是一位古代英雄。米开朗基罗使用自己的形象做了模特：他那受过伤的鼻子，那坚毅的、敢于向艺术和生命的敌人夺取胜利的眼神，都表现出了英雄的气概。克拉丽萨被马可带到亚平宁山上的住处避暑打猎去了。秋天，雕像完成了，他开始想念佛罗伦萨。但在没有和克拉丽萨告别之前，他不能离开这里。阿多佛朗第邀请他到山里的一幢别墅去参加舞会，波伦亚的青年都把情人带到那里吃饭跳舞。米开朗基罗发现在那里与克拉丽萨一点私下交谈的机会都没有，他们四目相对了许久，最后只能在宾客盈门的屋子里道别。当他告诉克拉丽萨他要离开时，她微笑着，好像并不伤感，只是问："你什么时候回来?""不知道，也许永远不会回来了。"米开朗基罗确实动了真情。克拉丽萨带着坚信的信念说："每个人都会回到波伦亚的。"

米开朗基罗一回到佛罗伦萨，立即到里多菲府邸去了。康黛辛娜已经怀孕了，在客厅里友好地接待了他。望着她那苍白的面颊和燃烧的眼睛，米开朗基罗想起了克拉丽萨的话："一切的爱情都是在一定程度上的。"

1496 年，米开朗基罗来到罗马，创作了第一批代表作《酒神巴库斯》和《哀悼基督》等。1499 年创作的《哀悼基督》是他的成名之作，解剖学科的艺术实践和细致入微的匠心独运，超出了人们可以想象的"鬼斧神工"。死了的基督永恒般地年轻，躺在圣母的腿上，仿佛睡着了一般。两个美丽的躯体沉浸在哀伤之中。《哀悼基督》被誉为 15 世纪最动人的人性拥抱神性的作品。从此，他以雕刻家的身份奠定了自己在艺术界的地位。但他此后一直疲于奔命，不停地被召至罗马，为红衣主教、教皇服务，满足他们无理的要求。他也曾反抗过，但教皇的权威以及自己的软弱性格使他只能屈服，而他所渴望的爱情也总是没有机缘。

1501 年，米开朗基罗从罗马回到阔别 5 年的佛罗伦萨。康黛辛娜和丈夫被驱逐出佛罗伦萨，住在费埃索里一个农民的屋子里。康黛辛娜身体虚弱，官方又不准许别人帮她的忙。米开朗基罗去看望他们。里多菲还不到 30 岁，但放逐和牢骚已经破坏了他的相貌。他对米开朗基罗一直怀有敌意，米开朗基罗并不在乎这些，能够和康黛辛娜在一起，再度注视着她那双深褐色的眼睛，他就感到知足了。他们毕竟相爱过，即使是两小无猜的儿时的爱。他们约定由米开朗基罗来教授康黛辛娜的儿子——吕吉学习雕刻。

米开朗基罗决心雕刻《大卫》像，但工作十分不顺，导致情绪低落。一个朋友请他到自己的别墅坐坐，并称那里有能使他心动的人。米开朗基罗去了，立刻被一个叫维蜜丽亚的姑娘吸引住了。这是个佛罗伦萨传统式的皮肤白皙的美人，头发梳拢在脑后，使得前额显得高一些，绿色的锦缎长袍衬托出她丰满的身材。那个朋友说道："维蜜丽亚有许多堂、表姐妹，您愿意给自己选择一个吗？我看她们在这儿也挺寂寞，你们可以住一套房间，面对着城市。这种生活对你们俩都是一种愉快！”“不，谢谢你的好心，可是我有自己的生活方式。”米开朗基罗拒绝了。现在，他的头脑已经完全被大卫占领了，大卫必须独自一人，他也应该如此。

米开朗基罗每隔几天就要上山给吕吉上课，吕吉十分聪慧，有同他母亲一样敏感的心灵。康黛辛娜见米开朗基罗视吕吉如亲生儿子，感叹道：“你对吕吉太好了！总有一天你也会有自己的孩子的。”米开朗基罗苦笑了一下，摇了摇头：“我像大多数艺术家一样，到处流浪，罗马、西埃那、波伦亚。这不是有家有室的人过的生活。”康黛辛娜以她低柔却坚定的声音说道：“大理石就是你的爱人，《酒神》《悲恸》《大卫》这些作品就是你的孩子。你在这里的时候，吕吉就是你的儿子。”米开朗基罗望着面色苍白的康黛辛娜，为拥有这样一个知音而感到幸福。

1504 年《大卫》雕像终于完成了。艺术家委员会决定把它放在市政厅门前。那耸立着的石像，雄伟壮丽，纯洁的、白色的光映照着市政大厦。第二天早上，他又到市政大厦去，一大群人正鸦雀无声地站在《大卫》的旁边，大理石上还有一张张的纸片在飘动。他走到旁边，爬了上去，开始撕扯纸条。他一张张地读着，眼睛开始模糊了：“你给我们带回了自尊心……我们以自己是佛罗伦萨人而自豪……人是多么壮丽啊。”他又看到了熟悉的笔迹：“我的父亲曾想为佛罗伦萨完成的一切，都表现在你的《大卫》里了，康。”康黛辛娜半夜溜过岗哨进了城，冒着危险在佛罗伦萨人的声音里添上了她自己的声音。

米开朗基罗因无休止地工作，失去了心爱的女人克拉丽萨。康黛辛娜的死深深地震动了他，打碎了他的美丽幻想。在女人身上索取不到的感情，他在男人身上得到了。他对托马索无条件的眷恋，全表现在作品上。

1505 年 3 月，米开朗基罗被教皇朱利亚斯二世召至罗马。从此，他一生中的英雄时期便开始了。教皇要他设计雕刻一座陵墓，40 个大理石雕像，只给 5 年时间，而且不预付任何费用。米开朗基罗十分贫穷，他的账单越来越多，无奈几次求见教皇，都被冷冷拒绝了。米开朗基罗一气之下不辞而别，路上被教皇派来的人追上，但他不改初衷。教皇的权威是不容藐视的，整个佛罗伦萨城的人都为他担忧，除了一个人，那就是康黛辛娜。她曾亲眼见到自己的家族被赶出城市，而那座城市正是由于她的家庭的努力才跻身于欧洲最伟大城市之列的。她自己也受过8年放逐之苦。她对官场毫无敬意，可她的丈夫仍然想去罗马，不愿得罪教皇，于是拒绝米开朗基罗到他家拜访，以免受到牵连。康黛辛娜为此据理力争，当年米开朗基罗可以冒着危险来看望他们，不怕影响他在佛罗伦萨的地位，现在又怎能将他拒之门外？米开朗基罗不愿他们为自己争吵，平静地说道："我不会再来了，里多菲先生，你必须保护好自己的家庭，这是对的。我太不为别人着想了。"说罢转身离去。

教皇朱利亚斯二世率军队兵不血刃地夺取了波伦亚城。他没有忘记逃亡的雕刻家，让他到波伦亚去。市长冲着米开朗基罗大叫："我们可不愿意为你去打仗，你赶快去吧。"米开朗基罗屈服了。1506年11月，他到了波伦亚，教皇也作出了一些让步。

在波伦亚，米开朗基罗找到了阿多佛朗第，迫不及待地打听起克拉丽萨的情况。她已经被马可抛弃了，一个人住在圣马丁区美佐路。他终于又见到了克拉丽萨。初次见面时，她才19岁，现在已经31岁了，成熟艳丽到了极点。他俩一言不发，彼此凝望着。米开朗基罗再一次感到她那绝美的身躯的存在。她引他进入了一所小小的会客室，投入了他的怀抱。米开朗基罗把她搂在怀里，亲吻她馨香的双唇。

当他们枕着彼此手臂，躺在一起的时候，她问道："你找到了爱情没有？罗马有的是女人，可以任你去找。"米开朗基罗坦白地承认道："那不是我所需要的爱情。自从有了你以后，我再也没有找到过。"克拉丽萨笑着说："明天我要到教堂忏悔我的罪过了，但是我不相信这种爱情是一种罪过。""上帝创造了爱情，爱情是美丽的。"米开朗基罗答道。

朱利亚斯二世教皇让米开朗基罗为他雕刻一尊身穿教皇袍服、头戴三冕皇冠的青铜像。这对米开朗基罗来说困难重重，他对浇模铸件、打磨抛光等一窍不通。教皇岂能容他讨价还价，而米开朗基罗委曲求全的性格也迫使他尽可能做到尽善尽美。他又开始拼命地工作起来，唯一的快乐就是克拉丽萨。他想方设法地每周偷闲两个晚上同她在一起。无论他什么时候去，炉旁总有食物可以热好就吃。克拉丽萨还服侍他洗澡，为他擦背。连米开朗基罗也不明白为什么克拉丽萨对他有那么大的吸引力，他想，也许这就是爱情的魔力吧。

工作进展得并不顺利。米开朗基罗从佛罗伦萨请来的助手不辞而别，教皇又在催促交工，他只好加班加点地干，连吃饭、睡觉都顾不上。他只能偶尔抽出几个小时去见克拉丽萨，但时间仓促，两人亲热后，他便匆匆忙忙地离开了。克拉丽萨很伤心，无法获得性满足，给他的爱也就一次比一次少。虽然米开朗基罗深表歉意，但克拉丽萨忍受不下去了，坐着一个朋友从米兰派来的车，到他那里寻找爱情去了。因为工作，米开朗基罗失去了克拉丽萨，从此两人天各一方，再没有见过面。他想，也许这就是定数吧，他选择了大理石，注定就享受不到家庭的温暖。

1508 年 2 月，米开朗基罗终于铸成了朱利亚斯二世铜像，竖立在桑佩特罗尼奥教堂的面墙前。这是在极度劳累下完成的，米开朗基罗的身体差点儿垮了。但这尊铜像只有 4 年的寿命，1511 年 12 月，它就被尤利乌斯二世的敌人本蒂沃利党人毁掉了；而阿方斯·德·埃斯特则把残破的铜买去，铸成了一门炮。一件耗尽艺术家心血的艺术品，成了政治斗争的牺牲品。

米开朗基罗又回到了佛罗伦萨，此时康黛辛娜已经获准搬回原来的别墅。米开朗基罗发现康黛辛娜的气色好多了，双目也炯炯有神了。康黛辛娜问道："波伦亚怎么样？"米开朗基罗摇了摇头："跟但丁的地狱一样。"康黛辛娜笑了："全都是地狱吗？她叫什么名字？"米开朗基罗的脸腾地红了，喃喃道："她叫克拉丽萨，但是她已经离开我了。""那就是说，你已经尝到了爱情的滋味了，是一部分吧？"康黛辛娜问道。米开朗基罗望着那双能洞察他内心深处的褐色眼睛，认真地说道："是完全的。"康黛辛娜愣了一下，脸色发白地说道："请准许我妒忌你。"说完便转身走开了。

米开朗基罗愣愣地望着她的背影，从他在雕像花园里学习工作的那一天开始，康黛辛娜就是他身心的一部分。她在他心里永远是那么美丽，他们的思想永远是相通的，他们对对方都怀着一种柏拉图式的爱恋之情。

朱利亚斯二世去世了。罗伦佐的次子乔万尼·德·美迪齐成了教皇利奥第十。康黛辛娜开始变了，她决定成为利奥的内廷主管，并开始为丈夫里多菲家庭争取教皇任命和圣俸。通过康黛辛娜来请求教皇恩赐和任命的人越来越多。米开朗基罗觉得经过多年的流放和贫困之苦，她这样利用权势以求补偿是可以理解的，但她内心的这种变化，终究令米开朗基罗感到不快。

可惜好景不长。康黛辛娜的身体被病魔摧垮了。1514 年春天，米开朗基罗接到她的一张便条，让他立即去见她，他急忙前去探望。虽然天气晴好，她却盖着几床被子，脸色苍白，毫无气力。米开朗基罗坐在床边，握着她那双雪白而又孱弱的手。康黛辛娜那温暖的褐色眼睛里噙满了泪水。他们回忆起过去的一幕幕，沉醉在往日的幸福中。突然康黛辛娜悄悄地说："我们从来没有谈到过自己的感情。"米开朗基罗轻轻地摸了摸她的面颊："我爱过你，康黛辛娜。""我也爱过你，米开朗基罗。无论你在何处，我都能感觉到你的存在。"她的眼睛突然明亮了，"我要让儿子成为你永远的朋友。"说完她又咳嗽起来，"哇"的一声吐了一口血。医生赶到了，米开朗基罗含着眼泪退了出去，心里说道：再见了，我亲爱的。

康黛辛娜的死深深地震动了他，打碎了他的美丽幻想。他有才能、有精力、有热情，对大理石怀着深沉的爱，如饥似渴地想从事雕刻，可命运偏偏与他作对。他的父亲、弟弟、侄子都不工作，经济上完全依赖于他，而他所得到的报酬却十分可怜，只能拼命地工作。他深爱康黛辛娜、克拉丽萨，可她们都离开了他。米开朗基罗变得有些神经质而且多疑。他对男性开始有了一种病态的迷恋。为此，他时常受到他人的攻击。

米开朗基罗终身未娶，主要有以下几个原因：

一是他长得其貌不扬，中等身材，双肩宽阔，躯体瘦削，头大，眉高，两耳突出面颊，脸孔长而忧郁，鼻子低扁，眼睛虽锐利却很小。在文艺复兴这样一个讲究容貌漂亮和仪容的时代，这会令他有很强烈的自卑情结。

二是他终生挚爱雕塑事业，尤其成名以后，每天都在马不停蹄地工作，几乎没有清闲的时候，一直到晚年都是这样忙碌。他哪有时间谈情说爱呀，他要是有足够的时间，怎么会失去给过他情爱欢乐的克拉丽萨。

三是他不怎么喜欢漂亮女人，屋里有女人他就受不了。他也画女人，但不是那种妩媚的少女，而是丰腴、成熟的女体，呈现出接近男性的力度。当时很多艺术家都认为人的肉体是美的体现和源泉，他却对女人的肉体美无动于衷。不少人据此推断他是同性恋者，恰好达·芬奇也有此倾向。确实，他与多个男模特都有过情感纠葛，也曾为他们写下了众多诗篇。

1522 年，米开朗基罗结识了贝里尼。贝里尼在信中写道："当我读到你的来信时，我觉得和你在一起：这是我唯一的愿望啊！"他还自称为"你的如儿子一般的亲人"。米开朗基罗有一首抒写离别与遗忘之苦的诗似乎是献给他的：

即在这里，
我的爱使我的心与生命为之欢欣。
这里，他的美眼应允助我；
不久，目光却移到别处去了。
这里，他和我关联着；
这里，他却和我分离了。
这里，我无穷哀痛地哭，
而他却走了，不复顾我了。

贝里尼死后，米开朗基罗花去整整一天时间，在早夭、漂亮的贝里尼之墓上刻下诗句：

我卑微的尘躯不再享有，
你迷人的脸庞与美丽的双眼，
但任何力量都抹不掉你我共枕相拥时，
两个灵魂相融所迸发的火焰。

仅从这些诗句判断，米开朗基罗还是有同性恋之嫌的。

1531 年 9 月，米开朗基罗完成了雕像《晨》与《暮》、《昼》与《夜》，道出了生之痛苦与对现实的厌恶。但是，一般人只看出这些雕像是人类痛苦的不朽的象征。乔凡尼·斯特罗齐看到这可怕的《夜》时，写下了几句诗：

《夜》，你看到如此甜美地睡着的《夜》，
是由一个天使在这块岩石上雕成的，
因为它睡着，所以它活着。
如果你不信，请唤醒它，它便会同你说话。

米开朗基罗回答说：“睡眠对我来说是非常宝贵的。当罪恶与耻辱继续着的时候，成为石头则更加难能可贵。眼不见耳不闻对我来说是一大幸福。因此，别叫醒我，啊！说话轻点儿！”他的身体真的因劳累而病倒了。教皇接他去罗马疗养。

不久，在一次晚宴上，米开朗基罗遇见了一个漂亮得无与伦比的青年，简直像是他所画的《神圣家族》里的人：灰蓝色的眼睛，古典式的鼻子和嘴，高高的饱满的前额，栗色的头发，青铜色中泛着玫瑰红的皮肤，这是当时最健康的颜色。这个叫托马索·德·卡瓦列里的青年，是一个罗马贵族的后裔，年仅 22 岁，受过良好的教育。他风度翩翩、仪表堂堂、思维敏捷、举止高雅，一下子迷惑了米开朗基罗。关键是他怀有一颗想成为画家的雄心，有着自己的见解。他恳求米开朗基罗收他为徒。米开朗基罗答应了，表示要等到他完成美迪齐教学的雕刻、画完《最后的审判》后，他才能重来罗马，两个人可以一起画画。

自从见到托马索，米开朗基罗的心被搅乱了。他在佛罗伦萨写给托马索的第一封信中，倾诉了他的热情。托马索在复信中写道：“我回报你的盛情，我应允你；我从未像爱你一般地爱过别人，我从没有如希冀你的友谊一般希冀别人……我请你在我可以为你效劳的时候驱使我，我永远为你服务。”

然而米开朗基罗对托马索的友谊近似于爱情般疯狂，并写给他无数充满感情的信和情诗，坦率地吐露自己的爱慕之情。他称托马索是“一个强有力的天才”“一个奇迹”，是“时代的光明”。他哀求托马索“不要轻蔑他，因为他不能和他相比，没有人可以和他对等”。他甚至要把自己的现在与未来一并赠给托马索。米开朗基罗甚至对托马索说：“你把我生的欢乐带走了，如果我必须停止思念，我想我立刻会死。”

对于米开朗基罗这些感情热烈的诗和表白，托马索报以既尊敬又矜持的态度。于是，米开朗基罗又求他宽恕：

我亲爱的主，你不要为我的爱情愤怒，这爱情完全是奉献给你最好的德行的，因为一个人的精神应当爱慕别人的精神。我所企盼的，我在你美丽的姿容上所获得的，绝非常人所能了解的。谁要懂得它应当先认识死。

见到托马索的几个月内，米开朗基罗赠予他一些精美的礼物：以红黑铅笔画的一些绝妙的素描头像，那是为了他学习素描特意画的；还为他画了一些希腊神话，如《被宙斯翅膀举上天空的甘尼米》《鹰叼其心的提提厄斯》《法埃东乘太阳战车与酒神节的孩子们一起跌入波河》等，全是最精美、最上乘之作。在为美迪齐礼拜堂制作朱理亚诺公爵雕像时，米开朗基罗所雕的面部是托马索的脸孔，他对托马索的眷恋，由此可见一斑。

米开朗基罗具有很高的诗歌才华。他赠给托马索许多十四行诗，以表达自己的感情。这些诗歌有时妙笔生花，但经常是阴暗的。其中有一些很快在文学圈子中流传开，并为全意大利家喻户晓。下面一首堪称16世纪意大利最美的抒情诗：

带着您的慧眼，
我看到一缕温柔之光，
那是我的盲眼所不能再看到的。
您的双脚帮我承受了一个重负，
那是我那瘫痪的脚所无法再承受的。

因您的精神，
我感到自己已飞升上天。
我的意志全都包含在您的意志之中。
我的思想在您的心中形成，
而我的话语在您的喘息中露出。
孤独时，
我如同月亮，
只有在太阳照亮它时，
人们才能在天空中看见。

米开朗基罗写了很多这种过于热情的诗，“被爱着的温柔之神”——托马索，始终报以友爱和平静的冷淡。他的心中对米开朗基罗充满了尊敬和友谊。

1533 年 12 月，米开朗基罗认识了波斯沃，并给他写了一些狂乱的信和诗，而这坏小子在复信中竟然向他要钱，使米开朗基罗伤透了心，认为自己的感情被亵渎了。1534 年 9 月，米开朗基罗回到罗马，并在那里一直居住到去世。

在罗马，米开朗基罗和托马索天天相处，托马索也被米开朗基罗的魅力所征服。他们俩变得形影不离，每天早上，太阳刚刚照上特拉廷柱，托马索就到了。他总带着新烤出来的点心，与老师共享。星期天，他们在古罗马神殿或古罗马公所画素描，在对方的家里共享晚餐，晚上在一起画画、谈心。米开朗基罗不喜欢为活着的人画像，但破例为托马索画了一幅肖像。他对托马索的友谊是持久并达到狂热境界的，不仅这位朋友的英姿值得他倾倒，托马索的高尚情操也值得他如此尊重。

米开朗基罗怎样来描述自己对托马索的感情呢？这种感情不同于他对家庭的依恋，不同于他对罗伦佐的尊敬，不同于他对康黛辛娜的忠诚爱恋，不同于他对克拉丽萨的难忘热情，也不同于他对师兄格兰那齐的友谊。也许这种在他的生命中来得太晚的爱是难以用语言来确切描述的。

晚年的米开朗基罗，迷恋上颇有才华的维多利亚。他又一次渴望完整的爱情。但维多利亚始终活在死去丈夫的阴影中，注定他们的交往得到的只能是友谊。米开朗基罗89岁高龄死去，留下的是难以逾越的艺术高峰。

1535年，米开朗基罗经托马索介绍，认识了年已43岁的维多利亚·科隆纳，也就是贝斯卡拉侯爵夫人。她的父亲法布里齐奥·科隆纳，是帕利阿诺的富人，塔利亚科佐的亲王。其母阿涅丝·德·蒙泰费尔特罗，是乌尔班亲王费德里戈德的女儿。她家是意大利的一个名门望族。17岁时，她嫁给了贝斯卡拉侯爵，然而她的丈夫并不爱她，因为她不够美丽。在结婚后的16年里，维多利亚很少见到她的丈夫。贝斯卡拉公爵总是欺骗她，她忍受着非人的折磨，并为之感到痛苦。然而她却一直深爱着丈夫，直到他1525年去世。这就注定她和米开朗基罗之间的交往，只能是一种精神上的友谊。

维多利亚研修文学，以获得不朽的美。她是位罕见的诗人，称得上是罗马城的第一位女诗人。她的十四行诗流传于整个意大利，受到众多大作家的称赞。在当时的女作家中，她是唯一获此殊荣的。自1534年起，她被宗教征服。她那颗热烈而又怯弱的心需要信仰，她不能抗拒教会的权威。她吃斋、绝食、苦修，在宗教中寻求安慰。

初见维多利亚，米开朗基罗觉得她端庄大方，颇有皇室气派。维多利亚待他很热情，因为他的作品已经和自己神交多年了。米开朗基罗很快就发现与维多利亚来往的人都是一群革命者，对教会的行为持严厉的批判态度，同时也在寻求对神职制度的革新。曾有数以千计的人，因为比这些人轻微得多的罪名却被宗教法庭判了死刑。米开朗基罗不由得佩服公爵夫人的勇气。

一个女人能这样占有他的身心，已是多年没有的事情了。他在回家的路上问托马索："我们什么时候能再见到她呢？"托马索回答道："在她邀请我们的时候。她是从不出门的。"

两周之后，公爵夫人的仆人给米开朗基罗送来一张请帖，邀他到激林诺山的圣西维斯特罗教堂。当他到达时，教堂里早已济济一堂，他想和她单独在一起的希望落了空。维多利亚当着众人的面夸赞他说："米开朗基罗·博那罗蒂，我很久以来就认为你具有神圣的才能。你是经过上帝的选择，来从事伟大任务的。"米开朗基罗搜肠刮肚想找些话来回答，却什么也没有说出来。维多利亚请米开朗基罗来，是因为她想在卡伐洛山下改建一座女修道院，打算让雕塑家帮助参谋一下，看看有多大的规模。米开朗基罗主动提出应将门廊改修成钟楼，并要画几张草图，可维多利亚让他两周以后再交草图。

米开朗基罗怀着愤怒的心情回到家。这个女人竟然把他推到两周以后，她难道看不出，他已经完全被她征服了吗？她要的什么花样！

托马索给他带来维多利亚的一些诗篇。米开朗基罗在她写给丈夫的一首诗里，读到了下面几行：

你知道，我的爱人，我从不打算逃离你这甜蜜的监牢；我也不会急于从颈上卸下这亲爱的枷轭……

他感到迷惑不解。为什么维多利亚会把她的丈夫比作监牢和枷轭呢？从朋友口中，他得知侯爵新婚几天，就离开了她，总与坏女人鬼混。他找出各种理由不与妻子同住在一个城市，而且他犯了双重背叛罪，既背叛了皇帝，也背叛了他的同谋，最后服毒自杀。米开朗基罗这才恍然大悟：她拒绝爱情不是因为第一次婚姻太美好，而是因为它太丑恶。米开朗基罗发现自己已经爱上侯爵夫人，打算说服这个可爱的女人，告诉她，他所给她的爱情，美得可以与书中故事相媲美。

在漫长的冬夜里，他为维多利亚画画。他画了一幅《神圣家族》和《悲恸》。维多利亚也把她发表的诗集《韵》的第一本寄给了他。米开朗基罗一心想倾吐他全部的热情，对这样的关系总感到不足。他坚信维多利亚也深深地爱着他。爱情使他的创造力如春潮汹涌，滚滚而来。他在西斯廷教堂画的壁画《最后的审判》进展得十分顺利。

维多利亚对米开朗基罗抱的是什么态度呢？这个悲哀、烦闷的女人永远需要有人做她的依傍，同时也永远需要一个比她更懦弱、更不幸的人，使她可以在他身上倾注心中郁结已久的爱。她在米开朗基罗面前掩藏着她的慌乱，外表很宁静、拘谨。她把自己要求对于他人的平和，都传递给米开朗基罗。他们的爱情完全建筑在神的领域内，他们每次聚会，总在讨论宗教问题，也常涉及艺术领域。米开朗基罗常常落败。的确，没有人能够抗拒得了侯爵夫人。

不久，维多利亚遭遇到不幸。红衣主教卡拉伐——一个虔诚的狂热分子，想把宗教裁判带进意大利，消灭那些想要迫使教会改革的异端分子，认为那些人是危险人物。1541 年，维多利亚被卡拉伐驱逐出罗马，来到维德波的圣凯撒琳修道院。虽然有托马索陪伴，米开朗基罗仍然苦苦思念着维多利亚。依照她的愿望，他做了一个裸体的基督像，离开了十字架，如果没有两个天使扶掖就会倒下去的样子。圣母坐在十字架下面哭泣着，张开手臂，举向天。为了表达对维多利亚的感情，他画了一个十字架上的基督像，它痉挛着，在最后的痛苦中挣扎。现藏于法国卢浮宫与英国不列颠博物馆的两张“复活像”，说不定也是受了维多利亚影响的作品。在卢浮宫的那张作品，大力士式的基督奋力地推开墓穴的底板，他的双腿还在泥土中，仰着头，举着手臂，像要摆脱无味的人生。不列颠博物馆的那张素描比较宁静，基督已经飞出了坟墓：他坚实的躯干在天空翱翔，手臂交叉着，头往后仰着，眼睛紧闭着，似在凝神思索。

米开朗基罗给维多利亚写过很长的信，并受她的激励，在十四行诗中唱出对宗教的热情。他在写给维多利亚的一首诗中表达他的感情：

幸福的精灵，
以炽热的爱，
为我那颗垂危的心保留了生命，
而在你的财富与欢乐之中，
在那么多高贵的灵魂中，
唯独选中了我——
正如你从前出现在我眼前一样，
此刻你显现在我心灵中。

为的是要安慰我……
因此，我得到了你的恩泽，
它在我焦虑时安抚了我，
我要写诗向你致谢。
如果我认为以一些可怜的画来偿还你对我的亲切关怀，
那简直是僭越与羞耻了。

米开朗基罗最初也能收到不少维多利亚的信，充满着一种温柔的爱情。然而，渐渐地，她的信越来越少了。米开朗基罗痛苦地呼喊："为什么？"她回答道："如果我们俩按照我的义务和你的殷勤不间断地书信往来，在我这方面就会疏远了圣凯撒琳修道院，在你那方面呢，也势必会离开圣保罗大教堂。我们俩都会背离各自的职守。"

米开朗基罗受到了打击，心情抑郁，六十多岁的他像个挨了训斥的孩子。他只得借助榔头和錾子消磨时光，显得十分疲惫。直到1544年夏，维多利亚重新回到罗马的圣西维斯特洛修道院。米开朗基罗恳求和她见一次面，她拒绝了。他责备她冷酷，她却说是为他着想。最后，由于米开朗基罗不断坚持她才勉强同意。

雕塑家发现缠绵的疾病和种种的非难已经使她衰老了20年，她的活力已惨遭摧残。米开朗基罗心如刀绞，这正是维多利亚所不希望让他看到的。雕塑家说："你以为我的爱会这样肤浅吗？生活是残酷的，爱情却绝不。"维多利亚回答道："爱情是一切之中最残酷的，我懂得这一点。"维多利亚已心如死灰。她与教会讲和，为她的罪愆寻求赦免，不再反对神圣的教理。她唯一的希望就是体体面面地死去。

米开朗基罗眼见疾病和宗教裁判将她折磨成这样，为她的绝望感到痛苦，不由发自内心地喊道："我对你的感情从未改变，虽然你不允许我吐露。你以为我不过是一个爱上了个农村姑娘的小伙子吗？你在我心里占据了多么重要的位置，你难道还不知道吗？"泪水涌满了维多利亚的眼眶。她悄声地说："谢谢你，亲爱的。我崇拜你，你是上帝送到人间来的。你已经治好了我多年的创伤。"说完，她便转身走回修道院，把他留在原地。

米开朗基罗的《最后的审判》完工后，令许多人感到恐惧和战栗。他们不明白如此猥亵的画幅为什么能留在举行礼拜式的教堂里呢？米开朗基罗虽得到教皇的支持，但受到来自众多方面的攻击。最恶毒的攻击莫过于不少人说：只有托马索一个人懂得某种讨得他欢心的诀窍。

70年来，他受到过各种攻击，说他脾气古怪，说他傲慢自大、目中无人，说他除了与有最高才华和智慧的人接近之外，和谁都不来往。然而，从来没有谁说过这样的话。这打击跟他在全部风雨交加的岁月里所遭受到的打击同样沉重。托马索脸色煞白地跑来了。米开朗基罗深表歉意，但托马索担心的不是自己，而是老师。他的家庭和朋友对这种流言都嗤之以鼻，可老师是整个欧洲最值得尊敬的人。在这个世界上，他最不愿意看到的就是对老师的伤害。

米开朗基罗感动了，拍了拍托马索的肩膀："你绝不会伤害我的。维多利亚公爵夫人病倒后，你的爱是支持我的唯一力量。咱们还是要活下去，工作下去吧！这是对造谣诽谤的人的最恰当的回答。"

米开朗基罗去修道院探望维多利亚，他已被任命为圣彼得大教堂的建筑师。他带着草图，想让她对他设计的工程产生兴趣。但是此刻维多利亚最关心的是早日和上帝相逢。由于背弃了自己的信仰，她的内心所承受的压力是别人无法想象的。她双手握着米开朗基罗的手，轻声说道："原谅我令你失望，只因为我明白你并不真正需要我，我才能原谅自己。在你遇见我之前，你进行着崇高伟大的创造；在我离去以后，你还会进行崇高伟大的创作。"

米开朗基罗终究没能挽留住所爱的人的生命。几天之后，也就是1547年2月25日，维多利亚去世了，她彻底得到了解脱。米开朗基罗站在他所崇拜却从未拥抱过的女人的遗体旁，捧起她冰冷的纤手亲吻，并且喃喃道："她对我实在是瑰宝。即使在她的灵床旁，我也只敢吻她的手，而不是她的唇。"从此以后，米开朗基罗有很长一段时间好像是精神错乱了，甚至消沉，他自责在她生命的最后时刻，他没有去吻这个深爱的女人的额头和脸庞。

孤寂的雕塑家被夺去了获得幸福的最后一个机会。他痴呆了很久，仿佛失去了一切知觉，身体每况愈下，一连几个星期卧床不起。对艺术的热爱使他重新站立了起来。为纪念维多利亚的死，他写了两首十四行诗，其中一首宣布爱情对于死的胜利：

当那个曾使我屡屡愁叹的她离弃了世界，
离弃了她自己，在我眼中消灭了的时候，
“自然”觉得羞耻，
而一切见过她的人哭泣。
但死啊，你今日且慢得意，
以为你把太阳熄灭了！
因为爱情是战胜了，
爱情使她在地下，在天上，
在圣者旁边再生了。
可恶的死以为把她德性的回声掩蔽了，
以为把她灵魂的美抑灭了。
她的诗文的表示正是相反，
它们把她照耀得更光明，
死后，她竟征服了天国。

1562年，米开朗基罗受其门生——著名画家、艺术史家乔治·瓦萨里之邀成为迪亚诺学院（佛罗伦萨美术学院）的名誉院长。但他的主要精力全放在建筑上。此后，他又经历了4个教皇，一直忙着圣彼得教堂这项浩大的工程。他干了16年，体力和脑力未见衰退。89岁那年，他停止了工作，但对艺术的追求并未停止。在他生命的最后几个月里，他忙着设计和雕凿自己纪念碑的像。此像一共四尊——基督降驾，由圣母扶着，再轮流由抹大拉的玛丽亚（《圣经》中一个从良妓女）和尼科德墨斯扶持。尼科德默斯的脸被大头巾遮住，透过头巾依稀可辨的容貌，是米开朗基罗痛苦的面庞。许多年前，在他艺术生命开始时，他曾把自己描绘成像大卫一样的征服者；现在，在他艺术生命结束时，他把自己描绘成像耶稣一样的受难者。

1564年2月12日，米开朗基罗忙于雕塑基督像，整整站着干了一天；2月14日，他在倾盆大雨中骑马外出，随后便一病不起。他坐在靠近壁炉的一把扶手椅上想着："生命是美好的。上帝创造了我，没有抛弃我。我爱过大理石，是的，还有绘画。我爱过雕刻，也爱过诗歌。我爱过我的家人和朋友。我爱过上帝，爱过大地和天空的形象，还爱过人。我充分地热爱生命，现在也把爱作为生命的自然终点的灭亡。"

米开朗基罗喜欢坐在扶手椅上而不喜欢躺在床上。2月15日，他在幻觉中，感到一片沉重的黑浪卷走了他。当他再度醒来时，托马索坐在他的床旁，握住了他的手。米开朗基罗在意志清醒时口授了他的遗嘱。他"把灵魂献给上帝，把自己的躯壳送给大地"。他要求"至少死后回到佛罗伦萨，与亲人在一起"。托马索一一答应，并表示会继承他的事业。"谢谢你，托马索……我疲倦了……"米开朗基罗又闭上了眼睛，他便"从可怕的风暴中回到甜美的宁静之中"。

1564年2月18日，这位89岁的孤寂老人安息了。他从时间里超脱出来了。当时，托马索在他的身边，他始终是米开朗基罗的忠诚的赞赏者，他没有背叛艺术大师深切的情感付出，这是米开朗基罗最大的安慰。

米开朗基罗代表了欧洲文艺复兴时期雕塑艺术的最高成就，他创作的人物雕像雄伟健壮，气魄宏大，充满了无穷的力量。他的大量作品显示了写实基础上非同寻常的理想加工，成为整个时代的典型象征。他生平最伟大的作品：罗马西斯廷小教堂天顶壁画、佛罗伦萨圣洛伦佐教堂里的美迪齐家族陵墓群雕、圣彼得大教堂圆顶的设计等，都是无与伦比的，也是无法复制的。

米开朗基罗的艺术不同于达·芬奇的充满科学的精神和哲理的思考，而是在艺术作品中倾注了自己满腔悲剧性的激情。这种悲剧性是以宏伟壮丽的形式表现出来的，他所塑造的英雄既是理想的象征又是现实的反映。这些都使他的艺术创作成为西方美术史上一座难以逾越的高峰。

属于宇宙却不属于女人——牛顿

英国物理学家、数学家牛顿，为人类创造了极其宝贵的财富。他是近代科学史上的顶峰人物，活到了84岁的高龄，却始终无暇组织家庭。初恋女友本来钟情于他，但他错把怀表当鸡蛋煮了，这使她终于看清牛顿属于宇宙，不属于女人。与外甥女神秘而又微妙的伊底帕斯情结，使牛顿得到一种替代式的性满足。

英国伟大的数学家、物理学家伊萨克·牛顿（1642—1727年），可谓是17世纪科学革命的顶尖人物，被誉为人类历史上最伟大、最有影响力的科学家，其研究领域包括物理学、数学、天文学、神学、自然哲学和炼金术。作为现代科学的里程碑，牛顿提出了三大定律和万有引力定律；关于白光由色光组成的发现，为物理光学奠定了基础；他还是数学上微积分的创始人；设计并实际制造了第一架反射式望远镜；等等。牛顿为人类文明史创造了宝贵的财富。为了纪念牛顿在经典力学方面的杰出成就，“牛顿”后来成为衡量力的大小的物理单位。他的《自然哲学的数学原理》称得上是近代科学史上划时代的巨著。然而，在辉煌成就的背后牛顿终身未娶，没有享受过常人的天伦之乐。

童年的牛顿并没有显露出天赋。他资质平常、学习成绩一般，也没受过良好的家庭教育。但牛顿把主要精力放在读书上，尤其喜欢制作各种机械玩具。在勤于思考与动手能力方面，他远远超过同龄孩子。

儒略历1642年12月25日，即格里历（阳历）1643年1月4日，牛顿诞生在英国林肯郡格兰瑟姆附近的沃尔索浦村一个自耕农家庭里。他是一个早产儿，出生时只有3磅重，接生婆和他的亲人都担心他能否活下来。然而谁也没有料到，这个看起来微不足道的小生命，会成为一位震古烁今的科学巨人，并且活到了84岁的高龄。

牛顿的父亲在他出生前3个月便去世了。在他两三岁时，母亲改嫁给一个名叫巴拿帕斯·史密斯的牧师，并随新婚丈夫到邻村生活。牛顿在舅舅和外祖母的抚养下长大。他在内心里对母亲十分眷恋，对继父痛恨不已，认为继父是毁坏他家庭的罪人。牛顿11岁时，继父去世，母亲带着和继父所生的一子两女回到牛顿身边与他团聚。牛顿觉得生命又有了新的希望，在他以后的人生中母亲始终是最重要的人。

牛顿从小体弱多病，性情孤僻，沉默寡言，性格倔强，不爱与同龄的小朋友一起玩耍，这种习惯可能来自于他的家庭环境。大约从5岁开始，牛顿被送到公立学校读书。童年时的牛顿，并非是个“神童”，也没有显露出“天才”。他资质平常、学习成绩一般。但他勤于思考、爱琢磨，热衷于制作各种机械玩具，如风车、木钟、水车、日晷、折叠式提灯等。他玩游戏制作的本领要比一般同龄孩子高得多。

牛顿精心制作的一只水钟计时准确，每天早晨小水钟会自动滴水到他的脸上，催他起床，受到了人们的赞许。有时，他玩耍的方式也很奇特。一天，他做了一盏灯笼挂在风筝尾巴上。当夜幕降临时，点燃的灯笼借风筝上升的力升入空中，发光的灯笼在空中飘动，人们大惊，以为出现了彗星。他还喜欢绘画、雕刻，尤其喜欢刻日晷，家里墙角、窗台上到处安放着他刻画的日晷，用以验看日影的移动。

牛顿12岁时进入了离家不远的格兰瑟姆中学。他的母亲希望他成为一个农民，牛顿本人却不感兴趣。他自幼酷爱读书，喜欢沉思遐想，做科学小实验。他在格兰瑟姆中学读书时，曾经寄宿在一个药剂师家里，使他受到化学试验的熏陶。

牛顿在中学时代学习成绩一般，只是特别爱好读书，对自然现象有好奇心，例如，颜色、日影四季的移动，尤其是几何学、哥白尼的日心说，等等。他还分门别类地记读书笔记，又喜欢别出心裁地做些小工具、小发明、小试验。

迫于生计，母亲让牛顿休学在家务农，贴补家里。但牛顿一有机会便埋首书卷，以至于经常忘了干活。每次，母亲叫他同佣人一道去市场，以便熟悉做交易的生意经时，他便恳求佣人一个人上街，自己躲在树丛后看书。有一次，牛顿的舅父起了疑心，跟踪牛顿上市镇去，发现他的外甥伸着腿，躺在草地上，正在聚精会神地钻研一个数学问题。牛顿的好学精神感动了舅父。舅父说服其母亲，让牛顿复学，并鼓励牛顿上大学读书。牛顿重新回到了学校，如饥似渴地汲取着书本上的营养，从此他的成绩突飞猛进。

1661 年 19 岁的牛顿以减费生的身份，考入英国剑桥大学三一学院，靠为学院做杂务的收入支付学费。1664 年他成为奖学金获得者，1665 年获学士学位。在剑桥大学读书期间，牛顿有幸得到伊萨克·巴罗教授的垂青。巴罗是一个博学的科学家，尤其精于数学和光学。这位学者独具慧眼，对牛顿的才华极为赞赏，认为他有深邃的观察力和敏锐的理解力，数学成就肯定会超过自己。巴罗教授将自己的数学知识，包括计算曲线图形面积的方法，全部传授给牛顿，并把牛顿引向了近代自然科学的研究领域。牛顿对巴罗教授极为钦佩，拜在他的门下。1664 年，牛顿被选中做巴罗的助手。后来，牛顿在回忆时说道："巴罗博士当时讲授关于运动学的课程，也许正是这些课程促使我去研究这方面的问题。"

1665 年严重的鼠疫席卷了伦敦。剑桥离伦敦不远，学校因此而停课。牛顿于 1665 年 6 月离校暂时返乡。

牛顿回到家乡的两年，是他科学研究生涯中的孕育期，一生科学创造的蓝图已然描绘好。这时，牛顿唯一的一次爱情经历，刚刚开始就无疾而终了。女友安妮·斯托里喜欢牛顿，但知道他不属于自己，而属于宇宙。

1665 年至 1666 年这段短暂的时光，成为牛顿科学研究生涯中的黄金岁月。他在自然科学领域内思潮奔腾，才华迸发，思考前人从未思考过的问题，踏进了前人没有涉及的领域，取得了前所未有的惊人业绩。

在家乡居住的两年中，牛顿以比此后任何时候都更为旺盛的精力从事科学创造，并开始关心自然哲学问题。他的三大成就——微积分、万有引力、光学分析的思想都是在这时孕育成形的。可以说，此时的牛顿已经开始着手描绘他一生大多数科学创造的蓝图，并且开始了实证。

1666 年，牛顿在家休假期间得到了三棱镜，他用来进行了著名的色散试验。一束太阳光通过三棱镜后，分解成几种颜色的光谱带，牛顿再用一块带狭缝的挡板把其他颜色的光挡住，只让一种颜色的光在通过第二个三棱镜，结果出来的只是同样颜色的光。这样他发现了白光是由各种不同颜色的光组成的。这是牛顿的第一大贡献。

为了验证这个发现，牛顿设法把几种不同的单色光合成白光，并且计算出不同颜色光的折射率，精确地说明了色散现象，揭开了物质的颜色之谜。原来，物质的色彩是不同颜色的光在物体上有不同的反射率和折射率造成的。1672 年，牛顿把自己的研究成果发表在《皇家学会哲学杂志》上，这是他第一次公开发表论文。

在家乡的两年，牛顿有了一生中唯一的一次爱情，但是还没有收获甜蜜，爱情之花就凋零了。他在家乡有一个青梅竹马的女友——安妮·斯托里小姐。小时候，小朋友都认为牛顿性格古怪，总有谁也听不懂的想法，所以都有意疏远他，只有安妮愿与他待在一起。当牛顿讲一些古怪问题时，她总是双手托着腮，做他的忠实听众，眼睛里满是崇拜的神情；当牛顿一言不发，望着前方发呆时，安妮就静静地陪他坐着。在两人懵懂的幼小心灵里，暗暗地升起一种谁也说不清楚的情愫。

牛顿这次回乡，两个人开始频繁接触。虽然牛顿依旧那样傻里傻气，不像别人那样浪漫多情，谈起话来又总是心不在焉，好像在想着其他问题，可安妮还是很高兴，认为牛顿就是比别人高明。安妮不喜欢凡夫俗子，向往有知识的人，认为牛顿上了大学定会出人头地。

一天，安妮因为好几天没有见到牛顿，心里不踏实，有点儿想他，还担心他是否生病了，便拿头巾包了十几个鸡蛋来看他。她看到牛顿在苹果树下徘徊，望着树上掉下的苹果纳闷，一副痴迷的傻样子。牛顿看到安妮来了十分高兴，忙将几个苹果送给安妮。难得牛顿这么细心，安妮心里一阵发热。

回到屋子里，牛顿握着女友的小手，开始滔滔不绝地倾吐自己的想法，谈着原理公式、数学演算。安妮对此一窍不通，只是脉脉含情地注视着心上人，脸上洋溢着幸福快乐的神情。牛顿好像突然意识到什么，又皱起眉头，左手拿起烟斗，右手仍握着女友的手，思绪则飘向了远方。他在琢磨苹果落地的问题，想这是不是地球万有引力所致。见此情景，安妮有点儿生气，好几天没见面，没有一句嘘寒问暖的话，没有一点亲昵的动作。安妮生气地转过身去，将整个后背留给了牛顿，好让他有所警觉。

不久，安妮感到手指被挤得生疼，不由得尖叫了一声，回头一看吓了一跳，牛顿正下意识地将她的小手指头，往他那个大烟斗里塞，眼睛茫然地盯着墙一动不动。安妮狠劲地推了他一把，大声喊道："难道您要把我手指揉成烟叶吗?"牛顿这才如梦初醒，红着脸忙不迭地赔不是，拿起安妮的小手轻轻地为她揉搓。安妮这才消消气，又故意撒了会儿娇，看到屋里尘土封窗，碎纸满地，被子未叠，衣服乱堆，叹了一口气，连忙帮牛顿收拾起屋子。

安妮升好火，坐上锅放上水，叫牛顿一会儿煮鸡蛋，然后她打开窗户，擦洗窗户上的尘垢。听见锅里的水开得哗哗直响，她喊牛顿赶快放几个鸡蛋进去。牛顿站起身来，说了声"好吧"，便随手将手上的东西放进锅里。安妮又接着给男友洗衣服，过了一会儿，她又叫牛顿："鸡蛋快熟了，先准备一碗凉水，再拿勺子把鸡蛋捞到碗里。"她重复了几遍不见有动静，扭身看见牛顿正低着头，在纸上画着什么。"真是个呆子，没有人管你准会饿死。"安妮只好自己动手去捞，谁知她一望锅里面，哪有什么鸡蛋呀，不由得脸色顿变，一张俊脸绷了起来，冷冰冰地对牛顿说："先生，您就吃这个'鸡蛋'吗?"牛顿似乎没听见头也没抬。她使劲地把牛顿拉起来。牛顿这才回过神来，定睛一看哪里是鸡蛋，原来锅里煮的是自己的怀表。

安妮一声不吭，默默地又煮了几个鸡蛋，接着又去收拾床铺。牛顿意识到自己犯了错误，忙在旁边赔着笑脸，上赶着说软话，并帮安妮整理床上的东西。可是，任凭牛顿好话说尽，安妮的脸上仍是冷若冰霜，没有了往日的笑容。等牛顿吃完了鸡蛋，安妮道了声“再见”，便飘然而去了。

这天晚上，安妮躺在床上，辗转反侧。她在思考着和牛顿的关系，是继续发展还是马上中断。牛顿人品固然不错，诚实善良，好学上进，但毫无家庭观念，不懂得关心安慰他人，与这样的人厮守一生，不仅毫无情趣，也毫无幸福可言。可是这么多年的感情怎么办？说不谈就不谈了，心里还真不好受；但要是继续发展下去，再断更难了。安妮咬了咬了牙，下定了决心。

第二天，牛顿收到了安妮的一封简短的信：“亲爱的，也许我与您的交往打扰了您的工作，也许您本来属于整个宇宙，不属于我。我想，我们要是一起生活，说不定哪一天您也会将我错当鸡蛋煮到锅里。再见！”牛顿知道自己铸下大错，忙回信求情，又去登门谢罪，希望能挽回多年的感情。然而，安妮心意已定，不会回心转意了。

牛顿在事业上和科学研究上取得了巨大成功，但在生活方面却是一个“低能儿”。他与密友、瑞士数学家杜利尔的亲密程度可谓水乳交融，因此传出两人有同性恋之嫌的流言。

1667 年复活节后不久，牛顿返回剑桥大学，10 月 1 日被选为三一学院的仲院侣（初级院委），翌年 3 月 16 日获得硕士学位，同时成为正院侣（高级院委）。1669 年 10 月 27 日，巴罗为了提携牛顿辞去了教授之职。26 岁的牛顿晋升为数学教授，并担任卢卡斯讲座的教授。巴罗为牛顿的科学生涯打通了道路，如果没有牛顿的舅父和巴罗的帮助，牛顿这匹千里马可能就不会驰骋在科学的大道上。巴罗让贤在科学史上一直被传为佳话。

1696 年，牛顿任英国皇家造币厂监督，并移居伦敦，1699 年担任造币厂厂长，并被推举为法国科学院 8 个外国院士之一；1703 年 11 月当选为英国皇家学会会长。1705 年 4 月 6 日，女王安妮亲临剑桥大学，封牛顿为爵士。牛顿成了国内外的著名人物，生活极为优裕，得到举国的感激和尊祟。不过，安妮·斯托里小姐可能不会因此后悔，她多半听到了关于牛顿的另外一些传说。

据传，牛顿虽然待人很友好，经常慷慨资助他人，但和别人在一起时很少说话，总是沉浸在自己的思想里；当他一个人在家时，那种心不在焉的样子丝毫没有改变。一次，他约一个朋友来家里共进晚餐，当饭菜准备好时，牛顿脑子中灵感闪现，想到一个问题，立即进了书房。朋友等了他好久也不见他出来，肚子饿得实在不行了，于是动手把准备好的两份饭全吃了。等牛顿想起朋友出来后，见到两个空盘子，还以为自己已经吃过了，便转身又进了内室，继续研究他的问题。牛顿一定会感谢女友安妮的明智选择，否则家庭生活的拖累会影响他的事业。

有些专家据资料（牛顿晚年烧毁信件时侥幸留存下来的信笺）推测，认为牛顿和英俊年轻的瑞士数学家法蒂奥·德·杜利尔似乎有同性恋倾向。由于两人兴趣相同，从 1687 年杜利尔 23 岁时起，双方便经常切磋，共同思考，互诉心曲，其亲密程度可谓水乳交融，绝非一般朋友可比。1693 年，可能是迫于宗教和世俗的压力，两人闹翻，终止了亲密关系。其后 18 个月里，牛顿变得郁郁寡欢，意志消沉，精神几乎彻底崩溃。他认为自己被人“始乱终弃”，这在给友人的信函上有所流露。

牛顿通过写语言恶毒的信件，表达对世俗的反抗，有一次竟然骂到无辜的哲学家洛克头上。1693 年 9 月 16 日，牛顿曾给哲学家洛克回信时说：“先生：我认为你竭力用女人和别的手段来纠缠我，我的感情大受影响。以致当有人告诉我你有病，将不能活时，我回答说最好你死掉……”洛克则心平气和地出来澄清事实。牛顿才明白误会了这位哲学家，将自己的错误归为睡眠不足、神志不清所致。经过这场风波，牛顿和杜利尔都心灰意懒，虽然恢复了来往，却只不过是维持形式而已。

牛顿一生中接触最多的另一个女人，是他的外甥女。两人在一个屋檐下生活了 20 年，并产生了一种神秘而微妙的伊底帕斯情结。他一生未婚的原因，是因为在整个心田里，填满了自然、宇宙和世界，唯独没有女人的位置。

牛顿的外甥女萨琳·巴登，曾与他在伦敦同住20年，照顾他的饮食起居。由于长期在一起生活，牛顿对外甥女产生了一种依恋，那是一种神秘而微妙的伊底帕斯情结。他把外甥女当作自己的母亲来敬爱。从萨琳身上，牛顿似乎得到一种替代式的性满足，因为母亲是他一生中最爱慕、最亲密的人。

1727年3月4日，牛顿病倒了。剧烈的疼痛折磨着他，撕扯着他的心，但他坚强地忍受着。虽然他没有妻子儿女，可很多仰慕他的人纷纷来看望他，许多朋友也前来照顾他，这令牛顿颇为欣慰。他愉快地与来人交谈，并留下了一段著名的自述：

我不知道，世人怎样看待我。但我自己觉得，我不过像一个在海滨玩耍的小孩，为时而拾到一片更为莹洁的卵石、时而拾到一片更为绚丽的贝壳而雀跃欢欣，而对于展现在我面前的浩瀚的真理的海洋，却茫然无知。

这当然是牛顿的谦逊之词。面对走过的人生之路，牛顿应该无怨无悔。因为，他给人类带来无数的科学贡献，尤其是在数学领域的贡献最大。他在数学生涯中的第一项创造性成果，就是在22岁时发现了二项式定理；他在数学上最卓越的成就是创建微积分，开辟了数学上的一个新纪元；他对解析几何、综合几何及代数方面也有卓越贡献。牛顿是经典力学理论的集大成者。他系统地总结了伽利略、开普勒和惠更斯等人的工作，得到了著名的万有引力定律和牛顿运动三定律。牛顿在1686年年底完成的《自然哲学的数学原理》一书，是一部划时代的伟大著作。

1727年3月15日，牛顿好像有点儿恢复元气，但那不过是回光返照而已。到了3月18日，他彻底地陷入了昏迷。儒略历1727年3月20日，即格里历（阳历）1727年3月31日，在病痛半个月后，牛顿在睡眠中毫无痛苦地溘然长逝，享年84岁。英国政府为他举行了国葬，并将他安葬在威斯敏斯科教堂，英国历史上最著名的政治家、科学家、艺术家、元帅才能在这里安息。牛顿去世后第4年，人们为他树立了一座雄伟的墓碑，上面刻着：

伊萨克·牛顿爵士安葬在这里。他以超人的智力第一个证明了行星的运动与形状，彗星的轨道，海洋的潮汐。对于自然、考古和圣经，他是一个勤勉、敏锐和忠实的诠释者。在他的哲学中确认上帝的尊严，并在他的举止中表现福音的淳朴。让人类欢呼曾经存在过这样一位伟大的人类之光。

伟大的科学家牛顿长眠在地下，他留给后人的启示是：知识在于积累，聪明来自学习，下定决心，知难而进，有志者事竟成。正如他所说的："你若想获得知识，你该下苦功；你若想获得食物，你该下苦功；你若想得到快乐，你也该下苦功，因为辛苦是获得一切的定律。"他一生没有享受到婚姻的幸福，没有心爱的女人陪伴在他身旁，因为在他的整个心田里，填满了自然、宇宙和世界。

奇特爱情之旅惊世骇俗——伏尔泰

伏尔泰在文学、历史、哲学等多个领域，取得了令人羡慕的丰硕成果。但他活到84岁高龄，在婚姻上还是一片空白。他从不缺少情人，却鲜为人知。伏尔泰与夏特莱夫人一对有情人冲破世俗相亲相爱，称得上是旷世奇缘。他们不是夫妻胜似夫妻，既是情人也是知己，奇特的爱情之旅长达16年。

伏尔泰（1694—1778年）本名弗朗索瓦·玛丽·阿鲁埃，1718年开始使用伏尔泰这个笔名。他是法国启蒙思想家、文学家、哲学家，18世纪法国资产阶级启蒙运动的首倡者和领袖，被誉为“法兰西思想之王”“法兰西最优秀的诗人”“欧洲的良心”。伏尔泰的主要文学作品有史诗《亨利亚德》《奥尔良少女》等，悲剧《俄狄浦斯》《查伊尔》《凯撒之死》《穆罕默德》《中国的孤儿》等，喜剧《纳尼娜》等。哲理小说有《查第格或命运》《老实人》《天真汉》等。历史著作《查理十二史》《路易十四时代》《论各民族的风俗与精神》（也译作《风俗论》）等。哲学方面著作《哲学通信》《形而上学论》《牛顿哲学原理》等，其中《哲学通信》被人称为“投向旧制度的第一颗炸弹”。

伏尔泰倾其一生精力从事写作，在小说、戏剧、历史、哲学、科学等领域，为世人留下了数百万字的巨著。他创作了五十多部剧本，是不朽的悲剧诗人；他撰写了26部哲理小说，开创了文学的一种新体裁。尽管事业上取得了辉煌成绩，他的个人生活却历经磨难，虽然他从不缺少情人。

1694年11月21日，伏尔泰出生在法国巴黎一个富裕的中产阶级家庭。他自小受过良好的教育，在3岁的时候，夏托纳夫神甫就教他背诵诗歌。伏尔泰后来对诗歌的挚爱，得益于教父早期对他的培养。1704年10月，伏尔泰进入耶稣会主办的圣路易中学读书。据他后来回忆：这所学校只给了他“拉丁语和愚蠢”。其实，这所贵族学校给他的最大财富，就是一些同学成为他终生的朋友，如里舍利厄公爵、冉塔尔伯爵、达让松兄弟、皮埃尔·罗伯特·西德维尔等。这些同学后来有的地位显赫，在伏尔泰遇到磨难时，向他伸出援助之手。

1711年8月，伏尔泰中学毕业，继续上法科学校学习。作为法律公证人的父亲，希望把儿子培养成一个法官，1714年年初安排他进入阿兰先生的律师事务所。伏尔泰却违背父亲的意愿，因为他从小对文学有浓厚兴趣，立志把一生献给文学事业，梦想有一天会成为诗圣。

伏尔泰的文学之路是一帆风顺的，诗歌和戏剧的成就给他带来了荣耀。他的命运却是坎坷不平的，两次被投入巴士底狱，被迫流亡到英国伦敦。巴黎的弃子在英国成为香饽饽，从此改变了他的生活轨迹。

伏尔泰在中学读书期间就开始诗歌创作，16岁时首次出版《模仿R. P. 勒热关于圣女热纳维埃芙的颂诗》，此后笔耕不辍，始终进行创作活动。文学给他带来荣耀和财富，也给他带来磨难和不幸；文学让他得到宫廷的青睐，也给他带来宫廷的迫害。但是，他痴心不改，从未放弃过文学。

伏尔泰曾两次被投入监狱。第一次是文学惹的祸。1716年6月，伏尔泰因写了两首讽刺宫廷的短诗，触怒了摄政王奥尔良公爵，被流放到卢瓦尔河畔的苏里，当年10月才获准返回巴黎。伏尔泰并没因此停止创作讽刺诗。1717年春，他又写了一首题为《幼主》的讽刺诗，再次惹怒了摄政王奥尔良公爵。5月6日，伏尔泰被关进巴士底狱。他在狱中整整待了11个月，利用狱中的平静生活，继续写作长诗《亨利亚德》，加工悲剧《俄狄浦斯》。1718年4月11日，伏尔泰获释，回老家由家长监管。后经他父亲到处求情，摄政王才同意他回到巴黎。

重返巴黎的伏尔泰，将他的第一部悲剧《俄狄浦斯》刊印出版。1718年11月18日，《俄狄浦斯》在巴黎戏剧院上演，演出获得巨大成功，尔后连续上演45场，场场爆满，获得观众好评。《俄狄浦斯》是古希腊悲剧，伏尔泰在改编过程中，把抨击的目标指向了神和宗教，借古讽今增强了时代感。从此他不再用本名，开始使用伏尔泰这个笔名。《俄狄浦斯》为他赢得了荣誉，摄政王赦免了他对宫廷的冒犯，恩赐给他金牌奖章和巨额年金，国王赐给他4000法郎。

《俄狄浦斯》的成功，更加坚定了伏尔泰从事创作的决心。他从1715年9月开始，就一直酝酿创作一部歌颂亨利四世的史诗。这部史诗共有3200行，起初书名为——《神圣同盟》，后来书名改为《亨利亚德》，于1723年出版。《亨利亚德》气势恢宏，题材独特，填补了法国民族史诗的空白，为伏尔泰赢得了“史诗诗人”的荣誉，他实现了童年的梦想。

文学上的成功并没有给伏尔泰带来好运。1722年元旦，他73岁的父亲病逝。过了几年，他又遭遇第二次牢狱之灾。1726年1月的一天，伏尔泰与女演员勒库弗斯小姐在歌剧院看戏，贵族浪子德·洛安骑士上前羞辱伏尔泰，因为他正在追求红极一时的勒库弗斯小姐，伏尔泰与德·洛安发生争执。几天后，德·洛安派人在苏利宫门前棍打伏尔泰。伏尔泰无端受辱，投诉无门，为了出胸中的一口恶气，提出要与德·洛安决斗。没想到身为骑士的德·洛安不但不敢应战，反而让家人密告伏尔泰。4月17日，伏尔泰被投入巴士底狱。这次牢狱之灾持续的时间并不长，但释放后当局不准他进入巴黎50英里以内。

伏尔泰得不到法国宫廷的青睐，无奈之下决定远走他乡。1726年5月，伏尔泰流亡到英国。这是他一生中的第一次危机，也是他一生思想的一个重要转折点。伏尔泰在英国感到空前的自由，英国的朋友给予他很多帮助，他在伦敦结识了许多著名的文学家和科学家，并进入了英国上流社会交际圈。他受到英国首相和首相夫人的热情款待，认识了卡罗利娜王后。他将英文版《亨利亚德》题献给卡罗利娜王后，王后派人给他送去了两枚金质奖章。1727年1月，伏尔泰受到英国国王乔治一世的接见，国王赐给他 2000 克朗，作为出版英文版《亨利亚德》的赞助。

伏尔泰受到英国皇室的尊重，受到英国上流社会的尊敬，还受到英国人民的欢迎。可谓是“墙内开花墙外香”。伏尔泰一扫心中的阴霾，除了继续进行创作活动外，也开始认识到自身的价值，抱着对开明君主的幻想，频繁与各国的皇室来往。他需要邻国王室的友谊和支持，以及得到他们的庇护。这在他以后的生命中显得十分重要。伏尔泰与荷兰、比利时、瑞士、奥地利、普鲁士、俄国等国的宫廷都有过来往。

伏尔泰受到过俄国女皇叶卡捷琳娜二世的接见，最终由于他的叛逆思想不欢而散，但在伏尔泰死后，他的图书和大部分手稿还是都卖给了叶卡捷琳娜二世，使这些作品得以完整地收藏在圣彼得堡图书馆。伏尔泰与普鲁士国王弗里德里希二世由于互相欣赏，交往时间最长。弗里德里希还是王子的时候，就对伏尔泰青睐有加。弗里德里希酷爱读书交友，被人称为“哲学家王子”。伏尔泰受到王子的青睐也“投桃报李”，对王子进行了吹捧。

1740 年 5 月 31 日，弗里德里希继任普鲁士国王，号称弗里德里希二世。他立即向伏尔泰通报了自己登基的盛况，可见两人的关系确实不比寻常。弗里德里希登基以后，就渴望与神交已久的伏尔泰见面。1740 年 9 月 11 日晚，伏尔泰风尘仆仆地赶到距布鲁塞尔 150 英里的克利夫斯小镇，拜见了微服旅行的弗里德里希二世。病中的国王与伏尔泰共进晚餐，两人相见恨晚，聊得兴致勃勃。伏尔泰与弗里德里希二世相处了 3 天，弗里德里希二世视伏尔泰为知己，并令伏尔泰受宠若惊地宣称：这是他一生中最幸福的几天。

弗里德里希二世回到柏林之后，又接连写信盛情邀请伏尔泰来柏林。1740 年 11 月 19 日，伏尔泰终于接受国王的一再邀请来到柏林。弗里德里希二世在王宫举行盛大晚会接待伏尔泰，这种破格的礼遇让他感慨万分，他感到普鲁士国王是个开明君主。虽然伏尔泰感激国王的知遇之恩，但他并没有在柏林留下来。他乐意为国王效劳，但不愿寄人篱下。

多年后，当弗里德里希二世出兵侵占奥地利，废除与法国的联盟时，法国首相还派伏尔泰做民间大使，利用他与普鲁士国王的友谊，前往柏林进行外交斡旋。弗里德里希二世乘机动员他离开法国到柏林定居。伏尔泰在法国不受重视，在英国和普鲁士却得到崇高的礼遇。伏尔泰有着自己的个性，他虽然希望得到其他国家的庇护，却并不愿意背叛祖国；他虽然对开明君主抱有幻想，却有自己的政治主张和见解；他虽然渴望上流社会的灯红酒绿，却甘愿安安静静地进行创作活动。

伏尔泰在英国流亡期间收获颇丰，回到巴黎后新的剧作获得巨大成功。尽管伏尔泰早就功成名就，他在婚姻上却还是一片空白。伏尔泰从不缺少情人，却“守口如瓶”对外保密。与夏特莱夫人相识，成为他生命中的幸事。

伏尔泰在英国流亡了将近3年，不但得到英国王室的欢迎，还结交了一大批朋友，并参加过牛顿的葬礼。舒畅的心情使他的创作欲望高涨，在伦敦不仅出版了英文版的《亨利亚德》，还开始写作《查理十二史》《哲学通信》和悲剧《布鲁图斯》。1729年2月，伏尔泰得到法国当局的默许，终于重新踏上祖国的土地。开始他不敢进入巴黎市区，因为对他的放逐令并没有撤销，他恳求老同学里舍利厄公爵帮忙，才得以回到巴黎。伏尔泰经历了生命的第一次磨难，思想和艺术开始走向成熟，他的创作也取得了新的成功。

伏尔泰一生热爱戏剧，创作的剧本有五十多部。回到巴黎后不久，他就埋头创作。1730年12月11日，《布鲁图斯》上演，获得巨大成功；1732年8月13日，《查伊尔》上演，同样获得巨大成功。《布鲁图斯》取材于古罗马故事，反映共和主义与君权政治的斗争，塑造了布鲁图斯的英雄形象。《查伊尔》是一出爱情悲剧，情节跌宕起伏，感情真挚动人。这两部剧作赢得了观众的喜爱，也为伏尔泰带来了新的荣誉。

1733年，39岁的伏尔泰已经功成名就，成为很多年轻妇女顶礼膜拜的对象。就在这一年，他认识了夏特莱侯爵夫人，开始了他们惊世骇俗的浪漫恋情。

伏尔泰与夏特莱夫人的恋情，是他生前唯一公开的隐私。伏尔泰生前对外避谈个人的私生活，对于自己和家人的隐私，他总是守口如瓶，惜字如金，使得后人无法了解他的私生活。伏尔泰在六七岁时母亲就离开人世，是年长他15岁的姐姐把他抚养成人。1726年9月心爱的姐姐去世时，伏尔泰也只是说“我心里始终怀念着她”，并不向外多谈一句。还有他也从不谈论患痉挛病的哥哥，尽管他始终关注着哥哥的境况。对家人的情况，他都避而不谈，个人的私生活更是格外保密。因此，伏尔泰的情人除了夏特莱夫人，其他女人让外界感到扑朔迷离。

伏尔泰的初恋发生在19岁。1713年9月，由于夏托纳夫神甫的帮助，伏尔泰跟随神甫的弟弟夏托纳夫侯爵，来到荷兰海牙进行公务活动。在海牙，他爱上了漂亮多情的潘佩特（奥兰普·迪努耶的绰号）。21岁的潘佩特被人包养过，经历过爱情的波折。19岁的伏尔泰却是初恋，他不可自拔地陷入了情网。他向心爱的姑娘表白道：“哦，亲爱的潘佩特，我永远地爱着你……我爱你的容貌，更爱你的品德。”这段恋情被迪努耶夫人发现后，她立即让女儿斩断情丝，并让夏托纳夫侯爵处理自己的属下。伏尔泰的初恋闪电般地夭折了。3个月后，他被使馆遣送回巴黎。伏尔泰的鲁莽差点付出更大的代价，他父亲为此想把他“流放”到美洲。

传说伏尔泰有很多情人，但很难抓到她们的蛛丝马迹。1725年8月，伏尔泰深受颇有势力的德·普里夫人的宠爱；他可能爱上过维拉尔元帅的夫人；晚年时曾与茹迪特小姐单独相处，因身体虚弱3次晕倒；苏阿尔夫人小住在伏尔泰家；等等。这一切都是捕风捉影，没有真凭实据。人们纷纷议论伏尔泰的情场业绩，他却以此为荣不加以反驳，他把自己和情人保护得很好，绝不对外炫耀自己的情史。

人们怀疑他与大外甥女德尼夫人有暧昧关系，理由是德尼夫人是个轻佻的女人，对文学十分痴迷，想写剧本自己又完不成，便向伏尔泰献媚，让舅舅帮忙完成不成型的作品。1744年3月，年轻的德尼先生不幸病故，伏尔泰倾注全力帮助德尼夫人，新寡的大外甥女很快又充满活力。德尼夫人长得玲珑娇巧、讨人喜欢，对舅舅的好感渐渐变成了爱慕。伏尔泰当然不会无动于衷。夏特莱夫人在世时，就曾忌妒过德尼夫人；夏特莱夫人过世后，伏尔泰与德尼夫人形影不离，长期生活在一起，外界更加猜测他们是情人关系，一致认为伏尔泰的《老实人》中的库内龚德的原型就是德尼夫人。舅舅和外甥女在一起生活，也许是亲人之间的照顾。如果按外界的说法，德尼夫人真是伏尔泰的情人，那只能说伏尔泰保密工作做得好，外界无法发现他们偷情的蛛丝马迹。

但是，伏尔泰与夏特莱夫人的恋情，却是轰轰烈烈演绎了16年。1733年6月，伏尔泰与夏特莱夫人相识。夏特莱夫人时年27岁，出嫁前她的名字叫爱米莉，与夏特莱侯爵有一双儿女。夏特莱夫人是法国有名的才女，懂英文、意大利文和拉丁文等多国语言，精通数学、化学、物理学和天文学，是个才华横溢、智慧超群的女子。她的父亲是前宫廷官布雷德伊·普勒伊利男爵，言传身教，让她有一种高雅的气质和风度。她结婚前见过伏尔泰，那还是伏尔泰年轻时曾拜见她的父亲。随着伏尔泰的才华和名气的上升，夏特莱夫人对他的崇拜也与日俱增，所以主动请皮埃尔公爵夫人带她去与伏尔泰见面。

巴黎的才子和才女一见倾心。两个人有着很多的共同话题，诗歌、戏剧、历史、哲学，有着谈不完的相同契合点。尤其对英国的新思想和科学进步，伏尔泰在巴黎是没有知音的，具有科学头脑的夏特莱夫人对此却是非常感兴趣。一见钟情，相见恨晚，两个人成为知音。第二天，伏尔泰就通过皮埃尔公爵夫人，转交了他给夏特莱夫人的求爱信。

两个有情人千里姻缘一线牵。他们把爱与被爱，放在至高无上的位置。年龄有12岁的差距，并不妨碍他们彼此相爱；夏特莱夫人已婚的事实，也阻挡不了他们彼此结合；社会上的流言蜚语和指责，对他们丝毫没有杀伤力。只要两个人互相欣赏、互相倾慕，一切统统丢在脑后。他们毫不顾忌外界怎么看，他们需要的是浓烈似火的爱情，需要的是在爱情火焰中燃烧自己。这次见面是伏尔泰一生中最重大的事情，从此他和夏特莱夫人开始了16年的爱情之旅。

伏尔泰避难在西雷村，过上了舒适宁静的生活，全身心地进行创作活动。他与夏特莱夫人不是夫妻胜似夫妻，两个有情人是互相倾慕的恋人，也是志同道合的知己。这对奇特的伴侣用行动演绎着人间的真爱。

1734 年，伏尔泰在巴黎又遇到危机，起因是他在英国时就动笔写的《哲学通信》。这部书信体的哲学通信集，在他回到巴黎后就脱稿。1733 年在伦敦首先出版，英文版书名为《英国通信》。1734 年在法国里昂秘密出版法文版，书名改为《哲学通信》。因为书中推崇英国的政治自由和信仰自由，赞誉英国的科学和文艺成就，间接批评了法国政府，引起法国政府的不满。当局立即把《哲学通信》列为禁书，焚烧了存书，逮捕了出版商。1734 年 5 月 6 日，当局对伏尔泰发出逮捕令。

伏尔泰面临警察的追捕，在巴黎无处藏身。这时，夏特莱夫人伸出援手，邀请他去西雷村避难。夏特莱侯爵有一座 13 世纪的城堡别墅，位于法国东北部香槟省的西雷村，那里离巴黎较远，警察鞭长莫及，而且距比利时边境很近，如果有风吹草动可以随时出国。1734 年 7 月，伏尔泰来到西雷村避难。夏特莱夫人并没有随行。她在巴黎上流社会仍有应酬，而且还在潜心学习数学。

10 月 23 日，夏特莱夫人回到西雷村。虽然心上人近在咫尺，但夏特莱夫人还是难以忍受枯燥单调的生活，圣诞节即将来临之际，她又离开西雷村回到了巴黎。夏特莱夫人喜欢巴黎的奢华生活，喜欢上流社会的人际交往，但她并没有完全沉醉于唱歌、跳舞、打牌之中。伏尔泰在西雷村埋头写作，夏特莱夫人在巴黎为他奔波，她不懈的努力终于取得成功，经皮埃尔·罗伯及里舍利厄公爵出面帮忙，1735 年 3 月，国王撤销了对伏尔泰的通缉。伏尔泰的这两位同窗好友在关键时刻没有忘记他们当年在圣路易中学的情谊。

1735 年 3 月底，伏尔泰从西雷村回到巴黎。谁知回到巴黎不久，伏尔泰又遇到新的麻烦。8 月 21 日，他写的悲剧《凯撒之死》首次公演，大获成功。本来是喜事却成为不幸。因为，有人得到《凯撒之死》的副本，居心叵测地加上一些自己的歪诗，寄给出版商，在阿姆斯特丹出了单行本。伏尔泰看到这本书后，气愤不已地给德丰丹纳神甫写信，希望他能明察真相，以正视听。这位神甫则指责剧本有危险的煽动性，并将伏尔泰住在西雷村的事，向外界透露了出去。伏尔泰曾把神甫从死刑的绝境中解救出来，没想到德丰丹纳神甫却恩将仇报。

伏尔泰另一个麻烦来自叙事长诗《奥尔良少女》。这部史诗以法国民族女英雄贞德为原型，虽然1729年就创作完成，但由于他把诗中的僧侣描写得淫荡、残忍和贪得无厌，一直未能公开出版。回到巴黎后，他在沙龙中偷偷传阅《奥尔良少女》，引起当局的不满和愤慨。司法大臣甚至威胁道："如果胆敢把那些诗篇印出来，一定把他活埋在牢里。"伏尔泰感到自身安全不保，立即离开巴黎躲藏起来。直到夏特莱夫人和里舍利厄公爵出面，从国王那里得到确切消息，伏尔泰不能再回到巴黎，但可以继续在西雷村居住，他才又回到西雷村的城堡别墅。这时夏特莱夫人也下定决心，再也不让伏尔泰孤独地生活，她要回到西雷村陪伴落难的情人，两人再也不能分开。

两个有情人终于团聚在一个屋檐下。伏尔泰和夏特莱夫人没有夫妻的名分，却如同夫妻一样生活在一起。他们不是那种卿卿我我的情人，也不是那种风花雪月的夫妻，他们更像是志同道合的知己。两人白天基本不见面，各自躲在自己的房间里，伏尔泰醉心于诗歌和戏剧的创作，夏特莱夫人则求解论证数学，专心做科学实验。共进晚餐后，两人在一起喝咖啡，说说各自的工作情况，然后又分头钻进自己的工作室，直到深夜才欢聚到一起。

伏尔泰和夏特莱夫人都把事业看得至高无上，他们不仅在自己熟悉的领域精耕细作，还一起交流互补，从对方身上汲取新的营养。譬如，在夏特莱夫人的影响下，伏尔泰开始研究物理学和自然哲学，经常躲在暗室里进行光学试验，并动手撰写《牛顿哲学原理》。1738年《牛顿哲学原理》在荷兰出版，伏尔泰把此书题献给夏特莱夫人，他心爱的女人感到兴奋异常。

伏尔泰和夏特莱夫人是一对奇特的情侣，他们既是情人也是朋友，还是并肩前行的战友。两人亲密无间两相愉悦，性爱不占据重要位置。他们更多的是"柏拉图式的爱情"，也可以说是"哲学家式的爱情"。他们之间互相欣赏，互相倾慕，互相学习，互相帮助，是真正意义上的知己，这种纯洁的爱才是他们渴求的。他们之间也发生过矛盾，也有过大声的争吵，也有过误会和误解，但两人总能很快重归于好。

伏尔泰在西雷村过着舒心平静的日子，他和夏特莱夫人不是夫妻胜似夫妻，这种宁静快乐的生活源自于他们的真爱。他们之所以能有这样的美好生活，应该感谢夏特莱侯爵。没有夏特莱侯爵的默许，他们不可能公开地共同生活。主张接纳伏尔泰到西雷村避难，夏特莱夫人是征得丈夫同意的，可见夏特莱侯爵的大度和宽厚。夏特莱夫人和伏尔泰一起生活，也是夏特莱侯爵默许和认可的。夏特莱侯爵远在法德战争的前线，有时也回到家小住一些日子，他对伏尔泰是充满崇敬之情的。夏特莱侯爵既没指责妻子红杏出墙，也没恼怒伏尔泰给他戴绿帽子，更没有提出和妻子分手或与伏尔泰决斗，相反他把伏尔泰当成自己的知心好友。这在常人看来简直是不可思议的事，除了法国人对爱情比较豁达的社会风气，也可以说夏特莱侯爵是个宽宏大量的人，还是个尊重妻子及妻子朋友的人。

伏尔泰有心爱的女人在身边，安心于自己的创作活动。在西雷村期间他的创作成果颇丰，先后完成了哲学和科学专著《形而上学论》《牛顿哲学原理》，悲剧《穆罕默德》《梅洛普》《塞米拉米斯》《得救的罗马》，喜剧《纳尼娜》，诗歌《冯特努瓦战》，哲理小说《查第格或命运》等。除了各自进行创作以外，夏特莱夫人还在别墅里宴请欧洲各地文人、科学家，以免伏尔泰与外界隔绝，感到寂寞。

夏特莱夫人知道伏尔泰对戏剧的钟爱，支持他在西雷村组织业余剧团排戏。

伏尔泰在经济上比夏特莱夫人富有，他花钱雇人把别墅装修改造，将阁楼改成小剧场。排演伏尔泰话剧时，附近居民都可以参加。伏尔泰和夏特莱夫人经常扮演角色，夏特莱侯爵也常常要登台表演，他的小女儿则更是出色的小演员。演戏给伏尔泰带来了心灵的慰藉，也给夏特莱夫人一家带来了快乐，还活跃了附近居民的文化生活。

伏尔泰与夏特莱夫人是知心爱人，十几年过去情感始终如一。随着伏尔泰年过五旬精力不够，无法满足夏特莱夫人的生理需求，年轻的圣朗贝乘虚而入，致使夏特莱夫人怀孕产女。夏特莱侯爵误以为是自己的骨肉。

伏尔泰“出色”的导演，保住了夏特莱夫人的颜面，却无法挽回她的生命。

伏尔泰虽然有诸多的坎坷，有数不清的磨难，夏特莱夫人就像是他的福星，帮他逢凶化吉、遇难呈祥。西雷村的别墅城堡，见证了他们的相亲相爱。在听到不利于伏尔泰的消息时，夏特莱夫人总是替他想方设法解救危机。1736 年 12 月，伏尔泰写了一首哲理诗《摩登人物》，他把副本送给几个值得信赖的朋友，并特别叮嘱千万不要外传，但还是意外地让当局看到了。检察官认为这是一部恶意中伤异教的作品，对伏尔泰极为不满。里舍利厄公爵夫妇写信，让伏尔泰离开西雷村避避风头。夏特莱夫人亲自把伏尔泰送过法比边境，恋恋不舍，为伏尔泰担心。进入比利时后，伏尔泰立即给邻居写信，请她常去看望自己的心上人。伏尔泰和夏特莱夫人的两颗心已经融为一体。

伏尔泰与夏特莱夫人互相慰藉，互相知心，十几年过去情感始终如一。他们相识时伏尔泰 39 岁，精力旺盛对爱情充满渴望，转眼间过了 50 岁，年龄增长、疾病增多，对性爱已经淡漠。夏特莱夫人刚 40 岁出头，对性欲的渴求还很炽烈。虽然他们并不把性爱放在第一位，但身体条件的变化不可阻挡。就在这种情况下，他们同床共枕的次数越来越少，稳定了十多年的情人关系，开始有了微妙的变化，致使圣朗贝侯爵乘虚而入。

圣朗贝年轻、英俊、风度翩翩，是个令女人神魂颠倒的情场老手，他曾从卢梭手中夺走了欧戴多夫人，到洛林小宫廷做客时，又与布弗列尔夫人私通。当布弗列尔夫人不满他到处示爱时，他马上向夏特莱夫人发起进攻，在他狂热的爱情攻势下，夏特莱夫人投入到他的怀中。她疯狂地爱上了风流倜傥的圣朗贝，风韵犹存的夏特莱夫人，好像又回到了少女时代。她偷偷地给圣朗贝写情书，频频约他幽会偷情，在他生病时精心给予悉心照顾。本来圣朗贝只是逢场作戏，一是夏特莱夫人比他大 10 岁，已是半老徐娘；二是他很尊敬伏尔泰，怕惹上麻烦。当看到夏特莱夫人陷入情网，对他一往情深热情似火时，他曾有过感动回报夏特莱夫人。但他是个喜新厌旧的浪子，很快热度降温，对夏特莱夫人时冷时热。

伏尔泰开始并不在意他们的接触，因为他和夏特莱夫人经常在一起，在西雷村是一个屋檐下，要不就是共同往返于巴黎、比利时等地。伏尔泰相信夏特莱夫人忠实于他，不会再去和别的男人调情，因为他们互相爱慕的不是对方的身体，而是对方的智慧和才华。但是，圣朗贝给夏特莱夫人肉体的快乐，使她无可救药地拜倒在小情人的脚下。

纸终究包不住火。1748 年 10 月中旬的一个晚上，伏尔泰晚餐前去找夏特莱夫人谈点事情，没想到进入夏特莱夫人卧室后，看到夏特莱夫人和圣朗贝赤裸裸抱在一起做爱。伏尔泰当即大发雷霆指责他们，他不能容忍在自己眼皮底下，自己的情人和别人做爱。夏特莱夫人默默不语，圣朗贝则挑衅伏尔泰，两个人可以决斗分出胜负。事后，夏特莱夫人冷静下来，想起伏尔泰和自己十几年不离不弃，有过情人的恩爱，有过朋友的情谊，她不想和伏尔泰分手，也相信伏尔泰离不开她。

夏特莱夫人是个敢于担当的人，当天深夜，她走进伏尔泰房间，余怒未消的伏尔泰不依不饶，大声地斥责夏特莱夫人的背叛。夏特莱夫人没有解释和反驳，等伏尔泰火气小了一些后，她说伏尔泰是自己最爱的人，他永远是自己伟大的情人，但她是个正常的女人，伏尔泰不能满足她生理上的需要，她需要找一个人解决自己的需求，这并不意味着她抛弃伏尔泰。

这种理由让伏尔泰无法反驳，他不愿意失去夏特莱夫人，只能面对既成的事实，希望夏特莱夫人考虑一下他的感受，今后不要在他眼皮底下干这种事。第二天早晨，夏特莱夫人动员圣朗贝向伏尔泰道歉，一场风波被夏特莱大人摆平了。

但是，更棘手的事情发生了。1749 年年初，伏尔泰发现夏特莱夫人情绪焦躁不安，原来将近 42 岁的夏特莱夫人意外怀孕了。伏尔泰知道这肯定是圣朗贝的孩子，本来他心里特别别扭，但看到夏特莱夫人异常痛苦的表情，他还是找人给圣朗贝送信，“解铃还须系铃人”，叫圣朗贝火速赶到西雷村。

圣朗贝来到西雷村以后，也是束手无策。他不能公开承认是孩子的父亲，因为他和夏特莱夫人属于地下偷情，这样两个人都会丢尽颜面。伏尔泰倒是夏特莱夫人的公开情人，但他不能背这个黑锅，因为他无法面对夏特莱侯爵。为了夏特莱夫人的颜面，最后还是伏尔泰想出个馊主意，他让夏特莱夫人给丈夫写信，就说思念常年不归的夫君，叫他尽快从军营中回家住一些时候。

夏特莱侯爵见到信后异常高兴，因为妻子早就和他貌合神离，已有 17 年没有同床共枕。夏特莱侯爵回到家后，夏特莱夫人一反常态，不但精心打扮得艳丽迷人，还对丈夫脉脉含情，夏特莱侯爵受宠若惊，虽然妻子久未与他同房，但他还是有生理上的需求。他以为妻子回心转意，在妻子的温柔攻势下，他再也把持不住自己，两个人进入了温柔乡。夏特莱侯爵是个没有心计的人，他哪里知道这是“请君入瓮”。圣朗贝不负责任的行为，让夏特莱侯爵当了替罪羊，而且是个名正言顺的羔羊。

过了一个多月，夏特莱夫人告诉丈夫，她已经怀孕了。侯爵欣喜若狂，马上向外界宣布这一喜讯。伏尔泰当面向他祝贺，心想这一旷世难题被他迎刃而解。他这一切都是为了维护夏特莱夫人，因为他们这一对情人，一方有难另一方绝不会袖手旁观。难题解决后，夏特莱侯爵又回到军营服役，伏尔泰和夏特莱夫人，又开始奔波于西雷村和巴黎等地之间。

1749 年 6 月，伏尔泰和夏特莱夫人来到巴黎。伏尔泰忙着出席喜剧《纳尼娜》的公演，夏特莱夫人忙着赶写牛顿著作的译稿。这时候夏特莱夫人怀有身孕，行动不方便，开始想在西雷村城堡别墅生孩子，后来觉得西雷村不是很方便，于是在 7 月初来到了吕内维尔，准备在那里分娩。虽然身孕行动不便，妊娠反应很严重，但她仍然加紧牛顿译著的工作，而且经常不分昼夜地工作。她盼望能在分娩前完成手头工作。

9 月 3 日晚上，夏特莱夫人正在忙于牛顿译著，突然间感到身体不适，于是急得喊叫贴身女仆，女仆还没有进门，夏特莱夫人就生下了一个女孩。43 岁的夏特莱夫人顺利分娩，伏尔泰悬着的心终于落地。由于天气酷热，夏特莱夫人非要喝冰冻大麦茶降温，没想到连续高烧不退，国王御医来给她诊治，也不见任何效果。

9 月 10 日，请来的两位妇产科医师，给夏特莱夫人开了镇静药，她服下后，不再焦躁不安，静静地开始沉睡不醒。伏尔泰和夏特莱侯爵觉得不会有大问题了，于是两人准备出去办些事情，只留下圣朗贝、贴身女仆等人看护。伏尔泰他们刚刚出门不久，夏特莱夫人突然大叫一声，等众人赶到床前时，夏特莱夫人已停止了呼吸。人们赶忙出门去追伏尔泰和夏特莱侯爵。

伏尔泰后悔自己出门，他要是守在夏特莱夫人身边，她也许不会这么快地离去。夏特莱夫人之死，让伏尔泰悲恸欲绝，他紧紧地抱着自己的情人，试图把她从死神那里唤回，但夏特莱夫人不可能醒来。毕竟他们之间有 16 年的情谊，他们没有正式的夫妻名分，却都把对方看成是自己的爱人。伏尔泰接受不了这个残酷的事实，他精神恍惚地离开侯爵家，不由自主地跑到郊外，一头跌倒在路边。

第二天，伏尔泰把自己关在屋里，心情沉痛地写信告知朋友。接连几个晚上，伏尔泰难以入睡，他像个幽灵一样，一边在几个房间里出出进进，一边凄哀地呼唤着夏特莱夫人的名字，他期望自己心爱的人能起死回生。伏尔泰一生经历了两次大危机，第一次是 1726 年流亡英国，第二次就是 1749 年夏特莱夫人去世。后来，伏尔泰告诉大外甥女德尼夫人："我失去的不是一个情人。我失去了半个自己；失去了构成我的灵魂的那个灵魂……"可见他和夏特莱夫人的爱有多深。世俗也在他们痴情的爱面前低下了头。

伏尔泰视夏特莱夫人是自己的灵魂，绝不是什么夸大之词。夏特莱夫人对伏尔泰的影响和帮助，是任何人都难以做到的。在他们休戚与共的 16 年中，夏特莱夫人利用自己的社会地位和出身，多次帮助伏尔泰摆脱困境，转危为安，她是伏尔泰名副其实的保护伞。夏特莱夫人在西雷村的城堡别墅，给伏尔泰提供了安静舒适的环境，使他得以专心致志地进行创作，这个时期是伏尔泰创作的高峰期，他完成的著作远远超过其他时期。夏特莱夫人勤奋好学、刻苦钻研、锲而不舍、不知疲倦的忘我精神，也对伏尔泰的创作起着激励和推动作用，而夏特莱夫人的科学头脑，让伏尔泰对科学和哲学的兴趣大增，拓宽了他的创作和研究领域。夏特莱夫人的热情和奔放，让伏尔泰享受到肌肤之亲的快乐。

夏特莱夫人的去世，对伏尔泰是个沉重的打击。他失去的不仅是情投意合的情人，还是志同道合的知己。夏特莱夫人葬礼过后，夏特莱侯爵带着孩子返回西雷村。伏尔泰没有了知心爱人，西雷村对他只是美好的过去，他不想睹物思人徒增悲伤，从此再也没有回过西雷村。

55岁的伏尔泰本想回巴黎定居，但当局对他仍存有深深的敌意，巴黎无他立足之地，只得继续在国外到处栖身。1754年12月以后，伏尔泰和德尼夫人在瑞士普兰京斯暂时定居，1755年他又买下日内瓦附近的圣约翰山庄，并为山庄重新取名为德利斯，冬季则去洛桑居住。1758年夏天，他又先后在费内尔和图尔内买下两处房产，这两个法国边境小镇距日内瓦很近。晚年的伏尔泰有了多处避难所，他和德尼夫人在一起，过着富有、快乐而又自由的生活。他继续每天进行创作，继续进行着反封建专制的活动。他的成就和声望越来越高，获得的各种荣誉越来越多，在法国和欧洲的影响力也越来越大。

1773年2月，伏尔泰患上严重尿道萎缩症，深受泌尿系统疾病的折磨，他再也没能恢复体力，写作能力也大大削弱。1778年2月20日，伏尔泰极度衰弱，咳了血，这种情况持续了二十余天。3月20日，伏尔泰的病情大为好转，这一天是他登上荣誉巅峰的一天：法兰西学院开会选举他为院长，他还赶往法兰西剧院观看自己的悲剧《伊莱娜》的演出。5月11日，伏尔泰的病情再度恶化，高烧不退，神志不清，进入弥留之际。5月30日午夜11时，84岁的伏尔泰离开人世。

伏尔泰去世后，政府当局不允许他安葬在巴黎，亲友们只得偷偷地将他的灵柩运出巴黎，秘密安葬在香槟省的塞里耶尔修道院，这里离他心爱的夏特莱夫人的西雷村不远。1791年起义的法国人民将伏尔泰的遗骸运回巴黎，安葬在法国伟人的墓地先贤祠。他的心脏装在一个盒子里，存放在巴黎国家图书馆。这是他生前没有想到的。

伏尔泰不仅在文学和哲学上成就卓越，他还以捍卫公民自由，特别是信仰自由和司法公正而闻名，他主张开明的民主制度，强调自由和平等，公开支持社会改革，在反封建的启蒙运动中作出了巨大的贡献，他不愧是法国启蒙运动的领袖，在人民中间始终享有崇高的声望。

投入真情饱尝失恋痛苦——贝多芬

德国天才音乐家贝多芬，一生爱恋过无数年轻秀美的女子，却始终没有点燃家庭的炉火。他的音乐世界就是他的罗曼史和他的爱欲在五线谱上的升华，他生命的轨迹就是恋爱不断、创作不懈。他死后发现的3封情书，给人们留下了到底谁是他唯一的“不朽的爱人”的谜团。

路德维希·凡·贝多芬（1770—1827年）是德国伟大的作曲家、杰出的钢琴家、音乐指挥家，维也纳古典乐派代表人物之一。他好像天生就是为了创造音乐艺术才来到人世间的。贝多芬认为人生最大的幸福和快乐，就是为别人工作。他虽然只活了57个春秋，却创作了9首交响曲、6首钢琴协奏曲、1首小提琴协奏曲、32首钢琴奏鸣曲、17首弦乐四重奏、5首大提琴奏鸣曲、1部歌剧等300多个大大小小的作品，其中包括著名的《英雄交响曲》《命运交响曲》《田园交响曲》《致远方的爱人》《致爱丽丝》。这些作品对音乐发展有着深远的影响，因此他被尊称为“乐圣”。

然而，贝多芬的巨大幸福，恰恰来自于他的巨大痛苦：贫穷、残疾、孤独。他一生爱恋过无数女人，却终生没有点燃起家庭的炉火，但他坚强地战胜了自己，将失恋的苦闷化作了一首首深沉、壮美的音响哲理诗。他通过音乐把自己的欢乐和痛苦，传递给了世界上的千百万人。

1770年12月16日，贝多芬出生于德国波恩一所破屋的阁楼上。他的祖籍是弗朗德勒。父亲是该地宫廷唱诗班的男高音歌手，碌碌无为、嗜酒如命；母亲是宫廷大厨师的女儿，一个善良温顺的女佣，婚后备受生活折磨，在贝多芬17岁时便去世了。贝多芬是7个孩子中的第二个，因长兄夭亡，贝多芬实际上成了长子。

艰辛的生活剥夺了贝多芬上学的权利，但他自幼就表现出难得的音乐天赋。作为一个贪得无厌的酒徒，父亲希望儿子能成为莫扎特似的神童，赚大把的钱供他消遣。他不惜打骂贝多芬，迫使贝多芬从4岁时起，就整天没完没了地练习羽管键琴和小提琴。8岁时贝多芬首次登台，获得很大的成功，被人们称为第二个莫扎特。此后他拜风琴师尼福为师，开始学习作曲。11岁时他进了剧院乐团，发表了第一首作品《钢琴变奏曲》。13岁时参加宫廷乐队，担任管风琴手和古钢琴师，负起养家的责任。

贝多芬在宫廷中逐渐受到重视，但他心怀远大，不甘心永远做一名乐师。1787年4月，他远赴维也纳拜见莫扎特学习作曲。虽然贝多芬其貌不扬，但他演奏的钢琴曲却令莫扎特为之惊叹，并断言他的前途无量。不幸的是母亲病危，贝多芬赶回家中不久，深爱他的母亲就去世了，这对他打击很大。17岁的贝多芬成为一家之主，担负起两个弟弟的教育之责，并让已不能主持门户的父亲提前从宫廷乐队里退休。贝多芬直接领取父亲的养老金，以免父亲拿钱去酗酒。苦难的生活磨炼了贝多芬的意志，也给他的心里留下了深深的伤痕。

1792年，贝多芬再度前往维也纳，受教于海顿门下学习了一年作曲，后又到处拜见名师虚心求教。1795年，贝多芬第一次在维也纳举行音乐会。他亲自弹奏自己创作的《第二号钢琴协奏曲》，维也纳市民为之折服。贝多芬首次获得巨大成功，一个光明的前途在他的面前展开。

贝多芬初恋的几个女人，没有一个真心地爱他。她们卖弄风情，装出爱他的样子，一旦贝多芬燃起情火，向她们表白求婚，她们就抽身退出，与他人结婚。贝多芬一次次极度失望，饱尝失恋的煎熬和痛苦。

这时，贝多芬没有陶醉在音乐的成功中，一直渴望着爱情的降临。在他的一生中，爱欲总是伴随着他的音乐创作，两者是相互补充、相互依存的。音乐创作从爱情那里获得灵感和冲动，爱情从音乐作品中得以表现和丰富。对于贝多芬，两者都是不能失去的。他的音乐艺术世界就是他的罗曼史和他的爱欲在五线谱上的升华。贝多芬生命的轨迹是恋爱不断、创作不断。他曾满怀茫然和惆怅之情写道："爱情，只有爱情，才能带来持久的幸福……哦，上帝，让我找到她，找到她吧，她能使我变得更加纯正……"可是贝多芬寻找了一生，也没有得到一个完全属于他的女子。

贝多芬一生热恋过的女人，大多有两个特点：第一，年轻秀美、纤细体弱；第二，多是出身于上流社会的学生。而贝多芬出身卑微，相貌丑陋，鼻硬而直，皮肤粗糙，头大身短，与他心爱的女人有着极大的反差，这也是他的感情屡遭挫折的主要原因。贝多芬的第一个恋爱对象名叫延乃蒂，是他的学生——宫廷参议大臣布吕宁的女儿艾丽诺的朋友。布吕宁夫人视贝多芬如亲生儿子，允许他自由出入。延乃蒂来布吕宁家做客时，认识了贝多芬。她有着一头金色秀发，皮肤雪白，脸颊粉红，永远快快乐乐，而且爱开玩笑。她丝毫不觉得贝多芬这个满脸痘斑、黑皮肤的大男孩有什么吸引力，但这并不影响她卖弄一下风情。贝多芬立刻燃起了情火，专为延乃蒂谱了一首歌曲。不久，他发现延乃蒂早已与一个英俊的奥地利军官订婚，深为自己的单纯无知而懊悔。此后，他又向意大利歌唱家简纳特及埃莉奥罗纳、冯·魏斯特荷特和巴贝特表示过好感，但保持热情的时间都不长。直到1790年遇见玛丽亚，他才第一次被爱情的魔力所打动。

玛丽亚是选帝侯御马苑总管威斯塔霍尔特伯爵的女儿，一家人都爱好音乐。伯爵为女儿请了贝多芬来教授钢琴课。贝多芬一见到玛丽亚，便被她的美丽所吸引。每周2小时在玛丽亚身边度过的时间，照亮并温暖了贝多芬的全部生活，使他觉得生活更有意义。他面前升起一个光辉灿烂的目标：尽量争取得到玛丽亚。玛丽亚虽爱慕他的才华，但门第观念不允许她下嫁给一个选帝侯属下小官的儿子。她拒绝了贝多芬冒失的求婚。绝望的贝多芬一度产生了自杀的念头，但坚强的意志和对家庭的责任感，帮助他战胜了失恋的痛苦。

1792年，贝多芬将目光投向了剧院的歌唱家玛格达里娜·威利曼（1775—1801年）。玛格达里娜是一个美丽婀娜的妙龄女郎，有一副清甜柔和的金嗓子。她察觉出贝多芬的爱意后，便装出爱他的样子，可实际上暗暗嘲笑这个其貌不扬的崇拜者。贝多芬认识到玛格达里娜的卑劣，带着极度的失望，接受了布吕宁家的邀请，和他们一同去度假。

一次次的打击使贝多芬变得成熟了，他开始用另一种眼光来观察艾丽诺。艾丽诺固然不像玛格达里娜那样美，但她长得文雅且端庄，最美的是她的身体里蕴藏着的良好的教养和高贵的灵魂。贝多芬发现艾丽诺才是全波恩最美的姑娘，而她的母亲布吕宁夫人视他如亲子，也不会有什么门第成见。贝多芬深深地爱上了艾丽诺。艾丽诺早就暗恋贝多芬，贝多芬的诸多浪漫史她看在眼里，疼在心上。现在两个人都感觉十分幸福。由于大作曲家海顿的到来，贝多芬提前回到了波恩。等布吕宁一家度假归来，贝多芬急着去拜访时，却发现艾丽诺态度大变。她听女友说贝多芬是玛格达里娜的情人，这一发现使她纯洁的心灵无法接受。贝多芬百般解释，无奈已不可挽回。他带着对波恩的爱与恨来到了维也纳。波恩带给了他欢乐，但更多的是失恋的痛苦。艾丽诺后来嫁给了贝多芬的好友，她与贝多芬仍有书信往来。

苔莱斯和约瑟芬两姐妹以及她们的表妹——朱丽埃塔，欣赏贝多芬的才华，对他也有深情爱意，但门第之见阻碍了他们的结合。短暂的甜蜜爱情，像流星般划过夜空，贝多芬内心世界留下的是一片破碎和悲哀。

1792 年年初，贝多芬来到维也纳，因人生地不熟，事业一时没有个头绪，未能很快打开局面。得不到女性的崇拜，让他郁郁寡欢，他随时准备接受任何一个年轻貌美的女子对他的崇敬。贝多芬在孤苦无依时祈求上帝的帮助："神啊，请让我发现可以引导我走上康庄大道的女性，能确确实实属于我的女性吧。"直到在比赛中战胜了当地著名大师格林乃克，他才重新得到喜爱音乐的贵族女性的青睐。

1799 年 5 月，贝多芬当上了布隆斯维克伯爵夫人的两个女儿——约瑟芬和苔莱斯的家庭教师。她们是匈牙利人，来维也纳度假。贝多芬只要看到这两个年轻的女孩就感到幸福。他纯正善良的心胸、饱满的精神、爽直幽默的性格以及那超人的才华，也使她们为之倾倒。哪一个姑娘让贝多芬更喜欢呢？起初他说不清，后来渐渐倾向于约瑟芬（1779—1821 年），因为论相貌苔莱斯（1775—1861 年）稍逊一筹。但约瑟芬听从母命，在度假结束前与年长的戴姆伯爵订了婚。这消息给了贝多芬当头一棒，他的道德哲学使他始终不渝地坚持一条伦理原则——绝不与有夫之妇谈情说爱。

虽然约瑟芬婚后住在维也纳，贝多芬继续给她上课，但他将爱意化成了友谊。他常把写好的作品拿给约瑟芬看。他迷恋约瑟芬不仅是因为她美丽的容貌、秀美的风姿，而且她性情柔婉，天生聪慧，能够深深理解他的音乐。《月光奏鸣曲》和《暴风雨奏鸣曲》刚作完，乐谱就到了约瑟芬的手中。贝多芬尽管长得粗鄙丑陋，但在婚姻不幸的约瑟芬眼中，他是十分有魅力的，是她的精神慰藉。这两首奏鸣曲深深地打动了约瑟芬，在优美的旋律中，流露出作曲家的悲哀凄怨和深情叹息，以及对爱情和大自然的无限眷恋之情。约瑟芬不禁赞叹：“这些曲子使先前的曲子全都黯然失色了。”

1800 年 4 月，贝多芬去拜访约瑟芬时，认识了她的表妹——特里埃伯爵的女儿朱丽埃塔·居奇亚迪（1784—1856 年）。朱丽埃塔容貌动人，身段多姿，一对水汪汪的蓝色眼睛脉脉含情地注视着贝多芬。虽然家里已决定让她和文策尔·罗伯特伯爵结婚，但这并不妨碍她在大名鼎鼎的音乐大师身上试验一下她的女性魅力。贝多芬被朱丽埃塔的美貌所诱惑，答应为其授课，但其缺乏音乐天赋让他很快就后悔了。与约瑟芬的表妹做爱情游戏，这是当然要禁止的。可多情的贝多芬终于禁不住朱丽埃塔风骚的挑逗，爱上了这个小他 14 岁的美人。1801 年 11 月 6 日，他写信给好友韦斯勒，说他正交好运，生活中出现了转机。信中写道：

你简直难以相信我这两年来过的是何等孤独、何等悲哀的日子。我的残疾（指耳聋）到处挡我的道，好似一个幽灵……如今出现的转机，是一个可爱的、具有魔力的姑娘促成的。她爱我，我也爱她。这是我两年来重又遇到的幸福日子，也是我第一次觉得婚姻可能给人带来幸福。遗憾的是，她的出身同我不一样，所以我现在还谈不上结婚，我只好坐立不安地等待时机。

贝多芬为朱丽埃塔写下了柔情似水的《月光奏鸣曲》（1801 年），朱丽埃塔也崇拜贝多芬的才华，将自己献给了贝多芬。朱丽埃塔家虽有门第，但无财产，考虑到未来的生活，她认为一个聋子音乐家是没有美好前途的，于是，最终选择了罗伯特伯爵做她的丈夫。这短暂的爱情，如同划破夜空的一颗流星，炽烈地燃烧过后，给贝多芬的内心世界留下的是一片黑暗、悲哀和破碎。贝多芬意识到他手中握有的唯一武器是意志加音乐，他的崇高使命就是通过音乐向全人类说话。他像战胜身体上的疾病一样，克服了失恋的创伤。1803 年 11 月，当朱丽埃塔宣布结婚的消息时，贝多芬正在五线谱上奋笔疾书，创作出了伟大的《英雄交响曲》。这是一种何等的英雄气概！朱丽埃塔婚后随丈夫去了意大利。1821 年，当他们重返维也纳时，贝多芬对过去的恋人表现得很冷淡，内心里多少有点儿轻视她。

约瑟芬的丈夫去世后，贝多芬给了她慰藉和温暖。两个孤寂的人相爱了，但贝多芬的贫穷和健康，横挡在他们婚姻的门口；与苔莱斯的真爱也没有美满的结局。但两个女人的深情，促使贝多芬写出了许多传世作品。

贝多芬失恋时，约瑟芬给了他极大的安慰，称呼伟大的作曲家为“神圣的贝多芬”。1830 年约瑟芬的丈夫突然去世，给她留下了 4 个孩子和繁重的家务，而且还要去管理博物馆。法律的障碍一经扫除，贝多芬便怀着满腔的爱恋，经常去看望郁郁寡欢的约瑟芬。他的著名歌剧《费德里奥》最初的灵感，正是来自于他向约瑟芬倾诉情怀。贝多芬的到来也使娇柔、脆弱的约瑟芬感到温暖。贝多芬的音乐给了她勇气和力量，她感到没有了贝多芬，她就无法再活下去。两个孤寂的人需要互相慰藉，他们深深地相爱了。

贝多芬写了一封情书给约瑟芬：“哦，愿您能用您的爱使我幸福，加倍地幸福——哦，亲爱的约瑟芬！我一心一意地爱着您！从不爱慕别的女性。不，只有您，完全是您的——我与您的特质相遇，才能使我销魂心醉，我的全部感觉和感情才能完完全全地依恋于您！”但当婚姻真的摆在他们面前时，两个相爱的人却同时退却了。贝多芬考虑到自己的耳聋，认为婚后要靠别人来照顾自己，这无疑给约瑟芬增加了负担；约瑟芬则需要一个身体健康的男人，与她共同照顾4个孩子，这样生活才能稳定如常。

因为贝多芬的优柔寡断，约瑟芬的犹豫不决，再加上亲友们施加的压力，两个相爱的人没能迈进婚姻的殿堂，而是选择了做终生的朋友。1808年夏天，约瑟芬与史特克伯男爵相识，并于1810年2月举行了婚礼。婚后不久，约瑟芬便陷入家庭和经济的纠纷中，家庭又归于破裂。红颜薄命的约瑟芬不到40岁便离开了人世。据卡茨纳逊推测，约瑟芬生于1813年的幼女莎娃，有可能是她与贝多芬的爱情结晶。

贝多芬在爱恋约瑟芬的同时，对她的姐姐苔莱斯也一直怀有好感。苔莱斯的身上，具有一种独特的气质，那就是沉静中的庄重。这恰恰是贝多芬认为女人应有的特征，也就是自我牺牲的精神。在贝多芬的心目中，约瑟芬占据着第一的位置，苔莱斯只能居其次的位置。当贝多芬将约瑟芬的爱情化作终生的友情后，他便将目光投向了苔莱斯。苔莱斯十分欣赏贝多芬的艺术天分，虽然年已三十多岁仍待字闺中。从1808年开始，两人的来往开始频繁起来，爱情关系发展较快。两人都饱经事故，经历过风霜磨炼，觉得终于找到了生命的另一半。新的爱情生活，点燃了贝多芬的创作欲望，也给他的生命增添了炉火，新的艺术作品水到渠成。1809年至1810年，贝多芬写了一首两个乐章的短奏鸣曲献给心爱的苔莱斯，这就是《升F长调奏鸣曲》。这首作品的旋律宁静而平和，给人一种春光明媚、杏花疏影的诗意感觉。贝多芬这个天涯客感到疲倦了，需要找一个停泊的港湾，有一个属于自己的家庭。

1811年，苔莱斯怀着激动的心情写道："从歌德、赫尔德和贝多芬……这些美好的心灵和他们的作品中，发现了人的崇高和神圣，这是一件何等幸福的事啊!"在她看来，帮助一位天才承受生存的压力，能让他全身心地投入创作，就是自己最大的快乐。然而，他们之间却出现了障碍。1812年贝多芬发出了"听天由命，听天由命吧……哦，严峻的搏斗啊"的感叹，似乎是一种无可奈何的态度。苔莱斯也发出了"耐心，宁缺毋滥"的深沉幽怨。阻碍这对相爱的人结合的原因是什么呢？也许是双方的社会地位不同。苔莱斯以前就曾劝过妹妹约瑟芬，让她慎重考虑与贝多芬的关系，因为出身门第相差太大，跨不过门第之见这道门槛；也许是苔莱斯不愿公开他们的恋情，这多少让贝多芬感到是种屈辱；也许是贝多芬出于健康和财产等原因，不愿去拖累苔莱斯。但这么多的“也许”只不过是局外人的猜测。

1813 年贝多芬和苔莱斯结束了恋爱关系。苔莱斯自绘了一幅肖像画赠给贝多芬，题词是：“送给罕见的天才，伟大的艺术家，善良的人。”贝多芬在给苔莱斯的信中写道：“再见吧，最亲爱的苔莱斯！在我活着的日子里，愿一切美和善都降临在你身上。愿你记住我的一片真诚，把我的愚蠢行为，全都忘却吧。”此后，两人虽然分手了但仍彼此怀念着。因为，他们的爱是真诚的，是发自内心的。1816 年，当贝多芬想起苔莱斯时，称“我的心仍旧和第一次见到她时跳得一样厉害”。他觉得苔莱斯是上帝的杰作，像她那样和谐精美的造物，他还从来没有遇到过。同年，贝多芬创作了组歌《致远方的爱人》。这是他写在五线谱上的缠绵情书，也是他歌曲创作的顶峰。

在贝多芬的晚年，一位朋友无意间看见他抱着苔莱斯的肖像哭泣，并高声地自言自语：“你这样美丽，那么伟大，宛如天使一般！”那位朋友退了出去，过一会儿又返回来，对坐在钢琴前的贝多芬说：“我的朋友，你今天的气色很好。”贝多芬回答道：“那是因为我的天使来看望过我了。”可见，贝多芬对苔莱斯的爱有多么深沉。苔莱斯比贝多芬多活了 34 年，直到她生命的最后一刻，仍然爱着贝多芬。要是贝多芬九泉下有知，该是多么的欣慰呀！

贝多芬一生都在恋爱，对情欲的渴望，对大自然的挚爱，都是人之常情。这两种最炽热的感情，和他的音乐浑然一体，造就了这位音乐巨匠。贝多芬的过人之处是，用痛苦去换取欢乐，把爱情变成友谊。

贝多芬在与苔莱斯交往期间，于 1809 年结识了贝蒂娜·布伦塔诺。她比贝多芬小 15 岁，是贝多芬朋友的妹妹。贝蒂娜对人生的深刻思索，对事物和音乐的深刻理解以及她的浪漫气质、爱国热情，让贝多芬像遇到了知己一样。他们志同道合，志趣相投，互相欣赏。贝蒂娜的迷人姿色和高贵教养，吸引了不少杰出的艺术天才。她虽然与诗人阿尔宁订了婚，但对歌德却情有独钟。在她的心目中，年老的歌德是至高无上的，是谁也不能代替的。自从结识了贝多芬，她为贝多芬的才华所倾倒，被他的魅力所慑服。他们常常在一起探讨对天地人神的感触和思索。在他们亲密的交往中，友谊和爱情交织在一起，两者谁也没占据上风。与贝蒂娜交往时，贝多芬有幸见到了自己始终敬仰的歌德，但两人话不投缘，性格难以相融。

在致贝蒂娜的情书中，贝多芬称在他的内心深处常有一个声音在回荡，这声音就是“亲爱的贝蒂娜”。他写道：“只凭着两颗心，相信彼此相爱。我随时等待着你的爱。只要你能接受，我就比世界上任何一个人都幸福。”看来，与贝蒂娜交往，贝多芬祈求更多的是爱情，但他也渴望对方的友谊。1810 年，他告诉贝蒂娜，“如果能像歌德那样成为她的朋友，他也许会完成更伟大的工作。”当贝多芬得知贝蒂娜结婚的消息时，他肝胆俱裂，伤心欲绝。但他仍然鼓起勇气，写信给贝蒂娜祝她幸福，同时也恳求她同情自己的不幸。贝多芬说他是泪流满面地寄给她这些告别之词的。在幻想中，他在贝蒂娜的前额上，献上了最后一次“悲伤的亲吻”。

贝多芬几乎一生都在恋爱，对情欲的渴望，对大自然的挚爱，这两种最炽热的感情和他的音乐浑然一体，息息相通。在贝多芬的罗曼史上，还应记录下这几个女子的芳名：

女歌唱家格拉蒂爱慕过贝多芬，是因为欣赏他的艺术天才，为了表示她的爱，曾写过一首诗献给贝多芬。不过他们的爱没有开始就结束了。

女伯爵爱多蒂是位匈牙利女子，比贝多芬小 9 岁。1803 年相识后，两人便成为挚友。贝多芬于 1815 年创作的两首大提琴、钢琴奏鸣曲（C 大调和 D 大调）就是献给爱多蒂的。同年，爱多蒂的儿子不幸夭折，贝多芬对她表示深深的同情。在 10 月 10 日的慰问信中，他曾经写道：“我们这些人毕竟是由无限的精神所构成，而且生来就是要经历痛苦和欢乐的。人们不妨可以这样说，最杰出的人就是用痛苦去换取欢乐。”他在向女友倾吐人生的哲理和音乐的主题。1819 年 12 月 31 日，贝多芬写了一首 F 大调卡农，以祝贺新年为名献给爱多蒂。

1803 年多罗蒂娅·冯·埃特曼拜师贝多芬，后来成为钢琴家。这对师生年龄相差 11 岁。他们之间既有纯真的友谊，也有炽热的爱情。在贝多芬写给学生的信上，他毫不避讳地说："亲爱的、珍爱的多罗蒂娅。"他著名的《A 大调钢琴奏鸣曲》就是献给多罗蒂娅的。

意大利著名医生贝尔多里尼常为贝多芬看病，他的外甥女玛尔法蒂因此结识了贝多芬。1810 年贝多芬开始教她弹钢琴，彼此感情日益加深。尽管玛尔法蒂比贝多芬小 19 岁，但这并不妨碍他们的爱情。贝多芬为了准备结婚，特意写信给韦格勒，让他火速去波恩帮他办理洗礼证，并告诉他："你把洗礼证寄来得越快，我的婚事就越有把握。"但当年 4 月，贝多芬在写给女友的信中，谈到婚姻时已经不再乐观，他说在自己的婚姻道路上，有着"最重大的障碍"。这大概是指不可逾越的门第之见。贝多芬的结婚计划，又一次像肥皂泡一样破灭了。

阿玛丽是一位柏林歌唱家，容貌动人，热情待人，比贝多芬小 17 岁。1811 年，两人邂逅，一见钟情，共同度过了一段美好的时光。1811 年 8 月 8 日，贝多芬曾登门拜访过她，但不巧未遇到，便留下一张便条："路德维希·凡·贝多芬——如果您愿意的话，您是不会忘记他的。"次年 7 月 17 日，贝多芬让出版社将他的作品寄给阿玛丽。他深深地迷恋上阿玛丽，两人常有情书往来，流露出热烈的感情。阿玛丽有一次称贝多芬是"暴君"，贝多芬回答说："我是你的暴君吗？只有出于某种误会才会叫出这个绰号来的。"

贝多芬与比格特也有过交往。比格特是一位杰出的钢琴家，比贝多芬小 16 岁。他们更多的是在音乐世界里交流，因为只有在音乐里两个人才心灵相通。比格特成功地演奏了《热情奏鸣曲》，令贝多芬大为感动。

贝多芬还爱过法兰克福某商人之妻——安东尼·帕兰芬奈女士。她受尽了包办婚姻之苦，贝多芬对此深表同情，曾计划与她私奔，但最后出于道德观，不忍安东尼抛弃 4 个孩子，而放弃了这段爱情。4 年后，即 1816 年 2 月 6 日，贝多芬从维也纳写信给安东尼，祝愿她和丈夫永远幸福，"亲吻"她的孩子们，并把他们在一起度过的美好时光，称作是"我一生中最难忘的时刻……”

纵观贝多芬的恋爱过程，他喜欢的多是年轻貌美的姑娘，这也是人之常情！

每当他走在大街上，遇到漂亮的女人，他必定转过头去，挂上眼镜再仔细看上几眼。爱美之心人皆有之，音乐天才贝多芬也不例外。他还有一个习惯，那就是常常同时爱上两个女子，就好像他的创作习惯一样，经常是同一时期分别写出两部不同的作品。据贝多芬的学生讲，他在1804年左右，常向一个裁缝的3个姿色秀丽的女儿献殷勤。据说，他还向克里斯蒂娜·李赫诺夫斯基公主及奥斯德卡奇公主表示过爱意，后者是贝多芬的学生，跟他学习钢琴课。贝多芬的《第七号钢琴奏鸣曲》，就是献给奥斯德卡奇公主的，可见他对这位学生是爱意浓浓的。

无数漂亮的女人，给贝多芬带来了无穷的欢乐，同时也给他带来无尽的痛苦，病魔还紧紧缠绕着他的躯体，但他无比坚强地与命运搏击。他孤独离开人世的那一刻，漫天大雪飞舞，滚滚雷声不断，连天公都出来鸣不平。

漂亮女人给贝多芬带来了无穷的欢乐，激发出他源源不断的创作灵感，传世作品大多是在热恋时流淌出来的。同时，漂亮女人也给他带来无尽的痛苦。他用痛苦又去换取欢乐，通过艺术创作来发泄内心的感情，从痛苦中体验到幸福。可以说，在贝多芬的身上，欢乐和痛苦犹如一对孪生兄弟，谁也离不开谁。他一生不能没有女人，不能没有爱情，否则他的灵感就会枯竭。

1820年以后，贝多芬的双耳完全失聪了，这对一个音乐天才来说，无疑是被宣判了死刑。但贝多芬没有向厄运屈服，表示一定“要扼住命运的咽喉”。坚毅的天性使他坚持音乐创作，耿直的性格使他从不卑躬屈膝，他生来就不去乞求别人的怜悯。他没有想到不孝的侄子卡尔，让他耗尽了自己的心血。贝多芬的弟弟已经去世，弟媳不贤，他只好担任卡尔的监护人。没想到各种麻烦随之而来。他视卡尔为亲子，可卡尔却视他为仇敌。

此时，贝多芬深深地感到了孤独，也深刻体验到没有妻子的痛苦。

1825 年 6 月 10 日，贝多芬在致友人贝尔纳的一封书信中，悲叹命运在婚姻上对自己的不公：“哦，上帝！没有妻室，这算什么人生啊——没有妻室的人会成为这个陌生的牺牲品的！”他在写给学生里斯的信中，再次发出慨叹：“请代我向您的妻子致意。遗憾的是，我没有妻子，虽然发现过唯一的一个姑娘，她却不属于我。可见，我并不是讨厌女人的人。”贝多芬这时感到心无所归，灵无所托。他多么渴望拥有一个温馨的家庭啊，但命运在婚姻上始终捉弄他。

1826 年 11 月底，贝多芬为了侄子的前程，冒着严寒四处奔波归来时，着凉患重感冒导致肺水肿病倒了。他让侄子替他去请医生，据说这个漠不关心的家伙给忘了，两天之后才想了起来。医生来得太晚了，而且诊治得很浮皮潦草，致使贝多芬一病不起，但他一直和病魔搏斗。在他生命垂危的时刻，要不是几个豪爽的美国朋友热心帮助，贫穷的苦难几乎降临到他的头上。

1827 年 2 月 17 日，贝多芬躺在弥留的床上，经过 3 次手术后，又在等待第四次手术。他在等待期间安详地说：“我耐着性子在想，想到任何病痛都会随之带来的好处的。”这个好处就是对一切苦难的完全解脱。基于这种豁达的认识，贝多芬面对死神十分坦然。他在遗嘱中写道：“虽然我命运多舛……我也快乐了。它岂非把我从无穷痛苦之中解放了出来？——死亡愿意什么时候来就什么时候来吧，我将勇敢地迎接你——别了，切勿把我在死亡中完全忘掉，我是值得你们思念的，因为我在世时常常思念你们，想使你们幸福，但愿你们幸福。”

1827 年 3 月 20 日，胡默夫妇来看望他。贝多芬联想起自己的孤独处境，颇有感慨地对胡默先生说：“你是一个幸运的人。你有妻子在身边照料你——可我，就惨了！”6 天之后，即 3 月 26 日的下午，维也纳迎来了一场暴风雪，天空响起了滚滚的雷声。一代音乐大师贝多芬，怀着哀怨和惆怅的心情，握紧右拳咽下最后一口气，一个陌生人替他合上了眼睛。贝多芬临终身边没有一个亲人，他孤独地离开了人间，离开了曾经爱恋过他的女人。

3月29日举行的贝多芬的葬礼，有两万多维也纳市民来为他送行，他们自动跟随到举行追悼弥撒的雅瑟尔教堂，为这位伟大的音乐家的去世哀悼。贝多芬的遗体安葬于圣麦斯公墓，他的旁边就是舒伯特的坟墓。两个音乐大师在地下会合了。

贝多芬是世界艺术史上伟大的音乐家，他的音乐创作反映了那个时代的进步思想，在他生命的最后10年（1818—1827年），在耳朵全聋、健康恶化、生活贫困、精神受挫的情况下，仍以惊人的毅力创作了《第九（合唱）交响乐》，总结他史诗般的一生，展现了人类美好的愿望。这就是“通过苦难走向欢乐；通过斗争获得胜利”。为了纪念这位伟大的音乐家，在贝多芬的故乡波恩及其生活过的地方维也纳等地，建起了贝多芬纪念像、纪念碑等。这些不朽的丰碑长久地矗立在天地之间，昭示着贝多芬的英雄业绩，呼唤着贝多芬的英雄灵魂，启发、激励着后人去创造英雄般的辉煌人生。

贝多芬死后，人们发现了他写的3封情书。他在信中把自己爱恋的女人，称作是天使和忠实的、唯一的心肝宝贝、不朽的爱人等，到底谁是他唯一的“不朽的爱人”呢？这个谜团至今没有人能作出满意的解读。

贝多芬死后不久，人们在他书桌的一个秘密抽屉里，意外地发现了3封情书和苔莱斯的一幅画像。从珍藏的方式来看，也充分说明这些遗物在贝多芬心中的地位和价值。关于写信的年份和写信的对象，历来众说纷纭。有人推测写于1806年至1807年，也有人认为写于1801年至1802年。1974年的《大英百科全书》推断，1811年至1812年的可能性最大。关于写信的对象，也许是朱丽埃塔，也许是约瑟芬或苔莱斯，也可能是贝蒂娜或安东尼。这个对象就是前面信中提到的“唯一的一个姑娘”，贝多芬称她为“不朽的爱人”，但信不知何故没有寄出。以下是3封信的摘录：

致“不朽的爱人”：

7月6日，早晨好！我的天使，我的一切，我的……

我们的爱情能否经受住牺牲，经受住束缚呢？你不能改变你不完全属于我、我不完全属于你的状态吗？

爱情是需要面面俱到的，这也是天经地义的事；你中有我，我中有你——只是你不要轻易忘记，我是为我、为你才活着的。倘若我们能完完全全地结合起来，你就会像我一样，不把这痛苦放在心上。

……

愿我们心心相印，我从未这样爱过别人……

愿你高高兴兴——愿你是我忠实的、唯一的心肝宝贝，我的一切，正如我完全是你的一样。

忠实于你的路德维希

7月6日，星期一，晚

……

啊，我最珍爱的，不论我身在何处，你都随我同在，尾随我的梦幻，我与你窃窃私语。让我同你生活在一起吧——这会是何等幸福的人生啊！！！何等幸福啊！！！没有你——一切都会变得索然无味的……

……我对你的爱要胜过你对我的爱……可是你对我倒是从不隐瞒什么的！

……我们的爱情难道不是一座名副其实的天国里的大厦吗？它宛如苍穹的圆顶那样。

7月7日，早晨好！躺在床上我就在思念你，我的不朽的爱人；我左思右想都是感到幸福的，但悲伤不久又向我袭来；我等待着命运对我们的安排——我只能同你生活在一起，宁为玉碎，不为瓦全；是的，我心已决，我要漂泊远方，直到能飞也似地扑在你的胸怀，只有在你的身边我才能心安虑定……你要把握住自己，因为你知道我对你是如此的忠诚，我的心上不能有别的女人，不能——不能！

啊，上帝，相爱的人为什么要分离？我在维也纳过的是一种何等悲苦的日子啊——你的爱情使我幸福极了，但同时也使我堕入了不幸的深渊。

在我一生中的这一段时期，我需要的是生命的平静和稳定——我们之间的关系能使我趋向它吗？

……

今天——昨天——我两眼簌簌地落着泪，思念着你——你——你——我的生命——我的一切——再见了——永远爱我呀——千万不要误解你的爱人的一颗诚挚的心。

永远是你的，永远是我的，永远是我们的。

路德维希

这3封情书也许永远是一个谜，但它是真正爱情的表白，是幸福与痛苦的热烈交织。贝多芬的生命和他的音乐，就是幸福与痛苦热烈交织的回响曲。贝多芬是幸福的，他爱恋过那么多女人，她们给了他新的生命和灵感；贝多芬是痛苦的，他深爱过的女人一个个离开了他，没有一个能和他走进婚姻的殿堂。贝多芬的爱情生活没有影响他的创作，反而成为他创作的原动力。一个天才，需要造就成功的事业，同样需要爱情的滋润，两者在他生命里，是同等重要啊！

爱情传奇烙上苦涩印记——司汤达

法国批判现实主义作家司汤达的单相思，从他出生以来就一直伴随着他。他感情丰富、情欲旺盛，一生拥有数不清的各种各样的女人，爱情生活充满传奇、浪漫而又悲哀的色彩。他不停地向迷恋上的每一个女人发起“进攻”，但可怕的妒忌心，往往在这一罗曼史刚刚开始时，便在想象中勾画出它的结局。

法国19世纪杰出的批判现实主义作家司汤达（1783—1842年）在文学上起步较晚，三十几岁才开始发表作品。然而，他却给人类留下了巨大的精神遗产，包括数部长篇小说，数十个短篇故事，数百万字的文论、随笔和散文、游记。他以准确的人物心理分析和凝练的笔法而闻名。最著名的作品是《红与黑》和《巴马修道院》。然而，他的同代人很少阅读或喜爱他的书，直到他逝世50年后才被人重新发现，被称作“迷失的天才”，成为世界文坛中的一个神奇人物。而这一点是他生前早已预见到的。

司汤达的爱情生活充满了传奇、浪漫而又悲哀的色彩。他从小患有性功能不全症，但他天生具有丰富的感情、旺盛的情欲。他有过不少情妇，可因为各种原因，却落得终生未婚、晚年潦倒的悲剧结局。

司汤达的原名是马利·亨利·贝尔。司汤达是他的笔名。1783年1月23日，他出生于法国的格勒诺布尔城。贝尔家族是一个接近贵族的古老而又富裕的资产阶级家族。他的父亲谢吕宾·贝尔长得十分丑陋，是个冷静、持重、精明、谨慎的律师，作为一个资产者却拥护王权与教会，头脑里充满了贵族的观念。母亲昂里埃特·甘尼永属于意大利血统，是市里最出色的医生的女儿。她生性活泼，易于冲动，思想较为自由开放，能够阅读但丁等人的意大利文作品。在司汤达的身上流动着这两种完全不同的血液。

司汤达从小就是个富于想象和非常敏感的孩子。他强烈地爱着他的母亲。昂里埃特是全家快乐的中心，除了她，别人都好像有根紧张的神经。司汤达在晚年的回忆录中，记录了他是如何尽可能地放肆地以一种疯狂的热情眷恋着他母亲的娇媚，继尔在幼小的心灵中朦胧地形成了对父亲的妒忌。

我在大约6岁（1789年）爱着她时，有着一种和我在1828年以疯狂的热情爱阿尔贝特·德·吕邦帕蕾时极其相似的特征……

我想用亲吻来盖满我的母亲，并希望她不要穿衣服。她热烈地爱着我，并且常常吻我。我以这样一种热情回吻她，有时她不得不逃走。当父亲进来打断我们的亲吻时，我非常憎恶他。我常想吻母亲的胸部。你必须记得，在我刚刚7岁的幼年就失去了我的母亲。

母亲的去世，带走了司汤达的全部欢乐。他再也不会被慈爱与幸福所围绕，只有孤独、不幸伴随着他。他憎恨管教他的父亲、神甫和姨父。这个神甫是司汤达的家庭教师，对他进行严格的贵族式教育，禁止他与一般的儿童玩耍。一种渴望自由的反叛意识开始形成。他变得多愁善感又巧于心计，敏锐过人又爱自我幻想。唯一带给他安慰的只有外祖父一家。

司汤达的外祖父亨利·甘尼永是市里最受欢迎的医生，风度优雅，思想开放，热爱文学与科学，是卢梭和伏尔泰的信徒。司汤达将他视为自己真正的父亲和亲密的朋友。他少年时期经常住在外祖父家，在那里阅读了大量的世界名作，获得不少医学、科学和文学知识，变得既理智又浪漫。他常将文学作品中的女主人公想象成最迷人、最丰满、有着洁白胸脯的理想情妇，以此慰藉孤寂的心灵。

舅舅罗曼·甘尼永是个英俊、时髦、富有魅力的人物，是公认的风流浪子。司汤达从舅舅那里知道了得到女人的青睐是多么美妙的事情。他常盯着某个体形匀称的修女，呆呆地看。当爱抚过他的年轻夫人又与其他人调笑时，这个未成年的“恋人”便极为妒忌地用鹅卵石扔向她们。他喜欢漂亮温柔的夫人们，梦想着她们有朝一日成为自己的情妇；他迷上了剧院，常喷上香水，穿上华丽的衣服，去向从巴黎来的女演员献殷勤。

女演员维吉尼·居白利是少年司汤达暗恋的第一个女人。17岁在米兰一个妓女让他成为男子汉。他被维克托里娜演奏的乐曲拨动了心弦，狂热地爱上了自己的心上人，为此费尽心机想表白，结果是苦涩的单相思。

1798年15岁的司汤达虽然还在勒诺布尔中心学校上学，但已长成一个结实的青年。他有一个大脑袋，一张红润的脸，棕色眼睛充满了火焰，鼻子却十分难看。硕大的体形和短小的两腿，使他看上去像个意大利的屠夫。虽然他富有生气的双眼和他的流畅表达使他颇有些吸引力，但自知很丑的他总有一种摆脱不掉的自卑感。他对舅舅说：“我感到我是为爱情而生的。”舅舅却因为他的丑陋而预言道：“你的情人最终将离开你。”

为了使他在这些重大的困难面前有所准备，罗曼·甘尼永告诫他道：“当这样的不幸降临到你头上或被置身于一个可笑的地位而极其痛苦时……在你被抛弃的24小时后必须宣布，你爱上了另一个女人；即使她并不比一个侍女更好些。”但司汤达在他的第一次恋爱中，将舅舅教给他的沉着与忠告抛之脑后。

维吉尼·居白利是个年轻、瘦高的女演员，有副严肃而略带忧郁的面容。她来到格勒诺布尔歌剧院，在一出歌剧中担任角色。司汤达一看见她便产生一种温柔的情感，很快便不顾一切地爱上了她。只要想一想居白利小姐，他就感到十分快乐。然而，当年轻的纨绔子弟们放肆地同他的心上人调情时，他妒火中烧，特别烦恼。他小心地询问居白利是否有崇拜者或情人，换来的只是粗俗的嘲讽和诅咒。他经常站在她的住处外，只为能看到她的影子。可她一出现，司汤达就迅速地逃走。演出结束后，居白利小姐走了，留给司汤达的只有孤独和绝望。

司汤达不顾等级界限，常去靠革命发财的农民比吉利翁家。他朋友的14岁的姐姐穿夏服而微露的“正在发育的乳房”让他暗自叹慕不已。他向少女倾诉自己的苦恼，可因为他还在为居白利小姐的背离而伤心，没能察觉到少女对他的好感。不过许多年后，他还怀念着那个少女的温柔与母性的气质。

1799年秋，司汤达动身前往巴黎，准备投考著名的综合工艺学校。那时，头脑里充满了他将为巴黎大戏院写的剧本，还有他将爱上的女演员的形象，她们一定像居白利小姐一样美丽。由于社会经验缺乏内心极度惶恐不安，担忧与怀疑也时常侵袭着他。他漫步在巴黎的大街上，希望侥幸遇上个可爱的女子，把她从车祸中解救出来，从此开始他的罗曼史。不幸的是，这种机遇始终没能降临到他的头上。

司汤达在家乡上学时特别喜欢数学，对数学有着无可争辩的精确性及其论证的真实性。没有按照原来的打算进大学的数学系，为此他遭到父亲的表兄诺埃尔·达碌的严厉训斥，殊不知他是为寻求艺术和爱情才来巴黎的。22岁的二表哥——马夏尔·达碌，风度翩翩，风流成性，是个英俊的纨绔子弟，有着和他年龄一样多的情人。司汤达把他当作风流场上的老师，像他一样打扮和行动，将“在这个世界上没有女人就行不通”奉为金科玉律。

他认识了诺埃尔·达碌的一个已与丈夫分居的表妹勒贝弗尔夫人和她的12岁的可爱的女儿。他的爱情还没有什么进展，便在大表哥　　33岁的皮埃尔·达碌的安排下加入了拿破仑领导的军队。

1800年6月，司汤达随拿破仑率领的大军到了意大利的米兰。胸部丰满、举止大方的米兰美女在他看来是世界上最美丽的女人，她们那诱人温柔的仪态唤起了他渴求女人的欲望。米兰女人十分开放而大胆，她们的丈夫对此视而不见。司汤达的战友们都有一个乃至数个意大利女人。17岁的司汤达也时刻渴望得到一个会用伟大激情来爱他的女人，可他没有钱，只有一件打着补丁的旧制服，加之他长相丑陋，根本无法吸引女人的注意力。他的伙伴们将这个童男子抛进了一个妓女的怀抱。这次经历给司汤达留下了可怕的回忆，从此他对妓女有着一种强烈的厌恶。

1800年7月，司汤达第一次遇到了同僚路易·儒安维尔少尉的情妇——安焦拉·博罗尼·彼得拉格鲁婀。她高大丰满，有着一双大大的引人注目的黑眼睛，像是从油画中走出来的美女。这个店主的妻子在司汤达的眼中是个“理想的热情女人”的典范，但她完全没有留心这个直率朴实的大男孩对自己的仰慕。得不到爱情的孤独、忧郁和痛苦使司汤达病倒在床上。他渴望早日离开这片国土，让彼得拉格鲁婀离他远远的。但他又是多么渴望与她一起相处，彼此相亲相爱。有了她这样成熟的女人，他会变得更快乐、更老练。不过，他坚信迟早会获得彼得拉格鲁婀的爱情。

带着爱情的失意，带着患梅毒的窘困，1802年年初他回家乡休假。在一次音乐会上，他聆听了维克托里娜·穆尼埃演奏的海顿乐曲后，心弦被拨动了。意大利情场上的失败使他迫切需要爱情的抚慰。为了接近维克托里娜，他以其兄爱德华·穆尼埃同学的身份拜访了这家。不久，因为老穆尼埃当上了雷恩省省长，全家都搬往布列塔尼。司汤达立刻离开家乡，前往巴黎，但仍离心上人有一百多公里的路。

他讨厌爱德华·穆尼埃，可为了维克托里娜，他不得已以亲密的口吻、巧妙的手段给同学写信，以便两个人读到后会从不同角度去理解。他谈到他参战的经历，他早先的悲伤、远大的抱负以及他对爱情的渴望。为了美丽而又好心的女人，他甘愿自杀以博得怜爱。然而，不管他在信里说些什么，都不曾从维克托里娜那得到回音。他美妙的语言，静悄悄地躺在爱德华·穆尼埃写字桌的抽屉里。

虽然司汤达只见过心上人两三次，但这种感情的炽热却是无法用语言来形容的。一次，他甚至想直截了当地去要求她做自己的妻子，可一想到自己太年轻、太浮躁，无法做一个好丈夫，只得放弃这个鲁莽的想法。他曾答应过父亲，不到30岁不结婚，这是他真正想要遵守的一个诺言。他在给他最亲爱的妹妹波利娜的信中写道：

为了你的幸福，你必须不和那个你也许爱上了的男人结婚。理由如下：一切真正的爱情都会走向终点。它越是强烈，就越比其他类型的爱情结束得快。继爱情之后，厌恶也来了，这再自然不过；于是有时就彼此回避……但是如果他们结了婚，他们就只能一起生活……

司汤达劝妹妹和某个她不期望得到爱情的平庸的人缔结一门理智的婚姻，以免幻灭，婚后可以接受情人。这是什么样的“忠告”呀！

司汤达暂时忘记了维克托里娜，转而喜欢女演员迪歇诺瓦及乔治，为她们痴迷发狂，却未得到青睐。单相思从他出生以来就一直伴随着他，令他变得忧郁而又狂热。

与勒贝弗尔夫人及其女儿的交往给了他一些安慰。他回到巴黎不久，便恢复了与她们的来往。渴望得到已经 15 岁的阿黛尔。阿黛尔是个活泼、喜欢卖弄风情的女孩，常和与她母亲来往的男人放肆地调情。虽然在竭尽竭尽全力去征服她，但司汤达的良苦用心没有对姑娘起任何作用。阿黛尔只是不停地挑逗他，却未有真情。这个姑娘不久和拿破仑一个有权威的亲信佩蒂埃将军的儿子缔结了一门富亲。这在司汤达的心中，留下了一种对她怨恨的回忆。7 年后，司汤达在佛罗伦萨遇见了阿黛尔与她的丈夫。他马上感到，她的出现足以糟蹋都市的美丽。

抹去了其貌不扬的勒贝弗尔夫人和她过于精明的女儿的影子，在司汤达瞬息万变的思绪里，再次浮现出维克托里娜的身影。他继续给她讨厌的哥哥写信。这些信提供了一幅关于他的社交和文学生活的乐观画面，对他美妙的感情做了忧郁的描绘。信件像箭雨一样飞向雷恩，希望射中他的公主，可她哥哥呆板的信中没有她的任何消息。

当司汤达最终得知穆尼埃一家将来巴黎时，欣喜若狂，进行种种大胆、浪漫的推测。然而他在穆尼埃家见到这位小姐时，又失去了表白的勇气。他的同学和父亲对这个狂热者的接待是冷冰冰的。

这个最讲究科学的情人在日记里画了一张地形图，详细标明穆尼埃家的住宅、房间、楼梯、进出口。他还常出现在剧院，用他的长柄眼镜四处寻找心上人。司汤达终于按捺不住了，1805 年 1 月 12 日，他写给她一封热情洋溢的信，信中写道：

我想象着这样一个人所能给我的全部快乐……在看到她之前，我整个幸福的希望都集中在这个我为自己筹划了3年的理想的人儿身上。看到她，我像爱幸福那样爱上了她；我将3年来已成为习惯的这种感情寄托于她。

写这封信共花了4个小时。一两天后，他感到信写得“过了火候”，又做了补述，结果却是寂然无声，毫无反应。此后，他只是偶然见过她一次。当时，他在一个美丽女郎的陪伴下在杜伊勒利宫散步。高傲的维克托里娜正好坐马车经过。他吃了一惊，只给她行了一个冷冰冰的、几乎是难以察觉的鞠躬礼，只一会儿她的车就没有了踪影。又一次苦涩的单相思结束了。

司汤达与女演员梅拉妮·吉尔贝的爱情，既甜甜蜜蜜，又争争吵吵，两人分分合合，持续了两年才彻底分手。他爱上表嫂达碌伯爵夫人，极力设法博得表嫂的欢心。表嫂也为他的工作职务帮了忙，但没有爱的表露。

从维克托里娜那里得不到任何答复，司汤达转而寻求法国人所谓“一种安慰的爱情”。在杜加宗的沙龙里，他认识了几个有戏剧才华的女演员。一开始他注意的是年轻的莫蒂埃夫人。他给自己打气道：“我肯定能得到她。”很快，梅拉妮·吉尔贝又转移了他的视线。

梅拉妮又高又瘦，金发碧眼，有一种使她显得格外迷人的忧郁气质。1805年2月3日下午，司汤达第一次陪伴她从杜加宗的客厅回到住处。两人进行了一番倾心交谈。司汤达讲了一些关于人世生活和爱情方式的幽默话，既动人又带有美妙的感伤味道。梅拉妮则倾吐了当演员的抱负和苦恼。在这天的日记中司汤达写道：“我几乎产生一种依恋她的愿望，这将治愈我对维克托里娜爱情的创伤。”

他知道道路一定是曲折的。他有个年轻、英俊、富有的竞争对手。他独坐在房间里思慕着梅拉妮，不断改变设计出来的“战略计划”，但梅拉妮却神秘地失踪了。直到一星期之后，她才出现在杜加宗的客厅里，对穿着时髦、和蔼可亲的司汤达表现得冷淡而疏远，却接受了别的男人对她的调情。

司汤达的一个朋友告诉他梅拉妮有病，不要去碰她。对她的为人、对她的健康状况，司汤达充满了猜忌和怀疑。然而他还是不断痛苦地想念着她，并制订了“计划”追求她。他借钱，精致考究地将自己打扮了一番；在梅拉妮面前，表现自己的才学与机智；向其他女人献殷勤，拨动她妒忌的心弦。于是他们渐渐变得熟悉和亲热了，梅拉妮向司汤达讲述了不幸的过去。她今年 25 岁，本是个出身较好的小姐，由于被一个亲戚引诱失身，不得已带着私生女离开了家，学习舞台艺术。司汤达激动地望着她，连吻了她很多次。不过，梅拉妮却表现出老练与稳重。她说自己把全部精力都放在最近的演出上，为了怕怀孕，这个时期她不想有情人。

虽然他们之间时不时因为司汤达的多疑而发生争吵，但总的来说是稳定地向前发展的。为了梅拉妮，司汤达发誓要保持贞节，抵挡住一切诱惑，包括他从前倾心过的莫蒂埃夫人的勾引。因为一种由迷恋而形成的自我幻觉力所致，他对她扁平的胸脯、经常性的厌倦神态毫不在意，而将各种美丽与优雅赋予她。与梅拉妮在一起，他感到幸福和宁静，排除了一切忧虑和沉闷。同时，对梅拉妮的占有欲也越来越强烈。

但梅拉妮变得越来越忧郁。原来，她在这里演出的想法落空了，想去马赛签订一项由她担任主角的合同，可又舍不得离开巴黎和她的朋友们。司汤达正好有个去马赛的经商计划，于是他告诉梅拉妮，如果她离开巴黎，他也无法生活下去。他决意放弃为从事文学事业而做的各种准备，放弃他在繁华首都的社交生活，跟她一起去马赛。如果马赛不成，他愿意跟她一起走遍天涯海角，甚至去乡下与她的女儿共同生活，而他将成为良师和慈父。梅拉妮被深深打动了。

1805 年 5 月，他们一起离开巴黎，到里昂时他们暂时分手，司汤达要先回故乡补充现款。在向父亲要钱的日子里，司汤达忍受着痛苦的煎熬。他想到梅拉妮总是拒绝他的求爱，不由得又像往常一样充满了忧郁和怀疑。她只是个欺骗他的感情的风骚女人吗？她会不会耐不住寂寞，又投入另一个男人的怀抱？6 月里，梅拉妮从马赛来信，对前途充满着忧虑，她的演出没能获得成功，报界和社会对她十分冷淡。她指责司汤达的冷漠与轻率，恳求他前来与她团聚。司汤达的回信充满了非难，甚至充满了对她不忠诚的绝望的谴责。此时，强烈的妒忌心在折磨着他。不过，在朋友的劝说下，7 月 15 日司汤达还是来到马赛。这次与梅拉妮的重聚，他的心中充满了幸福，他甚至说这种幸福使他恐惧。他写道：“我被一个我爱得发狂的女人温柔地爱着，她有一颗美丽的心灵。”他在给妹妹的信中写道：“她是一个非常美丽的女人，有一张严肃的希腊人的脸、一双大大的蓝眼睛和虽有些瘦弱但充满着魅力的身体。”

像许多已婚的夫妻一样，他们最初生活在一种宁静的家居生活里。他们各自回到房间，司汤达听到她在窗上敲几下后，便去与她幽会。他们一起做着美梦。司汤达不仅许诺对梅拉妮永远忠诚，而且答应她的孩子也将由他来教育。倘若他过早去世，他的财产将遗赠给梅拉妮和她的女儿。不过，在他们相亲相爱时，也常出现一些小插曲，司汤达时常要靠力气来保护梅拉妮。一个年老的军官向梅拉妮求婚，司汤达提出决斗，后被阻止了。另一个谨慎的、年龄很大的警察局局长是梅拉妮的幕后保护人，在歌剧院里说话很有分量，据说是他帮助梅拉妮获得了合同。可怕的妒忌在攫食着司汤达的心，于是在结合 3 个月后，他们发生了争吵。在巴黎时，司汤达就怀疑梅拉妮不贞，甚至怀疑她委身于任何亲近她的男人。

他们在争吵中又重归于好，觉得生活更加甜蜜。1806 年 2 月，司汤达和梅拉妮因为环境所迫，相继失业了。梅拉妮为她的健康和孩子的前途担心，比过去更爱哭泣和抱怨了。她的情绪使得司汤达感到沮丧和厌烦。司汤达将她看成灾星，认为她就像一根攀附于他这棵虚弱的树上的“常春藤”。他在日记里写道：“我开始发现梅拉妮的愚蠢。”司汤达对情人狂热的爱情画上了句号。梅拉妮决定回巴黎重新寻找机会，而司汤达却要求留下，因为他本人的未来计划中已经没有她了。

送走了梅拉妮，司汤达觉得重新获得了自由。他同一个女人——一个当地商人粗俗的妻子睡觉；两天后，他又把她的女仆——罗萨勾引上手。但他从这些短暂的、偷偷摸摸的放荡中，既得不到安慰也得不到愉快。正如他所承认的，他对此厌恶得要吐了。

梅拉妮从巴黎来信，要他赶快去那里与她会合。司汤达——这个每天晚上接纳马赛城里最粗俗妓女的人，写信指责他过去的情人不忠诚，这是一种用以抵挡自我谴责的秘方。梅拉妮回信道：“哦，我的朋友，你知道我的心中全是你，永远不会属于别人，但我有理由怀疑你的描述。”直到1806年7月，司汤达才回到巴黎，每两个星期他去看梅拉妮一次，但最终他们激烈地争吵起来。梅拉妮随一个剧团去了那不勒斯。在意大利演出时，梅拉妮遇到了名叫巴科夫的俄国贵族。他们结婚了，满足了梅拉妮最美好的愿望。8年后，司汤达跟随军队到达俄国时，梅拉妮向他请求过帮助，告诉他，自己的婚姻并不美满。此后，他们再也没有联系了。

司汤达回到巴黎后，发现他的大表哥皮埃尔·达碌已与一个名叫亚历山德里娜·纳多的女继承人结了婚。这位夫人年轻丰满，长着浓密的栗色头发，大大的几乎是棕色的眼睛，一张直率的圆脸上有着一个活泼的鼻子，一张迷人的嘴巴。司汤达的眼睛紧盯着活泼的达碌伯爵夫人。他早就说过：“作为一条通向预期终点的最可靠的路，是用一种我自己的崇高思想去打动一个女人。”既然他的表兄对他有成见，何不从夫人处入手呢？达碌夫人的确被他的俏皮话所打动。10月16日，司汤达随二表哥进军德国，不久获得在布劳恩施魏克任职的机会。

为了消遣，司汤达决定制造一次热恋。他的眼睛紧紧缠住一个德国将军的女儿——米娜·冯·格里夏耶姆。这是个喜欢卖弄风情、有点儿神经质的女人。司汤达有意在她那沉默与忠诚的未婚夫在场时，用殷勤与赞美向她进攻。他在自传中写道：“金发碧眼和迷人的米娜……这个北方人正是我在意大利与法兰西从未见到过的。”米娜为他演奏海顿与莫扎特的乐曲，和他共舞。司汤达竭尽全力、想方设法打动她的心。米娜最终还是决心忠于一个有意娶她为妻的年轻德国人。司汤达私下问她：“在你结婚后，你还会接待我吗？”米娜的回答是：“可以，但是时间太长可不行。”

米娜巧妙地周旋在司汤达的周围，但从不让他靠近。司汤达常向她表白自己在疯狂地爱着她，为了她，即使赴汤蹈火也在所不辞，这使得米娜的虚荣心得到了满足。不管怎样，对米娜的这次冒险被证明是一次浪费时间的败仗。

后来，米娜因为老年时仍风韵犹存和为她激起的浪漫的爱情而在德国编年志上出名，但她早已忘记了司汤达。而当时对于司汤达来说，米娜就是一切。一想起德国，他就想起米娜的面容。他把她看作是12个最使他迷恋的女人之一。

司汤达的恋爱原则是：当旧的感情不能满足时，就必须寻求新的激情。他在打猎途中，有时在一个乡村的客店里歇脚，因与某个柔弱侍女的逢场作戏而神魂颠倒。1807 年的秋天，他与卡洛特·克纳倍尔哈贝尔小姐建立了联系。她是驻扎在那里的一个富有荷兰人包养的情妇。11 月 7 日，司汤达在日记里写道：“我已经治愈了对米娜爱情的创伤。为了生理上的需要，每隔三四天就去找卡洛特·克纳倍尔哈贝尔……我对此感到非常满意。”

1809 年 5 月，司汤达随拿破仑的军队来到维也纳，又有个女人闯入了他的生活。他公开将鲜花当着她情人的面送给她，于是发生了决斗。他在给妹妹的信中写道：“一种可怕的忧郁将他压垮了”。“我感情的寄托不曾得到我想要的最微小的幸福，几乎完全落空了。”但是随着表嫂——达碌伯爵夫人的到来，情况有了好转。

早在 1807 年，司汤达就在布劳恩斯魏克接待了去柏林看望丈夫的达碌伯爵夫人。他觉得夫人对她有好感，于是更加卖弄自己。他的举止是亲切的，近于温情脉脉，他甚至说“我们的眼睛在表达”。1808 年，他回巴黎旅行期间，经常去拜访这位表嫂，并暗示他希望被任命为会计检察官。伯爵夫人答应为他说情。

1809 年 9 月，伯爵夫人又出现在维也纳，因其夫忙于军务，于是陪同的任务落在了这位表弟身上。他们一起游玩。表嫂又对司汤达表现出柔情，甚至说：“我不想和一个我所爱的人结婚。”这正和司汤达的观点不谋而合，而且他听出表嫂对她的婚姻并不满意。她虽只有 27 岁，却已经是 4 个孩子的母亲。最初，司汤达不敢向她调情，因为表嫂态度的变化，他开始寻找“进攻”的机会。由于羞怯与胆小，他一直未表明自己的爱慕之情。周围的人都看到了司汤达是如何围着伯爵夫人转的，嘲笑他是夫人的正式情人。为此司汤达十分得意，因为夫人不仅美丽、温柔，还是官职显赫的皮埃尔·达碌的妻子。如果他能够博得表嫂的欢心，得到她的庇护，他就有可能升官发财。前途是多么光明呀。

11 月达碌伯爵夫人离开了维也纳。她向亲爱的表弟道别，并且当着全体随从的面吻了他。虽然她戴着面纱，可司汤达却感到这个吻寄托了她的全部心意。当夫人走进马车时，她流下了眼泪。司汤达天真地认为，这是为他而落泪。

1810年2月，司汤达回到了巴黎。第一件事就是去拜访表嫂。表嫂给他的礼物是他的会计检察官的任命得到了最高司令部允诺。有了经济收入，司汤达在自己的寓所里养了一个美丽的小歌女昂热利娜小姐做情人。她为司汤达演唱他喜爱的莫扎特与契玛罗莎的歌曲；她为他生火做饭，铺床叠被；当他午夜从外边回来时，这个恭顺的情人早已为他准备好了夜宵。还有什么比这更美满的呢？不过，司汤达并不满足这样的普通女人，很快便厌倦了她所给予自己的欢乐，因为他向往高贵的达碌伯爵夫人。他始终认为夫人对他有意，因为她说话是那么和蔼，目光是那么温柔，虽然这些都是当着众人的面。一旦他们单独相见，夫人就变得冷淡、沉默了。可是痴情的司汤达始终认为自己符合夫人的3个条件——年轻、和气、聪明。他发誓一定要得到她，因为他已经付出了4年的努力。他在等待时机。

司汤达向表嫂求爱遭到拒绝，才发现是自己一厢情愿，4年的努力付之东流。在狂热的爱情攻势下，他俘获了心上人彼得拉格鲁婀，却没得到梅蒂妲伯爵夫人的爱。在意大利，他不仅收获了爱情，也开始了创作生涯。

司汤达的朋友建议他与一个有80万法郎财产的女继承人让妮·勒尚诺尔结婚，他的家庭也同意这门婚事。巴黎很快便传开他将与这个女人结婚的消息。司汤达对此不感兴趣，认为那是个无用的女人。他急于要去向表嫂作出解释。

1811年6月的一天，司汤达穿上了自己最好的、得到过夫人夸奖的条纹裤子，来到了表嫂家。一想到求爱可能会被拒绝，他就想用枪打穿自己的脑袋。他重振精神，装出勇敢的样子。他与表嫂和另外几个人一起散步，他和表嫂走在前面。他鼓励自己，一定要说出来，否则就自杀。于是他终于向表嫂表白道：“当我疯狂地爱着你时，我感到你对我只是友谊。”

他抓住她的手，甚至想笨拙地吻它。表嫂告诉他，不能想这样的事，必须把她看作是他亲爱的表嫂和朋友。司汤达声称，他爱她已经好长时间了，曾尽力想掩饰这段爱情，甚至希望不要看见她，但他实在做不到。夫人带着哭声说道：她已经是个上年纪的女人，有许多孩子，必须永远不去打这种主意。她讨厌流言蜚语，要保持自己的“清白”。司汤达并不放弃，认为表嫂是愚昧的宗教教育的牺牲品，一定要试图改变她。几天后，他又抓住机会，向她悄悄说：“我爱你。”表嫂毫不犹豫，带着锐利的目光对他说：“我在爱，但不是爱你。”

司汤达失望之余，想起了朋友提的婚事，于是写信给勒谢诺尔小姐。由于某个误会，她的母亲，一个寡妇做了答复，有礼貌地拒绝了，她以为是在向自己求婚。

在司汤达不断向表嫂诉说自己不变的忠诚时，他又开始调戏在表嫂家的那些轻薄的年轻女人。他对表兄一个 16 岁的侄女进行了最放肆的调情，使得小姑娘围着他团团转。他本人逐渐厌烦这种“小冒险”，写道：“她既无智慧，乳房又小，两个极大的欠缺。”

1811 年 8 月，司汤达决定去意大利旅行。昂热利娜含着热泪为他送行，司汤达心中想的却是要见到安焦拉·博罗妮·彼得拉格鲁婀。已经将近 10 年了，但她作为女人的完美典型，一直出现在司汤达的日记与书信中。这次他一定要圆这个梦。到米兰的第二天，他就去找安焦拉。34 岁的她还是那么端庄美丽，虽然有点儿胖了，但比过去更有魅力了。像亚历山德里娜·达碌一样，她似乎是他经常赞美的那种典型：体形丰满，有着勇敢与活泼的性格，以及富有女人味。司汤达在 9 月 2 日的日记中写道：“我认为，我已经爱上了她。”

爱情使他变得爱妒忌，因为安焦拉的身边围着不少求爱者。然而在他狂热的爱情面前，他的心上人屈服了。他在日记中写道：“9 月 21 日 11 点半，我终于获得了我想了如此之久的胜利。我的幸福完美了，因为我不是个不知足的傻瓜。在我看来，最完美的欢乐只有通过亲热才能得到。第一次，这是一个胜利，三次之后，你就获得了亲热。如果这时候你的女人有着才智与个性，而且你又爱着她，那么你就获得了完美的幸福。”

第二天，司汤达就暂时离开米兰继续旅行。他拜访了一个叫利维亚的迷人的意大利女人。两年前在奥地利战争期间，他曾在维也纳遇到过她。那时她的丈夫——法国上校在战斗中牺牲，他曾亲切地安慰过她。对于司汤达来说，利维亚是个十分有吸引力的女人。不知为什么，他却没有向她求爱。他在10月19日的日记中写道："我发现她离我的想象差得很远……我可以和她相处两三天，但我并不想她。"不过，在他离开时，他将利维亚列入了"被俘者"的名单。

司汤达又回到了米兰。可是安焦拉并不在城里，而是住到了乡村。他又立即赶到那里。他的情人诉说着自己的不幸：她丈夫的妒忌心被唤起，大为恼怒；她的一个公开的情人收买了她的女仆，知道了他们私下幽会的秘密。她拒绝晚上见司汤达，不过，最终她又妥协了。

当司汤达假期已满，不得不回国时，他们已经如胶似漆。他的情人甚至要跟他一起去巴黎。司汤达向她许诺说他将获得一个意大利外交官的职务，很快就能回来。他们依依不舍地分了手。1811年11月27日，司汤达回到巴黎，他立即去求见达碌伯爵夫人。但是她的门已经对他关闭了，因为他的表兄起了疑心。当他经过最真诚的恳求，说服表嫂打开大门时，发现她极为冷淡。她知道了他在意大利的风流韵事，而他的表哥根本不跟他说一句话。1812年3月，在日记里他承认对表嫂的爱情之火熄灭了，陪伴他的仍然只有昂热利娜·贝雷泰。

1813年9月，司汤达回到了意大利。在他与安焦拉分别期间，彼得拉格鲁婀给他写过两封信，催促他回去，而他甚至没有回信，因为他从别人口中得知，他的这个情人并不忠诚。他们的爱情已经笼罩了一层阴影。

他们相聚了。司汤达被情人的眼泪征服了。他认为他已经进入了爱情的第二阶段，开始出现不断增长的亲昵、相互信任以及真诚坦然。然而他的思想永远不得安宁，怀疑与妒忌一次次将他刺醒。当他躺在情人丰满的胸脯上叹息和烦恼时，欧洲大地震响了莱比锡的民族战争的惊雷，威胁着法国的边境。皇帝发出了保卫祖国的号召。身为军人的司汤达不得不离开情人。

随着他所崇拜的拿破仑于1814年4月下台，波旁王朝复辟。资产阶级的革命派遭受镇压，封建的王公贵族则弹冠相庆。司汤达没有迎合反动势力，主动放弃了他的高职位，接受了一种隐匿的贫困生活，一种自愿在意大利流放的生活。7 月，他悄悄溜出了巴黎，赶往米兰，仿佛决心和他的祖国决裂。他混迹于意大利的朋友中间，一星期有三次要去意大利美丽的女歌手埃莱纳·维加诺的家。她是当时最著名的芭蕾舞大师的女儿，是意大利最优秀的女高音歌唱家之一。司汤达是个音乐迷，陶醉在心爱的歌声中，他感到无比的快乐。当埃莱纳·维加诺去巴黎唱歌时，他写了一封推荐信给他的朋友，其中写道："与这个国家的一切女人相反，她从不从情人那里取一文钱。"

当然，他并没有把老情人忘记。可是安焦拉变得喜怒无常，她发现司汤达不再夸耀他的地位和收入，于是恳求司汤达，为了让她得到平静，为了她的荣誉和名声，暂时离开米兰两个月。司汤达顺从了。1814 年 10 月中旬，他得到安焦拉的允许回到米兰，与情人在一个小教室里秘密相会。司汤达向家里要了 3000 法郎，全交给了情人。此后，他们又常为金钱而争吵不休。每当他们幽会时，司汤达就将自己裹在一件长长的黑斗篷里，于深夜出发，并且要换几次马车，以防有人跟踪。到地点后，由情人信赖的女仆将他接入。1815 年秋天的一天，那个女仆与主人发生了争吵，于是将主人有四五个情人的事告诉了司汤达，并把他藏在一个房间，让他亲眼目睹女主人与别的情人幽会的情景。这一事件的打击毁掉了他的爱情。他以为贞洁的情人竟然像个高级妓女一样。虽然安焦拉流着泪，跪求他原谅，但作为一个男人，司汤达绝不宽恕不忠诚的女人。他的自尊心被深深刺伤了。

1815 年传来 33 岁的亚历山德里娜·达碌病逝的消息。司汤达默默地哀悼她，感到失去了一个最好的朋友。他觉得更没有必要回巴黎了。这期间，司汤达开始写作。从 1817 年开始发表作品，处女作名为《意大利绘画史》。不久，他首次用司汤达这个笔名发表了游记《罗马、那不勒斯和佛罗伦萨》。

1818 年的米兰，到处可以听到年轻的烧炭党人谋反与策划暴动的传闻。司汤达虽然热衷于人生享受，但他本人和革命团体更接近了。将他拖进这张网的还是爱情。一个高贵勇敢的意大利女人的爱情，是他有生以来感受最深的一次。

26岁的梅蒂妲伯爵夫人是个名叫维斯孔蒂尼的古老富有家庭的后裔，不满16岁就带着一笔15万里拉的嫁资嫁给了在法国服役的波兰将军杨·顿波夫斯基伯爵。不久，她发现丈夫不仅粗俗，还不讲信义，便带着两个孩子离开了意大利。在获得与丈夫分居的契约之后，才于1816年末回到米兰。她高高的个子，黑头发，神态既庄重又高傲，微笑中带着一种明显的忧郁，使她更富有魅力。梅蒂妲冒着风险与一些革命的密谋者交往，并且忍受着社会上的风言风语。在司汤达的眼里，她是完美的典型。自从与安焦拉破裂后，他一直承受着孤独的痛苦，因此他更加渴望得到梅蒂妲。因为除了亚历山德里娜·达碌以外，他还不曾见过有哪个女人像激情的梅蒂妲一样具有天赋的优雅与高洁。

司汤达的思绪一直为梅蒂坦的目光、姿势和声调所左右。没有见面，他渴望再次见到她；一旦相见，他又因为紧张而变得沉默、窘迫和羞怯。于是他用眼睛向她传达爱意，回报他的只有冷淡。在他们相识5个月后，司汤达主动向她说出了自己的真实感情，他说他们都有一颗相同的高尚心灵，可以正大光明无所顾忌地互相理解，彼此相爱。他以一个男子汉的荣誉宣称，他要用最无私的感情来爱她，并且准备为了她而牺牲自己的生命。他抓住她的手，在上面印上了火热的吻，但结果却使梅蒂妲感到厌恶与反感。当地的流言蜚语使她只将司汤达与剧院演员及安焦拉联系在一起，她已不再相信爱情了。她用一种冷酷的愤怒，不许司汤达再说什么爱情，并且请他离开。

在得到这种尖刻的回绝之后，孤独的司汤达踏上了去美丽的山城瓦雷泽旅行的路。1819年11月16日，他从那里写给梅蒂妲一封信，请求她的原谅，并且声称他无法忍受离开她的痛苦。他在给梅蒂妲的信中写道：

因为我对你的仁慈寄有无限的希望，相信你不会拒绝给我几行回信，对你来说这是无关紧要的小事——但对一颗绝望的心，它是如此珍贵和令人快慰。你很清楚你对我的绝对支配力，因为怕显露出你在鼓励我的感情，这使你暂不给我答复。我很了解自己，今后将永远爱着你，不管你会如何去做，我都不会改变这个主宰我的念头，不会改变只有被你所爱才是幸福的，而其他形式的幸福都是我所蔑视的这个想法。总之，我需要，我渴望见到你。我将献出我的残生，仅仅为了能有片刻时间和你在一起谈一些与我完全无关的事情。

再见，我离开了你，为了能毫无拘束地用那种吞没我感情的全部力量来接近你，亲近你，大胆地和你说话。

在司汤达的紧逼下，梅蒂妲变得温和了，并且允许他每隔两个星期来看她一次，通常要在别的客人在场的时候。对于这个建议，司汤达并不感到快乐。他一进入她的客厅就感到苦恼，他希望对她说话，却被迫保持沉默；他渴望看着她，她却避开了自己的眼睛。不过他并不想放弃进攻。不久，他发现梅蒂妲曾收到一份诽谤他的报告，于是为了使梅蒂妲相信他的诚意，他过起了一种堪称楷模的生活，甚至立下了贞节的誓言。他拒绝成为米兰一个水性杨花的女人的情人，尽管他内心里十分喜欢她，但为了获得梅蒂妲爱情的奖励，他选择了牺牲。

一天，活泼的女演员维加诺和跟在她身后的一串崇拜者走下了剧院的大楼梯，向正倚着栏杆站着的司汤达打招呼，并且快活地喊道："他们说你在爱我，是吗?"司汤达冷冷地回答道："他们搞错了，太太。"他知道有关这一壮举的消息肯定会传到梅蒂妲那儿，但是他也永远不可能再踏进埃莱纳·维加诺的大门了。两个星期后他去拜访梅蒂妲，她还是对他很冷淡。司汤达虽没有被接受，但也没遭到完全的拒绝。他还不曾遇到过这样难对付的女人，而她越是设置障碍，他就越爱她。他可以感觉到梅蒂妲对他的态度在逐渐改变。梅蒂妲因一次五个星期的旅行离开了米兰，并建议他回法国旅行以度过这段时间。他回答说：

不，我绝不能同意在你我之间用大山隔开。但靠着爱情的力量，我可以希望去复活一颗不可能对这种爱情无动于衷的心灵吗？是的，在你的眼里，我大概是可笑的；我的羞怯与我的沉默使你厌烦，你将我出现在你的家里看作是种不幸……

当你用一种发自内心的真实声调说："哦，这就好了，终于到了午夜了！"我难道不知道你是希望摆脱我的纠缠……我难道没有发誓说绝不再来见你？但只有当我远离你时，我才有勇气。在你面前，我像个孩子一样胆怯，话到唇边又消失了。我只能看着你，赞美你。难道我只能如此地自卑和愚蠢吗？

司汤达决定在梅蒂妲动身后，追随她去沃尔泰拉，但被梅蒂妲发现了，她很生气。司汤达赶紧给她送去一封信，请求她的原谅，并且发誓说，他并不是预谋要跟踪她，而是顺从幻想，因为激情使他成了一个没有理智的人。他甚至在信中说："在我的生命里只有3次激情——从1800年到1811年，报复；从1811年到1818年，对一个欺骗我的女人的爱情，以及和这个女人的一年……如果你能够，爱我吧，神圣的梅蒂妲，但是看在上帝的份儿上，不要蔑视我！"

此后，他遇到梅蒂妲，受到冷淡的对待，并被无情地打发走。他急忙动身去佛罗伦萨，并给她寄去一封十分绝望的信，进一步做辩解。她的答复表现出了彻底的决裂："先生，我不希望再从你那里收到任何其他的信，并且我不会写信给你。"和这个纸条一起，她归还了他寄去的两封没有拆开过的信。司汤达的希望在动摇，不过经过苦苦哀求，他得到了谅解，恢复了曾经享受过的有限特权。

在对他惩罚够了后，梅蒂妲把他当作一个不幸的朋友再次接纳他，但显然以伤害他为乐事。1819年11月的一天晚上，司汤达产生了一个念头，写出他对梅蒂妲的爱情故事，并且把它送给她，这就是于1820年春天完成的半讲哲学、半是自传的《论爱情》。然而这时米兰的形势十分紧急，甚至有传言说他是为法国政府效命的侦探。一些人开始对他闭门不见。1821年3月，意大利发生了暴动，遭到镇压。梅蒂妲因此接受审讯，但她没有出卖任何人。因为司汤达面临的处境不好，6月他决定离开米兰。当他的心上人问他什么时候回来时，他回答道："我以为我不会回来了。"她沉默着，露出了一个令人费解的、美妙忧郁的微笑。这使得司汤达认为梅蒂妲始终爱着他，只是由于社会地位和名誉的原因才使他们无法结合。此时梅蒂妲在忍受着病痛的折磨，两年后被病魔夺去了生命。

阿普尔比小姐真心爱恋司汤达，他却不珍惜小情人的爱。他向女歌手朱迪塔·帕斯塔夫人求爱，吃了闭门羹。他与情人克莱门蒂娜彼此相爱又彼此折磨。烦恼多于快乐，痛苦多于幸福。最终分手还是好友。

回到巴黎后，司汤达的独身朋友们了解到他的不幸，竭力想使他分心，于是带他参加了一个晚宴，介绍了一个妓女与他相识。亚历山德里娜是个引人注目的可爱的有着金棕色头发的姑娘。司汤达和她在一起时，这个年轻妓女的美丽与羞怯深深打动了他，但他已经没有冒险的心思了，随之而来的是一场“彻底的惨败”，他遭到了朋友们的嘲笑，获得了 Babillan 的名声，用法文来说，是指一个阳痿的男人。

精神始终消沉的司汤达为了分散注意力，于 1821 年 8 月与两个朋友动身去英国旅行。在那里，他有一个小情人——阿普尔比小姐。他将她看作“是个隔了很长时间才重新找到的、久别重逢的朋友”。虽然只有几个月的时间，他们却相处得十分愉快。12 月，司汤达该返回巴黎了。这个谦卑的小情人请求司汤达带她回法国，表示可以为他干活，只吃马铃薯，花不了他多少钱。司汤达大为感动地注视了她一会儿，但他一生里，对固定的情谊感到嫌恶，于是将英国姑娘留了下来。下一次来英国时，他试图再找这个姑娘，但没有找到。他在《利己主义者的回忆》中的德·昆西的故事，谈论她有着一种奇特的忧郁。他以极大的同情来怀念他失去的阿普尔比小姐。

在 19 世纪 20 年代初期，没有一个戏剧艺术家比意大利女歌手朱迪塔·帕斯塔夫人享有更高的国际声誉了。这个娇小丰满的伦巴第女人曾在巴黎舞台活跃了十来年。司汤达在米兰见过她，在巴黎他又立刻去拜访她。他每晚都去看望帕斯塔，以敬慕的眼光望着她。他真心地希望对方能爱上他，但不久他发现帕斯塔对他过于冷淡、过于理智。如果可能的话，这也只能是一次短暂的艳史。像往常一样，在这一罗曼史还没有开始时，他便在想象中勾勒出它的结局。司汤达在女歌手的楼上为自己订了一个房间，并以轻松的方式向帕斯塔求爱，但被拒绝了。由于他常出入帕斯塔家，有关他们有特殊关系的闲话在社会上流传开来。为了在后人面前为帕斯塔和他自己辩白，他在《利己主义者的回忆》中叙述了帕斯塔奇特的家庭生活。

他在五六年间对帕斯塔夫人表面上的坚贞，只是为了在众人面前掩盖他从1823年到1826年与另一个截然不同的女人之间的爱情。自他从英国回来，在拜访他的旧日庇护人伯尼奥夫人时，他常常遇见她活泼的女儿克莱门蒂娜·德·居里亚多。他越来越喜欢看到克莱门蒂娜那美妙的眼睛。克莱门蒂娜是个大约35岁的秀丽女人，她极为不幸地嫁给了德·居里亚多伯爵。她的丈夫不仅残忍，还常常殴打她，而且将她看得连女仆都不如。1823年，司汤达初次钦慕地看着她时，她正因一个女儿的去世而深感悲痛。

随着来往的增多，克莱门蒂娜对司汤达表现出越来越多的关心。她赏识他敏锐的才智、他的幽默、他的幻想。1824年春天，司汤达开始勇敢地追求她。一天，他在克莱门蒂娜家的花园散步，克莱门蒂娜走过来时，他向她倾吐了爱慕之情。他的心上人也承认早已爱上了他。司汤达写道："1824年3月22日，痊愈。"他对梅蒂妲的相思结束了，对克莱门蒂娜的爱狂热到了极点。他们以极大的热情投入彼此的怀抱。司汤达的幸福在于他再次找到了渴望的强烈的激情，使生命变得更有价值。对克莱门蒂娜来说，她觉得自己是个聪明优秀的女人，而司汤达是个奇怪而迷人的男子。她曾经有过一个情人，是出于对丈夫报复的情绪才接纳的。但是后来，她对他失望了。她把与情人的交往全部如实告诉了司汤达，司汤达表示理解，并且发誓说要对她忠诚。

司汤达给情人写信说："一连三天和你相会，我的安琪儿，我认为我越来越爱你了……我的上帝！昨天我是多么幸福啊！……如果我们一起度过一个星期，我真的认为我们彼此间将再也分不开了。"克莱门蒂娜也深深地爱着司汤达。在他们相处的两年里，共写了215封信，每三天就写一封。她希望成年累月地在情人身边度过，只是为了听他说话。她在一封信中写道："告诉我，先生，在星期一之前，我们怎样才能安排彼此见面一次，哪怕只有十分钟；因为假如我动身去乡村，没有听到你说我爱你，这将是我无法忍受的损失。"由于克莱门蒂娜没有与丈夫离婚，她十分顾忌丈夫，也不愿意亲人和朋友知道这件事，于是他们的交往十分秘密。根据情人指令，司汤达常常在夜色中赶往她的住处。一次，一个意料不到的客人来到，克莱门蒂娜急忙将司汤达领下地窖，然后搬走梯子，关上活动天窗。司汤达被整整关了三天。这三天里，忠诚的克莱门蒂娜为他准备食物，刷洗便桶。司汤达感到他是为了爱的狂喜才活着的。

但是在经过几个月的亲昵后，这两个极有个性的人便爆发了激烈的争吵。他们曾发誓不惜一切代价力求彼此间真诚坦率。虽然克莱门蒂娜已与第一个情人断绝了来往，但是由于他们住得很近，司汤达坚持说她欺骗自己。在参加克莱门蒂娜举办的晚宴时，他忧郁地盯着每一个客人，想找出她所爱的是谁。最后，他开始爽约，每次离开情人，他都要去一个下贱的地方。这使得克莱门蒂娜无法忍受，而且她听到了司汤达与帕斯塔夫人之间的谣言。司汤达于是又忙着解释，再次进行了爱情表白，不过他又说自己是自由的，他不在乎邻居的看法，要继续坚持下去。克莱门蒂娜在一封信中写道：

你对我来说是可怕的——你有100个情妇——你有权利这样对待我吗——你如此可恶地对待我，使我几乎无法在晚宴上接待客人……当40个人在餐桌前等候着我，在这种时刻，你却不能等待，非要用小刀在我伤口上转动。你的爱情可能是降临到一个女人身上的最可怕的不幸。如果她想得到爱的享受，你就将爱情从她那里夺走。如果她身体健康，你就搞垮它。她越是爱你，你就越残暴和冷酷。当她告诉你说她崇拜你，你就用你的"体系"来使她忍受她所不能忍受的痛苦。

不过，她接着又承认"然而我爱你，仍然爱你，我爱你——但是，哦！不要相信我，我的理智在告诉我，我不再如此地爱你，我肯定将治愈我这种疯狂的感情……去厌恶一个极大冤屈别人的人，这准是一件非常快乐的事。”

在紧张的感情风暴中他们度过了一年。1825 年秋季，他们又出现了新的争吵。克莱门蒂娜对情人的爱情表白失去了信心，并发现在需要他时，他却躲避着她——也许是去会妓女？1825 年 10 月 11 日，她说：“确实我不需要一个情人，它甚至危及我的健康，但我有种被爱的需要和欲望。”一个月后她声称，她在他身边极感痛苦，并且忍受着无理的训斥。她决定和他结束关系。但是很快他们又在一起了，像以前一样彼此折磨着，烦恼多于快乐，痛苦多于幸福。

1826 年夏天，克莱门蒂娜怕情人会带给她传染病，如果这被证明是事实，她将永远不见他。秋天，她觉得自己怀孕了，难过得几乎要自杀。司汤达也因为妒忌而要发疯。于是他们友好地分了手。之后他们还彼此自由通信，称得上是好朋友。很久以后，53 岁的司汤达仍然极其真诚地，但是徒劳地试图重新得到她，可同时他又为自己是否还爱她而犹豫。

这次，司汤达伤口愈合得非常缓慢，就像他曾经为了补偿失去的梅蒂妲而寻找克莱门蒂娜一样，他现在又在寻找另一段给他安慰的爱情了。

司汤达在朋友热拉尔男爵的家里，遇见了杰出的维吉妮・安瑟洛夫人。她是个有成就的剧作家，她的丈夫雅克・安瑟洛也是个通俗剧作家。安瑟洛夫人极其可亲、身材高大、胸脯丰满，愿意宽容司汤达风趣的玩笑、欺骗与胡闹，不仅在自己举办的沙龙里热情地接待他，还鼓励他从事文学创作。几年来，当司汤达远离巴黎时，他用一种最动情的笔调写信给她，称她是自己的第十位缪斯。

司汤达与女歌手阿尔贝特・德・吕邦佩双双坠入情网。19 岁的意大利姑娘朱莉娅・黑涅里爱上 47 岁的司汤达，他试图与她结婚，遭到她家人的反对。晚年的他仍有着爱的能力。他的作品中也不乏情人的影子。

1825 年以后，司汤达转入小说创作。1827 年，根据他在巴黎沙龙里的所见所闻，完成了他的第一部小说《阿尔芒斯》，但遭到了出版界的嘲笑，1829 年发表了著名短篇《瓦尼娜・瓦尼尼》。1930 年长篇小说《红与黑》

的出版，丝毫没有改变他的生活。虽然他在社交中谈笑风生，然而忧郁紧紧缠着他。他不仅为自己倒霉的命运而感到悲伤，还感到年龄的压力。他被笼罩在孤独中，并预见到晚年的凄凉。

1829 年，他认识了女歌手阿尔贝特·德·吕邦佩。她是一位剧院经理的女儿，娇艳年轻，曾做过模特。在遇到她的最初时刻，司汤达那易受感动的心就被打动了，不久他就决意展开进攻，并且他的进攻很快就获得了爱神的青睐。整整一个月，他疯狂地坠入爱河中，但很快他就发现忠诚是这个浪漫迷人的女人所缺少的品德之一，因而他十分伤心。当他决心再回到情人的身边时，她已经成为他另一个老朋友的情人了。

1830 年年初，司汤达遇到了命运的另一次撞击。他在朋友的沙龙里侃侃而谈，出色的谈话风度吸引了一个年轻的意大利女人。在告辞时，她坚持让他坐自己的马车，并在他的住处大谈意大利和爱情。只相隔几天，她又再次会见他。这个冲动的只有 19 岁的女人面对已经 47 岁的丑陋的司汤达，公然宣称“我爱你”，之后她无保留、无悔恨地委身于他。这个女人叫朱莉娅·黑涅里，出身于有教养的家庭，是图斯卡尼大公驻法国大使——达尼埃莱·贝林吉耶里的侄女和养女。这段爱情对司汤达来说何等重要，因为他已经青春不再了。他曾对能否在一个所爱的女人身上再次激起一种真正的热情完全失去信心，现在他却得到了一个年轻女人的新的爱情。1830 年 11 月，他被任命为法国驻意大利特里斯特领事。于是他决定与朱莉娅结婚。他谦卑地写信给她的叔父：

这也许是我极大的冒昧，又穷又老的我公然提出如果我能得到你侄女的爱情，这将无疑是我一生中最大的幸福。

我唯一的财产就是我的职务，我 47 岁了；我太穷了，因此我不会计较小姐的嫁妆。但即使我很富有，我也不会对此有更多的兴趣。在 47 岁时被人爱上，我将看作是种奇迹……

可是对司汤达先生的名声有所了解的贝林吉耶里拖延着不作答复，他显然是希望他的侄女会很快忘掉她那奇怪的迷恋。司汤达一个人动身去意大利，对婚姻仍然抱有希望。在一次新的请求里，他甚至答应让朱莉娅只和他生活半年时间，另半年时间可以与其叔父相守，并且定下了婚礼的举办地。

1831 年，朱莉娅与叔父来到他们的故乡谢纳，司汤达拜访了他们，并且重申了他的请求。使他伤心的是，他的求婚最终被拒绝了，而且是以年龄上的差距为理由。两年后，朱莉娅和一个年轻男人结婚了。不过朱莉娅并没有减少对司汤达的好感，每相隔一两年，他们总要幽会一次。

1832 年，司汤达又陷入对年轻的奇尼伯爵夫人的爱情中，他被强烈地吸引住了。他不顾自己的年纪、已经起皱纹的脸、显得很粗野的红色假发和每况愈下的健康的妨碍，勇敢地再次发动“进攻”。虽然没有取得什么成果，但他至少赢得了与她聊天的机会。1833 年 9 月，他因为有病回巴黎疗养，奔忙于各个沙龙间。他与克莱门蒂娜伯爵夫人再次友好相处，不过真正使他痊愈的是朱迪特·戈蒂埃。她完全占据了作家的心。可是 3 个月后，因为假期结束，他不得已沮丧地踏上去意大利的路途。

1832 年至 1842 年，是司汤达最困难的时期，经济拮据，疾病缠身，环境恶劣。但这同时也是他最重要的创作时期。长篇小说《吕西安·娄万》（又名《红与白》）《巴马修道院》，长篇自传《亨利·勃吕拉传》等一批作品都是这个时期创作完成的。《吕西安·娄万》（《红与白》）中的巴蒂德·德·夏士特莱伯爵夫人的性格和肖像画，都很像司汤达在米兰爱过的梅蒂妲伯爵夫人。他将梅蒂妲作为情人模特，借助小说缅怀对于这个女人的爱情。

1836 年 5 月 20 日，司汤达重新回到了巴黎。尽管他已经五十多岁，大大地发福，还中过风，却仍然充满着享受人生快乐的欲望。经过朋友梅里美的介绍，他结识了美丽的德·蒙蒂若伯爵夫人。她是带着两个女儿到巴黎做客的。司汤达对这位多才多艺的母亲抱有极大的好感，常与夫人进餐，给她的女儿——仅有 12 岁的欧仁妮和她妹妹帕姬塔讲故事。多年后，欧仁妮在回忆中说，司汤达是第一个让她动心的男人。可不久，这一家人就回到了西班牙。

司汤达又打起了克莱门蒂娜的主意。他不但原谅她在他之前的那个情夫，还原谅了之后的许多个情夫。他甚至对她已经45岁的年纪也毫不介意。1836年夏天，在一封呼吁和好的信中，他老调重弹：

依我看来，我俩都有一段共同跋涉的道路。这条道路通向同一方向，只不过你走在我前面罢了。你能屈驾接受一个旅伴的追随吗？这个旅伴好似管家那样为你效劳，一路上照料驿马，如果需要的话，甚至可以赶起马来。

令人沮丧的，自从这个旅途上的仆从超过了能够风度翩翩的骑马的年轻人以来，他唯一的长处就在于使你免除亲自与左驭手们打交道的麻烦。

可是克莱门蒂娜回答道："你没有用余烬——1826年的余烬——来点燃熄灭了的火焰。"这么多年，她的激情已经不复存在，她认为司汤达应满足于充当她的第一个亲密好友的角色。此后，他们保持了友情。克莱门蒂娜还常同司汤达探讨如何赢回已失去的情夫的心。司汤达总是给她以真诚的劝告。

在一封感激涕零的信里，克莱门蒂娜写道："你对我来说不可或缺；没有你，我会杀了自己，因为只有依靠你，依赖你，我才能鼓起一点儿勇气生活下去。"然而当最后一个情夫抛弃了她时，她自感年老色衰，疾病缠身，情缘已断，于是自杀了。当时，司汤达并不在她的身边。

在克莱门蒂娜拒绝他后，他依然精神焕发地企图再战。他煞费苦心地穿上最好的外套，戴着最贵的领带，套上白色英国法兰绒裤子，去向另一位同样可亲可爱的贵妇戈蒂埃进攻。她是拉·贝尔省长大人的女儿，嫁给圣德尼斯的税务官后，已有了3个成年的孩子。但她依旧很美丽、聪明，富有文学修养。在司汤达从意大利回巴黎休养时就爱上了她，并写了无数情书。而她却在信中写道："幸而我像一个农妇那样具有耐心。因为，为了听到你对友情的宣告，我不是等了20年吗？没有人知道我们的秘密，另外这已经不再是个秘密了，它的所有的欢乐已不复存在。"

戈蒂埃夫人对他很了解，认识到他优雅和热情的本质。但历经沧桑的她决定在他们的友情上作出保留。现在，司汤达又展开了他的最后"进攻”。他向她倾吐着热情。她非常温柔，但自卫起来既坚定又巧妙。最后，他垂头丧气地败下阵来。他一出门，戈蒂埃夫人便马上找秘书，写信安慰司汤达那颗受伤的衰老的心。他们的友谊始终没有遭到破坏，司汤达仍然是戈蒂埃夫人坚定的崇拜者。

1839 年公务在身的司汤达不得已又返回意大利，并在 57 岁那年有了一段风流韵事。这牵扯到一个不为人知的“厄尔利娜夫人”，他在日记中这样称呼她。这个夫人大概是罗马外交界的一个头面人物，司汤达仔细考察这名夫人的防卫手段，对她作了分析：“含蓄、腼腆，很富有资产阶级气息——一个并不浪漫的女人!”他勇敢地按自己的方案来表白爱情和求婚，但被轻蔑地拒绝了。1841 年 1 月，他在日记中记载了他在罗马的一次舞会上，以痛苦的心情注视着“厄尔利娜夫人”，她已经永远将他拒之门外了。

此后，司汤达还在信中提到了一个来小剧院演唱的新秀，并预见到她将成为演唱歌剧的明星。他闷闷不乐地写道：“可是我太显赫了，不能去追求莫利卡夫人。”写信的第二天，也就是 1841 年 3 月 15 日，司汤达再次中风，直到 8 月份他的身体才有所恢复，于是动身去佛罗伦萨，可能是要会见朱莉娅。不过，等他到时，朱莉娅已经离开了。

司汤达在佛罗伦萨见到了以前认识的热情似火、丰满风骚的女歌星切基纳。由于歌剧停演，她在那里百无聊赖，闷闷不乐。司汤达充当了她的保护人的角色，在那里停留了两个星期。切基纳性格冲动，富于幻想，两个丈夫都先她而去。她对司汤达颇为欣赏，因为风趣快活的司汤达能够给她带来快乐。而与切基纳的见面，对于年迈的司汤达来说，就像“荒漠里的一块绿洲”，令他欣喜不已。这些都记载在他为这次短暂艳史写下的笔记中。

司汤达的身体每况愈下。经过他的请求，政府允许他回国。1841 年 8 月他回到巴黎后，依旧热情未减，经常拜访以前的情人。然而中风留下的后遗症，使他的体力大大减弱。1842 年 3 月 22 日，司汤达从法国外交部出来，走到嘉布西纳修女大街时，突然再一次中风。23 日凌晨两点，他安详地离开了人间。在他的墓碑上写着：“亨利·贝尔，米兰人，写作过，恋爱过，生活过。”这是司汤达生前亲笔用意大利文写的。他十分热爱意大利，以米兰人而自居。

司汤达用“写作过，恋爱过，生活过”概括了自己的一生。他的生命历程还不到60年，却有过丰富多彩的生活，有过数不清的情人。他的爱情经历并不是游戏人生，他把对社会、对人生、对爱情、对女人的深刻认识，写进了他的作品中。他的长篇代表作《红与黑》不愧为法国批判现实主义文学的奠基之作。自19世纪30年代问世以来，赢得了世界各国一代又一代读者的心，至今仍被公认为欧洲文学皇冠上一枚最为璀璨精致的艺术宝石。称司汤达为“现代小说之父”乃名副其实。

希冀夫妻爱得到兄妹情——安徒生

享誉全球的丹麦童话作家安徒生，在文学事业上树立了举世公认的丰碑。在爱情生活上，却是个失败者。他对待爱情严肃而又真诚，对每一个追求的女人，都真心投入情感，但对方往往回报以同情。这些女人没有一个真心爱他，爱情的大门始终向他关闭着。

丹麦作家汉斯·克里斯蒂安·安徒生（1805—1875 年）是享誉全球的童话大师，被尊为“现代童话之父”。至今还没有一位作家像他一样，生前就能看到为自己建造的纪念碑的草图。一个多世纪以来，坐落在哥本哈根皇家公园的安徒生纪念碑，始终是丹麦人民的骄傲。他的脍炙人口的童话名篇《小锡兵》《冰雪女王》《拇指姑娘》《海的女儿》《卖火柴的小女孩》《丑小鸭》《皇帝的新衣》等，以其奇异的幻想、瑰丽的色彩、深邃的思想、惊人的魅力，吸引着世界各国的新老读者。安徒生一生坎坷，终身未婚，他把整个生命献给了人类进步的文化事业，自己从未享受过家庭的幸福和爱情的甜蜜。

1805 年 4 月 2 日，安徒生出生在丹麦富恩岛上的欧登塞城。父亲汉斯·安徒生是一个手艺并不高明的穷鞋匠，读过不少书，想象力丰富并有点儿浪漫气质，一心盼望儿子长大后排除万难去读书。母亲安娜·玛利亚常年为别人洗衣服，身体健壮结实，能吃苦耐劳，由于家庭经济不宽裕，祖母有时还要去讨饭来补贴家用。那些贵族地主生怕降低了自己的身份，不允许自己家的孩子与安徒生一块儿玩。安徒生也不喜欢和其他孩子一起玩。这种自我封闭使他比别的孩子要早熟，也铸就了他忧郁的性格。

安徒生在6岁时被送去读书，不久学校关闭了，他只好回到家里。他在贫困的家庭中生活，却幻想着当演员和诗人，喜欢去听济贫院的纺纱大娘讲民间故事，也爱编故事给别人听。1813年拿破仑·波拿巴发动战争，困窘的家境和冒险的渴望，促使安徒生父亲走上了战场。两年以后，父亲回到家中，从此一病不起。安徒生11岁那年他的父亲去世。很快，他又有了继父。由于家境贫困，他无法再去上学，到一家呢绒铺当了学徒。

安徒生只身在哥本哈根闯荡成功。他发狂地爱上了同学的妹妹莉葆，她在游戏中对安徒生产生了怜悯之情。他与露易莎的爱，遭到了她家人的反对。他把对这朵“永远凋谢了的白玫瑰”的怀念，写进诗歌和童话里。

1819年9月初，14岁的安徒生携带着30个银毫子和心爱的木偶，离开家乡只身来到哥本哈根闯荡，以实现他的演员梦和诗人梦。在当时世态炎凉的社会里，等待他的将是一种什么命运呢？

安徒生既是不幸的又是幸运的。他想当舞蹈演员，芭蕾舞演员沙尔夫人没有理睬；他想当话剧演员，皇家剧院经理霍尔斯坦把他拒之门外；他想当歌唱演员，西博尼教授收留了他，但一场大病损害了他的声带；他终于明白，自己缺少舞蹈和演戏的天分，学声乐已毫无希望，自己不属于舞台。他本来就怀有诗人梦，便投身于创作之中。

1822年，安徒生将他写的剧本《阿芙索尔》，送给几个评论家看。虽然，剧本韵律不齐，有不少语法错误，但其中有许多火花真实地、生动地闪烁着。于是，安徒生被送进拉丁文学校深造，皇家剧院国家顾问约那斯·古林先生为他申请了一笔皇家公费以支付用度。

在学校里同学们嘲笑他是乡下笨汉，因为他丝毫不懂上流社会的礼节。在他们眼里，他就是那只不受欢迎的“丑小鸭”。安徒生依靠顽强的毅力，克服了种种困难，最终考上了哥本哈根大学。

在学校里，安徒生没有忘记他的创作。他的诗作《傍晚》和《垂死的孩子》发表在作家海登堡的刊物上，大获好评。1829年，安徒生的喜剧

《在尼古拉耶夫塔上的爱情》公演。听着观众的喝彩，年轻的剧作家的热泪滚滚而下，他终于圆了诗人梦和剧作家梦。

安徒生为人勤奋好学，善良宽厚，真诚坦率，感情丰富，身材细长，像只鹳鸟，五官长得并不惹人喜爱。在与女人的交往中，他往往真心投入爱情，对方往往回报以同情。他第一次爱一个女人时，就被她戏弄了。这是发生在1829年的事情。

这一年24岁的安徒生一顺百顺，顺利地通过了两次大学考试；长篇幻想游记《阿马格岛漫游记》出版，第一版销售一空，出版商立刻以优厚条件买下第二版，使安徒生得以从饥饿的压迫中解脱，同年他还出版了第一本诗集。

正在春风得意之时，爱情风暴突如其来地卷进了他的生活。他在旅途路经福堡城时，顺路拜访了大学时的好友、他的同名者克里斯蒂安·沃依特。在他家小住几天，他便爱上了沃依特的妹妹莉葆。

安徒生初见莉葆就被她的容貌所吸引，大献殷勤。莉葆虽已和一个药店老板的儿子订婚，却对安徒生的殷勤和恭维欣然接受。她能一连几个小时聆听安徒生向她倾诉爱情的诗，不时爆发出银铃般的笑声，露出一对迷人的酒窝。安徒生如坠神奇的梦境之中，把莉葆看作是天地间最可爱、最聪明、最善良的姑娘，爱她爱得发疯。为了莉葆，他可以不惜牺牲一切，甚至不惜放弃诗歌，还没有一个人像他那样去爱一个女人。他觉得如果没有了莉葆，人世间也就没有什么幸福可言了。安徒生自作多情，自以为莉葆也喜欢他。

对于莉葆而言，她已决定做药店老板儿子的妻子，并不想嫁给安徒生，只不过想在结束少女生活之前，尽情玩耍一下。开始，沃依特对自己的妹妹向安徒生卖弄风情并没当回事。到了秋天，在哥本哈根的时候，他发现安徒生爱莉葆到了疯狂的程度，才赶紧把妹妹已和别人订婚的消息告诉了他。安徒生听到消息后并没有死心，过去他只是借助诗歌向莉葆倾诉自己的爱恋之情，姑娘并没明确给过他任何答复。于是，这位多情的诗人立即给莉葆写了一封信，表示要把自己的心、自己的未来交付给她。

莉葆收到安徒生的求婚信，惊惶不知所措。这位富家小姐从来没想过要嫁给安徒生。面对安徒生疯狂的爱，她不能再游戏下去，内心深处产生了一种怜悯之情。她给安徒生回信说，如果突如其来地同未婚夫告吹，会让他伤心的，她无权这样做；她所能支配的只有纯洁的友谊，希望与安徒生保持友谊，以此给他慰藉，并让他尽快忘记她。可想而知，这封拒婚信给了年轻的安徒生多么大的打击。他第一次恋爱就坠入情网难以自拔，对他来说，莉葆比生命还重要。他在1831年出版的第二本诗集《幻想和速写》里面，有一半作品是在莉葆的爱情激发下写成的。但他的真情是无法得到回应的。

安徒生始终没有得到女人的爱情，这固然与他的贫穷和其貌不扬有关，他的家庭和身份也使上层社会的淑女难以接受。

安徒生得以享受皇家公费资助上学以及后来的成才，在很大程度上是由于皇家剧院国家顾问约那斯·古林的无私帮助。古林承担着安徒生保护人的职责，竭尽全力使安徒生能够在他的家庭中享受到一个亲属的各种权利，允许他自由出入自己的家，餐桌上有他的位置，而且是参加他们家庭各种喜庆节日的唯一的外人。安徒生则把古林称为“第二个父亲”，始终对他满怀敬意。但是古林的儿子艾德瓦尔特和女儿英格葆常常流露出一种不平等待人的骄横，经常不客气地训斥安徒生，还说一些侮辱性的玩笑话。只有小女儿露易莎·古林对他不错，因为他常常给她剪一些有趣的剪纸，给她讲故事。

露易莎·古林是一个性情文静而稳健的姑娘，待人温柔谦和，具有很深的文学修养。与自己的兄姐不同，她从不欺负安徒生，待他很有礼貌，而且能耐心地听他朗读自己的诗。安徒生也十分信任露易莎，把自己同莉葆失恋的不幸向她倾诉，博得了她真诚的同情。露易莎还饶有兴趣地读了安徒生写的情书。18岁的姑娘，别人向她敞开心扉谈自己的罗曼史，她怎么能拒绝呢？她哪里知道，自己的同情在安徒生看来竟是爱情。

露易莎·古林渐渐地走入了安徒生的心里，他爱恋她的一举一动，一言一笑。鉴于以往与女性交往的失败，安徒生不再希望人们知道蕴藏于心中的爱情，哪怕是一点痕迹，但炽烈真诚的感情是密封不住的。

当露易莎读完安徒生的一本描写过去的书而没有什么表示时，安徒生就在定期给她写的信里，满怀忧伤地责备她："当我写作的时候，我时刻想念着您，可是您对我的书却一句友好的话都不对我讲！"对于这种半被承认的日益增长的感情，这种对她超出一般温暖的友情的要求，露易莎开始感到惶惑不安了。她去跟姐姐英格葆商量，古林一家立刻委婉拒绝安徒生再与露易莎直接接触。古林虽然视安徒生为子，但他绝不会将女儿许配给他。古林一家不是嫌安徒生贫寒，而是觉得女儿应嫁给一个性格庄重稳定、有一定社会地位、有无可争议的锦绣前程的人。而安徒生没有这些。为了打消安徒生的幻想，古林一家急匆匆地于1833年1月初为露易莎与年轻的律师林德举行了订婚典礼。为了避免不必要的麻烦，他们一反常态，这次家庭活动没有通知安徒生光临。

贫穷又不漂亮的安徒生，在爱情上第二次受挫。他对露易莎的爱是发自内心的。失恋之后，他曾经写过这样一首诗：

找不到我白色的姑娘，
即使是走遍天涯！
我知道，我爱她，
但早已凋谢了，爱情之花！

她已经死了
依旧是洁白一片……
多么不幸！——可是如今，
永不凋谢啊，我那爱情之花！

多年过后，关于这次不幸的爱情，关于对这朵"永远凋谢了的白玫瑰"的怀念，还不时萦绕在安徒生的心头，因为他是个对待爱情既严肃又真诚的人。在安徒生《海的女儿》这篇凄凉美丽的童话中，那位优美、高贵、智慧的王子就是露易莎的化身；而安徒生自己，则是远远望着他的海的女儿。美丽的小人鱼天真、善良、无私，她浓郁的爱情如此坚韧而纯净，不惜付出一切代价追求生命中那件最宝贵的东西——灵魂。这也正是安徒生艺术上的追求——永恒的、真挚的、人的灵魂。

在意大利偶遇叶琳娜，安徒生没有勇气向她求爱。遇到瑞典女歌唱家燕妮·林德，他又重新燃起爱情之火，再一次坠入情网。燕妮对他关闭爱情的大门。安徒生希冀的是夫妻之爱，得到的却是兄妹之情。

安徒生的一生是坎坷的，但他从未向困难低过头。他信奉“旅行就是生活”。1831 年，安徒生开始了第一次国外漫游。终其一生，他携着一把雨伞、一根手杖和简单的行囊走遍了欧洲的所有国家，先后完成了《阿马格岛漫游记》《幻想速写》《旅行剪影》等作品。1835 年，他带有自传性的长篇小说《即兴诗人》出版，受到了热烈的欢迎。

作为诗人、剧作家、游记作者，安徒生先后出版过 6 部长篇小说、8 部长篇游记、5 部诗集（一千余首）、40 部戏剧、3 部自传……但童话是安徒生一切创作中的皇冠。1835 年，安徒生第一本童话集问世。从这一年起，每年圣诞节他都有一本新童话奉献给孩子们，直到 1872 年因患癌症才封笔。近 40 年间，他创作了 168 篇童话作品。那诗一般的语言、曲折的情节，使他的童话在他生前就已成为世界上拥有读者最多的读物。

安徒生在创作上也有说不出的烦恼和伤心。因为总有一些人歧视他，不愿意承认他的才华，接受不了他那来自民间的生动语言。每当他的作品问世，就会招来一些人的诽谤、中伤、咒骂、非难，使他遍体鳞伤。但他相信最终会赢得读者的心。在烦恼和伤心的时候，他多么需要来自家庭的温暖，在爱情上他却总像只失魂落魄的长脚鹳鸟，没有得意的时候。

安徒生在意大利旅行期间，错过了一次爱情的奇遇。那是一个充满神秘而恍如梦境的风雨之夜，在威尼斯去维罗纳的夜行驿车上，他结识了维罗纳城的豪门美女叶琳娜·瑰乔莉。他在车上讲了很多有趣的故事，他的渊博学识迷住了叶琳娜。

第二天的黄昏，安徒生到叶琳娜家里拜访。她美丽的面容，窈窕的腰身，碧绿的眼睛，仿佛像神话中的女神一样美。这些都是昨晚车上看不到的。

“我是这样想念您”，她坦率地说，自嘲地笑了一笑，“没有您我觉得空虚。”事实上他们才分别一天。

安徒生的面色发白了。他整天都怀着模糊的不安想着她。他知道他会疯狂地爱上她，爱上她说的每一句话，她落下来的每一根睫毛，她衣服上的每一粒微尘。他的爱情会燃烧起来烧化自己。叶琳娜充满柔情地望着他的眼睛，等待着他说出求爱的话。

安徒生没有勇气说出：“我爱您！”他深知自己长得丑陋又不富有，没有显赫的地位。像叶琳娜这样美丽的女人，总有一天会嘲笑他的。何况他们只是萍水相逢，并不完全了解对方。

叶琳娜没有等到安徒生的求爱，看到他被爱情折磨的痛苦样子，碧绿的眼睛渗出一颗颗晶莹的泪珠，缓缓地滚落下去。安徒生扑到她身旁，跪了下来，把脸紧贴在她那双温暖而娇嫩的脚上。她没睁开眼睛，伸出双手，紧紧地抱住他的头，俯下身去，吻了他的嘴唇。这一吻是甜蜜的，也是苦涩的。从此他们天各一方。

重新使安徒生燃起爱情之火的，是被誉为“瑞典的夜莺”的女歌唱家燕妮·林德。安徒生在自传《我的一生》中，唯一着笔的女人，就是燕妮·林德。他详细记述了与她相识、相交的过程，称赞她具有高尚的道德和惊人的识鉴，歌声别具一格，表演卓绝透顶，是艺术界的一位纯洁女性。作为艺术家她是伟大的，她清白的一生更为伟大。在自传里，安徒生闭口不谈与她的爱情。

1840 年，安徒生曾在哥本哈根拜访过来此地旅行的燕妮·林德。她很冷淡地接待了他，并且分手。安徒生也把她当成一个很平凡的人物。她的形象很快便从安徒生的心中消失了。

1843 年，燕妮·林德再次来到哥本哈根。这次见面，燕妮·林德很热情地接待了安徒生，并谈到她在读安徒生的作品，还谈担心自己在演出中会不会遭到嘘声。安徒生给她以鼓舞，认为她一定会获得成功。结果，她在首场演出的《坏蛋罗伯特》中扮演的艾丽斯迷倒了丹麦人。对安徒生来说，有了燕妮·林德以后，周围的一切都黯然失色了。日记本上常常出现她的名字，在 9 月 20 日的日记结尾处，他写道：“我坠入情网了！”

但燕妮·林德并没坠入情网。她对安徒生很温柔、很坦率，回忆着自己童年的一些逸事，谈论着艺术和上帝，这些都是她喜爱的话题。在饯行的宴会上，燕妮·林德感谢所有在场的人对她的盛情款待，同时，举起一杯香槟酒满脸笑容地对安徒生说："我希望在这里，在哥本哈根有一个兄弟。你愿意做我的兄弟吗，安徒生?"安徒生希冀的是夫妻之爱，得到的却是兄妹之情，但他还是微笑着点了点头。他想说点什么，可是喉头堵得紧紧的，什么话也说不出来。

燕妮·林德也是穷人家的孩子，同样艰难地走过一段坎坷道路。她说话是算数的。两年以后，她再次来到哥本哈根，已是一位誉满欧洲、拥有许多狂热崇拜者的著名歌唱家。然而，她对安徒生依然如故，单纯而从容。他们在哥本哈根大街上散步，海阔天空，无所不谈。面对这位健谈的结拜姊妹，安徒生当面无法直接表达"我爱你"的感情，因为燕妮·林德总是说别的话，巧妙地避开这个危险话题。爱情的大门始终对安徒生关闭着。此后，在德国、英国他们还多次见面，安徒生幻想用真诚改变燕妮·林德的初衷，但一段不可逾越的距离，使安徒生终身没有享受到爱情的甜蜜。

安徒生在爱情上是不幸的。他所追求的女人，没有一个真心爱他。他的几个女友，如童年时代的女友拉乌拉·焦杰尔一卢及后来的伊爱达·吴芙尔、凯莉艾达·汉斯、约妮·德列夫生等，虽然都曾给过他一些帮助，但友情与爱情终究是不能互相代替的。从另一个角度看，安徒生终身未娶，自身也存在着问题。他并不英俊，又非出身名门，在女性面前，总有一种深深的自卑感；他的精神非常不稳定，对异性有难以克制的激情，在爱情和性问题上非常敏感；他患有严重的妄想症，常常会陷入自己已经死了的幻觉中，对旷野之类的地方恐惧至极……

1875年4月2日，是安徒生70岁寿辰的日子，他接到通知，为他建造纪念碑的认捐事宜已告结束，并送来一份由雕塑家拟定的草图，上面有童话家的雕像，四周簇拥着一大群孩子。安徒生否定了这个草图，他说："我的童话与其说是为孩子写的，不如说是为成年人写的!"于是，按照他的意愿重新设计了一张草图。虚弱的身体，浮肿的双足，急剧的牙痛，安徒生病魔缠身，躺倒在病床上。

1875 年 8 月 4 日上午 11 时，安徒生在哥本哈根朋友的乡间别墅因肝癌去世，死后丧礼备极哀荣。死前他的身边没有一个女人，但他像一座丰碑永远矗立在人们的心中。他的文学作品尤其是童话，为他赢得了巨大的声誉。他不仅受到丹麦人民的爱戴，还受到全世界人民的爱戴。作为一个作家，一个用童话征服世界的英雄，还有什么比得到全球读者的热爱更幸福的事呢?

终身孤独未品情欲滋味——果戈理

俄国批判现实主义文学奠基人果戈理，一生贫困、忧郁、孤独。他总是摇摆于对女人的浪漫主义和坚定的独身意志之间。他爱怜宫廷女官斯米尔诺娃，得到的只是终生的友谊；他想按自己的意志教育比他小得多的安诺莉娜，让她做自己的妻子，他的求婚却被拒绝。

尼古拉·瓦里西耶维奇·果戈理（1809—1852年）是俄国19世纪前半叶最优秀的讽刺作家、讽刺文学流派的开拓者、批判现实主义文学的奠基人之一。他善于描绘生活，将现实和幻想结合，作品充满讽刺性的幽默。他的代表作品《外套》《死魂灵》和《钦差大臣》为他赢得盛名，在生活方面他却失去很多。他把一颗充满温柔感情的天使般的心隐藏在忧郁的外表之下，不愿向任何人表露内心世界。他渴望爱情，又不知如何去爱，导致了终身未婚的结局。

果戈理早就说过，他真正的天性是当僧侣，远离现实社会；可他同样认为爱情是世上头等的幸福，会将他瞬间化为灰烬。他不愿受婚姻的束缚，对它的必要性有着种种怀疑；同时他又不甘忍受孤独与寂寞，鼓足勇气向他深爱的女人求婚。果戈理总是动摇于对女人的浪漫主义和坚定的独身意志之间，这使他的生活充满了矛盾与痛苦。

1809年4月1日，果戈理出生于乌克兰波尔塔瓦省密尔戈拉德县大索罗钦镇的一个地主家庭。他生来就是个体弱多病的孩子，一种原因不明的瘰疬腺病时而发作，因而他得到父母格外的关心和疼爱。果戈理3岁才会说话，从小就与众不同，不愿与同年龄的孩子玩耍。他自幼受到艺术的熏陶，尤其喜爱乌克兰的民谣、传说和民间戏剧。受狂热笃信宗教的母亲的影响，他从小就颇具同情心，但骄傲的性格又往往使他凌驾于他人之上。外加那种僵死的墨守成规的生活形式，使这位爱读席勒和茹科夫斯基的作品而又满怀造福于人类的雄心壮志的少年越来越感到苦闷不堪。他找不到一个人可与之倾诉衷肠，畅叙胸怀。内心的疏远，精神世界的孤僻，成为作家性情孤僻的根源，给他以后的生活带来了过多的磨难。

22 岁的果戈理以《狄康卡近乡夜话》踏入文坛，一举取得成功。此后，斯米尔诺娃闯进了他孤独的心扉，两人来往密切。他的创作进入高峰期，小说《狂人日记》《外套》和讽刺喜剧《钦差大臣》先后问世。

由于父亲早逝，1828 年，果戈理离家去彼得堡谋生，先后在国有财产及公共房产局和封地局供职，薪俸微薄，生活拮据。正是在彼得堡的这段经历令他饱尝世态炎凉和小职员度日的艰辛，看到了残酷的社会现实本质，官场的黑暗与腐败，对普通民众身受的苦难非常理解。这些都成为他日后文学创作的素材和动力。也正是在这里，果戈理结识了著名诗人茹可夫斯基和普希金，这对于他走上创作道路有很大的影响。他与普希金的友情与交往被传为文坛的佳话。

1829 年 7 月，果戈理自费出版了长诗《汉斯·古谢加顿》遭到惨败。这是对他的希望和幻想的致命打击。他在写给母亲的信中说道："我恐惧地环顾四周，看清了我的可怕处境。世上的一切对我来说都完全格格不入，活着和死去都一样令人难以忍受。"从信中可见他绝望悲观的心情。1831 年他辞职专门从事文学创作。

1831 年至 1832 年，他的处女作短篇小说集《狄康卡近乡夜话》问世，这也是果戈理的成名作。从此，22 岁的他步入文坛，并声名远扬。这部小说集是浪漫主义与现实主义创作相结合的产物，全书充满着欢快的旋律基调和幽默的笑谈谑语，被普希金誉为"极不平凡的现象"，从而奠定了果戈理在文坛的地位。作品笔调幽默、清新，结合了优美的传说、神奇的幻想和现实的素描，描绘了乌克兰大自然的诗情画意，讴歌了普通人民勇敢、善良和热爱自由的性格，同时鞭挞了生活中的丑恶、自私和卑鄙。

对一位颇有建树的23岁的年轻人来说，是到了考虑选择生活伴侣的时候。正在热恋的挚友达尼列夫斯基也在督促他，周围的其他朋友不少人在谈恋爱，有的已结婚。这些信息使敏感的作家心里充满了矛盾。他对女人的态度摇摆于两个极端之间：或者加以美化，崇奉为神；或者冷眼相对，讥之曰“爱情事物”。

他在1832年1月1日致达尼列夫斯基的信中写道：“如果我一如老兄，是位军人，我将手持武器向你证明，我这颗南方的心和我的北方女王比起你的高加索女郎来，更催人肠断，更漂亮。无论在天上，无论在人间，无论在任何地方，你都遇不到（哪怕是个别地）那些难以捉摸的天仙般的特点和丰富多彩的灵感。”果戈理沉湎于对爱情的幻想中，同时也说明他什么恋人也没有，只是独自一人，而他那位北方的女王是根本到不了人间的。

果戈理在另一封致达尼利夫斯基的信中，将整个的爱情比喻为一本完整的书，结婚前是它的第一部，结婚后是它的第二部。“结婚以前，爱情是美好的、炽热的、令人苦闷的、无法言传的。但结婚以前相爱的人，只能表现出一阵迸发，一种对爱情的尝试。这种爱情是不完全的，它只是开始，只是瞬息间的，却是强劲而猛烈的热情——足以久久震撼一个人的整个机体的热情。”他将结婚后的爱情比喻成普希金的诗篇：“越是细看，它越是舒展、开阔，最后变成了壮伟、宽广的大洋；再看这大洋，越端详越觉其浩渺广袤。”果戈理认为结婚后的爱情与恋爱的激情、与火花闪现一般如此短暂而又耗尽人的精力的感情是相对立的。他更趋向于和谐、平静的爱情，对浪漫主义的“恋爱的激情”，则予以讥讽。

但是这一切全是“纸上谈兵”。这时的果戈理在实践中，对待结婚这个想法，是抱着极大的怀疑态度的。结婚的目的是什么？为什么要结婚？他对结婚的必要性感到奇怪，对结婚有一种恐惧感。一个原本独来独往的人，忽然要与一个女人成双成对、共同生活，这是多么不可思议。一方面，果戈理赞成恋爱和结婚；另一方面，他又逃避它们。果戈理无法理清自己的真实想法。就在这时，宫廷女官斯米尔诺娃闯进了他的世界。

斯米尔诺娃是个大家都喜欢的人物，人们称她为“黑眼睛的罗谢季”。她之所以使人倾慕，不仅仅因为她的美貌，还因为她具有聪颖灵敏的智慧和独立不羁、敏捷尖锐的见解。她的父亲是法国人，母亲是格鲁吉亚人。斯米尔诺娃的身边总围着许多崇拜者，其中包括普希金、茹科夫斯基、维亚泽姆斯基，但她因为经济原因嫁给了心地善良、眼光短浅但却非常富有的尼古拉·米哈伊洛维奇·斯米尔诺夫。婚后，她时常举办文学沙龙，受邀请的都是文学界的名流，果戈理也获得了这个荣幸。

在果戈理的眼里，斯米尔诺娃个子不高，有一双漂亮的黑眼睛，深色的皮肤使她像个吉卜赛女郎。果戈理被安排在女主人的身旁。斯米尔诺娃低声告诉他，《狄康卡近乡夜话》给她留下了深刻的印象。原本害羞的果戈理听到她的赞扬，立刻兴高采烈地描绘起乌克兰的夜晚。当他说道“最美丽的歌声只有在乌克兰草原上才能听到”时，斯米尔诺娃默默地坐在大钢琴旁，一边弹奏，一边用悦耳的声音唱了起来。女主人温柔热情的歌声深深打动了果戈理。从此以后，她的形象、动作、眼神便经常闯进果戈理的脑海。他对自己这种莫名其妙的感情很生气，而这种感情正是斯米尔诺娃的美貌与聪慧所引起的。

与斯米尔诺娃相识期间，正是果戈理创作的高峰期。1835 年他出版《密尔格拉得》；1835 年至 1841 年，出版了《彼得堡故事》（含《狂人日记》《外套》等）；1835 年 12 月，讽刺喜剧《钦差大臣》完成，并于 1836 年 4 月首次上演。

在《密尔格拉德》和《彼得堡故事》两部书中，作者将讽刺的笔触转向了揭露社会的丑恶、黑暗和不平，对社会底层小人物的命运寄予了深切的同情。其中尤以《狂人日记》和《外套》最为出色。作品艺术构思独特，出现在读者面前的是狂人和狗的通信、几篇日记，形式荒诞。《狂人日记》的主人公是一个微不足道、安分守己的小公务员，受阶级社会重重压迫，处处被人侮辱蹂躏，最后被逼发疯。《外套》的主人公是地位卑微的小官吏，唯一生存的乐趣是渴望攒一点钱做一件外套。不料，新外套刚上身便被人劫走，主人公最后含恨死去。这些作品的完成标志着他的创作步入了一个新阶段，给他带来了更大的声誉。

在写作小说的同时，果戈理也开始了讽刺喜剧的创作。1836 年 4 月，著名喜剧《钦差大臣》在彼得堡亚历山德拉剧院上演，轰动了整个京城。该剧讲述一个来自彼得堡的十二等文官，阴差阳错地被某地官员们当成宫廷派来的钦差大臣，由此引发了一系列令人啼笑皆非的故事。利用喜剧的夸张形式和辛辣的讽刺，逼真地反映了俄国专制社会的种种弊端和黑暗，从而深刻地揭露了官僚阶级的丑恶和腐朽，对现实具有强烈的穿透力。1836 年 6 月，《钦差大臣》遭到政府和反动文人的攻击，加上病魔缠身，果戈理怀着悲愤的心情决定到国外去治病。

在巴黎他遇见了出国旅行的斯米尔诺娃。斯米尔诺娃的丈夫在大使馆供职，她常枯坐在家中，感觉百无聊赖，因而又恢复举办文学沙龙，吸引了不少俄国青年。果戈理一反昔日逃避和厌恶上流社会的常态，经常出现在她的豪华客厅里。他喜欢斯米尔诺娃敏锐而又长于讥讽的智慧，喜欢她那优美轻盈的身姿和那双黑色大眼睛。他总是静静地聆听她演奏钢琴，听她谈论政治和艺术。有时他也讲一些滑稽的故事，表演一些可笑的动作，以博得佳人一笑。1837 年 2 月，好友普希金的逝世使他的心碎了。他得了一场大病，康复之后，他无法再忍受巴黎的生活，决定到意大利去。

1837 年 7 月，果戈理来到巴登疗养，那里的矿泉以治疗各种胃病而著称，斯米尔诺娃也在那里。果戈理十分想念她，孤独的愁苦让他无法忍受。他每天去饮用矿泉水都能遇见斯米尔诺娃，送她到家后，他便一人散步。当斯米尔诺娃叫他陪着一起散步时，他总是找些似是而非的借口加以拒绝。有一回斯米尔诺娃终于说服果戈理同她一道散步。果戈理默不做声，斯米尔诺娃也在想她自己的心事。她的生活很不顺心，尽管表面上看来她很成功，大家都羡慕她拥有万贯家财，她却感到很不幸。为了抚养两个弟弟，她牺牲了自己，同一个她不爱的、固执而又缺乏远见的人在一起生活，斯米尔诺娃感到非常痛苦。不论是巴黎的各种娱乐，还是巴登的矿泉，都不能减轻她的痛苦。她那不幸的女人的心，是能够理解果戈理的孤独的。她想让果戈理战胜怯懦的心理向她倾诉衷肠，不知为何却默默地分手了。分手前，斯米尔诺娃邀请果戈理来吃晚饭，可果戈理因事返回了意大利，他们没来得及互诉衷情。

无论在国内还是在国外，果戈理和斯米尔诺娃经常在一起。他曾向斯米尔诺娃倾诉了爱恋之情。她虽然默许了果戈理的示爱，但她需要的是心灵的慰藉，而不是男女之间的情欲。他们的关系始终维持在友谊的层面。

1841 年 10 月，果戈理为出版《死魂灵》重返彼得堡。他找到斯米尔诺娃。果戈理变得更消瘦苍白，十分憔悴，更加寡言和耽于沉思，失去了往日那种乐观的情趣。他的全部心思放在了《死魂灵》的出版事宜上。斯米尔诺娃亲切地接待了他，笑着回忆起他们在巴登逗留的日子，取笑他忧郁的神态。斯米尔诺娃兴致勃勃地告诉果戈理最新的宫廷秘闻和流言蜚语，讲着上流社会的可笑新闻。但当果戈理谈起《死魂灵》时，她沉默不语了。她那无光泽的、清秀的脸上露出了满面愁容，即使她是宫廷女官，也毫无办法。

1842 年 5 月，果戈理的代表作《死魂灵》第一部终于得以出版。这是一部卷帙浩繁、人物众多的鸿篇巨制。《死魂灵》的意义和价值在于对俄国封建农奴制度的无情揭露和深刻批判，讽刺的主题与为现实而忧心如焚的悲剧主题并行发展。但作者还不忘再让读者哈哈大笑几次，然后又觉得悲哀。那带泪的诙谐，那辛辣的讽刺，那同情的取笑，无不说明果戈理将一生所累积的笑与苦的功力，都倾注在这本他未能完成的巅峰之作上。这是一部无与伦比的笑与苦极端交杂的悲喜剧经典著作，它的出版极大地震撼了俄国。

1842 年 6 月，他再次出国。在异国他乡，果戈理忍受着贫困与疾病的困扰，更加感到孤寂，没有依靠。1843 年 1 月，斯米尔诺娃一家到达果戈理所在的罗马。果戈理积极为她找房子，陪她四处旅游，给她当导游。斯米尔诺娃为他的学识所倾倒。她已 33 岁，小果戈理 1 岁。这个年龄对于 19 世纪的妇女来说，已经不再年轻。年轻时，宠爱她的不仅有皇帝，还有宫内大臣们。18 岁她便和 54 岁的戈利津公爵有了恋爱关系，而今天她的周围却没有那么多男人了。她在宫廷的地位也是双重的，一方面是四品女官；另一方面又是宫廷最高主宰者及其弟兄——大公们的女奴，也是他们欲望和怪癖的女奴。她对自己的这种生活开始厌倦，对那些王公贵族也充满了蔑视。她心里渴望爱，但实在没有人可爱。无法得到满足的斯米尔诺娃感到苦闷、彷徨，这时，果戈理的出现给了她许多安慰。

果戈理和斯米尔诺娃在一起总是激动不已，他毕竟不是那种僧侣和遁世者。他无论把自己摆得多么高，无论怎样冷静地意识到双方不可能产生恋爱，最终还是控制不住自己的感情，向斯米尔诺娃倾吐了爱恋之情。即使这样，由于他的宗教迷信开始滋长，他开始严厉地训诫和高傲地指教别人。他曾多次责备斯米尔诺娃，认为她的生活空虚浮华，认为她眷恋上流社会的享乐和安适。而他对宗教的笃信与斯米尔诺娃的志趣恰好相投。聪明的斯米尔诺娃明白果戈理不是她钟爱的恋人，他们之间的友谊是朴实、单纯、毫无危险感的，不可能产生情欲之类的东西。她需要心灵的慰藉，而这一点果戈理是能给予她的。因此，她默许了果戈理的示爱。

从那时起，果戈理迷恋斯米尔诺娃的传言便传扬开去。无论是彼得堡，还是莫斯科都开始怀疑他的恋爱，怀疑果戈理太过分多情地依恋于这个浮动在迷人的波涛之中而又“冷若冰霜”的美女。对此，果戈理置若罔闻，依然如故。1942 年 4 月，斯米尔诺娃因故离开了罗马。果戈理倍觉孤单和寂寞。

1843 年冬天，果戈理决定在尼斯度过，因为令他神往的斯米尔诺娃也在那里。他见到斯米尔诺娃时，她很悲伤。她是怀着激昂的宗教情绪从彼得堡来到此地的。她在社交上的声誉渐衰，家庭与家务事占去了她的全部时间。虽说风韵犹存，但仅仅分别半年时间，她的皮肤已开始发黄，眼睑下出现了皱纹，炯炯的目光失去了迷人的魅力。斯米尔诺娃心情十分抑郁烦闷，常常去教堂忏悔，果戈理的到来多少给了她一些宽慰。

果戈理住在老朋友维耶利戈尔斯基家，可他几乎每天都去看望斯米尔诺娃。他将她看成是“忏悔了的玛格达琳娜”，而他则是她的救星。他常读一些教会著作给斯米尔诺娃听，使得这个女人往往满面泪痕。一天，情绪激动的斯米尔诺娃说道：“您不可能爱我。我不配得到您的友谊。在我身上没有那种使我们接近的精神因素。您只是在研究我，我不过是您观察的对象，因为您是一位艺术家。但是，您对我来说是非常重要的，您是这样明显地影响着我，今后还将明显地影响着我！我的智慧是任何人都能了解的，而我的心灵则除了向您披露之外，就很难找到另外的人了。”

果戈理一方面因为得到她的信任而高兴，同时也为她怀疑自己的爱情而生气。他知道在两人之间存在很多障碍，出身、社会地位、道德思想都不同，斯米尔诺娃还是个有夫之妇，不过这一切都阻止不了他的爱恋。他不指望斯米尔诺娃全身心爱他，也不存有与她结合的念头，他所需要的是得到一个女人的理解与关心，而这是斯米尔诺娃所能给予他的。斯米尔诺娃是唯一能真正了解他的人，这已足够了，凭这一点，就足够使他倾心了。

果戈理与斯米尔诺娃保持着感情的独立，存在着完全的平等。他不强求对方，对方也不强求他。他们在一起大量读书，倾心交谈，心灵十分接近。他们可以一别几年，斯米尔诺娃将自己的怀孕情况，甚至与情人的关系写信告诉他，而这也影响不了他们的友谊。果戈理也频繁写信，将她视为最亲密的朋友。他们所能达到的坦率程度在上流社会是非常罕见的，当然他们也不会忘记小心谨慎。

果戈理与斯米尔诺娃之间就像孪生兄妹，一直保持着真正的友谊。斯米尔诺娃利用自己宫廷女官的身份，为贫病交加的果戈理争取到津贴补助。在她生病时，也常写信将果戈理叫到身边，诉说自己的苦痛，将他当作最知心的人。果戈理则常教导女友在上流社会应如何周旋，怎样去影响丈夫和宫廷，当上省长夫人后该怎么注意自己的形象。尽管经常受到疾病的困扰，他还是尽力去安慰有点儿神经质的斯米尔诺娃。他们彼此需要，很少发生争执。这种友谊使他们俩都获益匪浅。

1843 年冬天在尼斯，果戈理在尼斯与斯米尔诺娃交往频繁的同时，维耶利戈尔斯卡娅伯爵夫人的小女儿安娜·米哈依洛芙娜依引起了他的注意，家里人都管她叫安诺莉娜或诺奇。安诺莉娜刚刚 18 岁，拥有青春少女应拥有的一切魅力。她大部分时间生活在国外，祖国语言没有完全掌握好。她睁大眼睛注视着父母如此敬重的这位伟大作家。而伟大的作家呢？穿一件薄薄的礼服，蓄一口短小的尖胡须，留一头垂肩的淡褐色长发，有一只细长的鼻子。果戈理已不再是他们所熟悉的滑稽而快活的作家，他严肃而虔诚地宣讲耶稣自我牺牲的美德，仿佛是上天意志的使者。安诺莉娜听着有点儿害怕，也觉得好笑，觉得他就像天主教堂里的神父。不久，维耶利戈尔斯基一家就到巴黎去了，以后回到了俄国。这些秉性不同、本质迥异的人们之间的友谊，只是在通信中继续保持着。然而，安诺莉娜的形象却深深印在了果戈理的脑海之中。

果戈理在国外没有朋友，多数情况下一个人孤独地生活着。他在 1847 年 7 月写给亚·安·伊凡诺夫的信中诉说道："如果您想到一个家，想到家庭生活和女人，那么……您未必能得到这样的幸运！您——一个穷光蛋，也不会有一个栖身之所……正像您斗胆用画笔描绘其显圣的那个人没有栖身之所一样！所以说，福音书的作者是对的，他说过，有些人永远也不会用任何世俗的关系来束缚自己。"果戈理一直提防婚姻的虚伪和带来的束缚。

另一方面，他又像《死魂灵》中的乞乞科夫一样想：要是弄上个"婆娘"，再生下两个孩子，倒也不坏，好让大家知道他是实实在在生活过的，存在过的，而不是像一个影子或幽灵似的从大地上一晃而过。于是，他在心中描绘出一幅图画，图画上有个秀丽的女人坐在窗前，身边还有一个小小的男孩和漂亮的女孩。可他立刻又想起了普希金的不幸命运，想起了斯米尔诺娃与她丈夫的关系，随即他认为与其结婚，还不如跳窗户呢。

由于远离祖国，脱离生活，果戈理的创作受到了限制。他的世界观中根深蒂固的宗教赎罪思想、神秘主义和害怕革命变革的情绪迅速膨胀起来。他企图在宗教迷信和宗法制度中去拯救自己的灵魂。精神的抑郁，经济的窘迫，生活的苦闷，身体的疾病，爱情的失意，使他内心充满了痛苦。

果戈理恋上安诺莉娜，称她为"我亲爱的""我的小鸽子"，试图改造并打算娶她为妻。安诺莉娜尊重果戈理，对他也颇有好感，但并不想嫁给他。她的家人更是极力反对。果戈理终生没尝到爱的滋味。

1848 年果戈理决定回俄国定居。旅途中无家可归的感觉，那种连一个角落、一个安身之所都没有的游子的感觉，突然袭上他的心头。需要友谊和爱情，需要在旅途中有一个歇脚的地方，需要在世事动荡不安的情况下有一个永久的安居之所，这种感觉在他心中炽热起来。他将心目中的感情写进了笔记里：

（1）首先是丈夫和妻子的一般义务。这是一种平平淡淡的、日常生活中的义务；丈夫——是自己那一部分的男主人，妻子——是自己那一部分的女主人。双方各行其道而结合于家庭之中。这还只是婚姻的一半。

（2）男人在选择了自己的事业和道路之后，再选择妻子作为帮手。这位妻子除了要使他规避一切会使他分散精力的事情外，还要挑起操持家务的全部担子，处理一切生活琐事，从而使他有空闲时间；她要成为一种鼓励他、鞭策他的力量，成为每时每刻召唤他追求事业的那种天国的钟声。她——是他思想的一部分，并生活在他的事业中……

为了过夫妻生活，应该有一年的准备时间……以便从第一天起就能够像走熟路一样顺遂，在自己身上体现出规矩和严谨……他们两人都是他们自己所定法律的囚徒。

无论如何，这种严格的规定对安诺莉娜都是行不通的。但果戈理将目光对准了她。在尼斯时，果戈理就发现安诺莉娜有洞察事物时不慌不忙地予以权衡的镇定自若的本事，而这在女性的身上是很少有的。他最看重的就是她这种沉静和权衡的才能。安诺莉娜的长相并不美，使果戈理与她在一起不感到胆怯、困窘。由于他与维耶利戈尔斯基一家的亲密关系，他将安诺莉娜当作自己的妹妹。在信中，他称呼安诺莉娜为“我亲爱的”“我的小鸽子”“像哥哥般爱您的”“天赐的”“我最芬芳的”“我敬慕的人儿”。安诺莉娜也常在信中写道：“我对您信任极了……您的信对我很有益，而且使我非常愉快……无论您多么闷闷不乐，今后会为了给我们带来愉快和益处而给我们写信，同时散散步，笑一笑，并不时想到你的朋友安·米。”

1845年，他们的关系蒙上了几层阴影。果戈理遵从伯爵夫人的请求，在夏天来到巴黎。他看见自己的被保护人完全变了样。她乘车去参加各种舞会，通宵达旦地在巴黎的上流社会消磨时间，经常跑到外面去听歌剧和音乐会，表现出轻浮和心不在焉。果戈理因为生病，加上受到忽视，愤然离去。他产生了让安诺莉娜出嫁的念头，以挽救她。于是他从侧面给她和托尔斯泰伯爵的亲戚维克多·阿普拉克辛做媒，可这番心思是白费了。

1847年，果戈理的《与友人书信节选》问世后，他需要了解彼得堡上流社会的意见。于是在他的请求下，安诺莉娜成了他积极的通信员。她为果戈理寄去各种评论和反映，并在信中写道："您这样做，显然是出于谦逊，可是……您要记住，您的名字和才华要求您有独立的见解，您应当对自己和对作家的称号抱有一定的敬意，而作家之重要和崇高，您自己是深有体会的。"果戈理接到信后产生了一个念头，安诺莉娜可能是那种能够调节他意向的女性。

果戈理一踏上俄国的土地，立刻想到了安诺莉娜。将近40岁的他此时有一种需要家的感觉。他在信中写道："我亲爱的安娜·米哈依洛芙娜，您在哪里？您怎么样了？……我还活着，还在人世上撑着哩……或许，在8月份左右，我能有几天时间到彼得堡去看看您……"安诺莉娜回信道："您终于回到了俄国……这个消息使我们多么高兴啊！……快到我们这里来吧，我们在焦急地等待您……"

在彼得堡，果戈理受到了热情的接待。安诺莉娜的青春妙龄，不谙世故以及她纯真坦率的性格，都使果戈理心驰神往，产生一种激情。他想要保护她，不让任何丑恶的东西接近她。他为她的健康状况、她的忧郁和她的孤独而伤心难过，同时又嫉恨她耽于上流社会，耽于惬意和悠闲的生活。果戈理常常用冷冰冰的教训人的口吻跟他心爱的人讲话，以掩盖内心的激情。安诺莉娜面对他时，感到惶恐不安。这位伟大作家既充满自信，又孤苦伶仃；既聪颖过人，又软弱无力。她十分尊敬他，甚至怜悯他，仅此而已。他对维耶利戈尔斯基一家的频繁拜访，引起了这家人的怀疑。以后他再去，安诺莉娜总是躲在自己的房间里，只在喝茶时才出来，变得羞羞答答和沉默寡言。其他人也越来越冷淡，越来越客套。敏感的作家立即离开了彼得堡，回到了莫斯科。

果戈理并未因此而失望，他要改造安诺莉娜。他想起安诺莉娜告诉他，说她遇上一个人，一个能在他身上获得依靠和理解的人，但这个人什么也未能给她，既未表现出才智，也没表现出崇高的感情。她的话使果戈理感到恐惧，为自己，也为这个想象力过于丰富的姑娘。他常写信给安诺莉娜，提出劝告，也暗示他的衷情。为此，他几乎丢下工作，为了“人世的愿望”而抛弃了“天国的愿望”。

在一封劝告安诺莉娜注意身体的信里，他指出安诺莉娜的体型不匀称、不轻盈、不丰满，如果脸上没有表情，就会变得很丑。他还以导师的严厉口吻让安诺莉娜抛开上流社会，那里只有渺小和庸俗。这封信之所以口气强硬，是因为他想使安诺莉娜抉择：或给他回信，接受这种语气，这样主动权便在他手中；或者断绝通信，自己也可彻底解脱。

果戈理等待着安诺莉娜的回信，同时心神不宁地想着，自己是不是太过分了。在这种情况下，正值1849年新年之际，他寄了一封简短的贺年信给安诺莉娜，并央求她：“回信吧!”半个月后，她回信了，口气十分平淡而疏远。果戈理痛心地沉默了。3月初，安诺莉娜来信，抱怨果戈理这么久没写信，甚至邀请作家春天去彼得堡，不过，她们一家夏天都会到莫斯科来，到时会相聚的。这种卖俏撒娇，震动了果戈理。他连忙写信满腔热情地加以解释，并阐述了对婚姻的观点，认为妻子既是思想上的伴侣，又是操持家务的主妇。他提出让安诺莉娜的母亲读读这封信，加以试探。

此后不久，果戈理又写信给安诺莉娜已婚的姐姐阿波琳娜丽娅，求她向其父母转达向安诺莉娜求婚的意愿。没想到安诺莉娜注重贵族传统的父母坚决拒绝了，安诺莉娜本人也不赞成这门婚姻。果戈理的自尊心受到了打击，幸亏双方都严守秘密，这件事并未被人察觉，才使果戈理免蒙羞辱。他只是瞬间地被自己的“诱惑”所支配，又被一阵旋风卷走了一切，他痛悔自己的行为。

1850年春，他在给妹妹的信中写道：“对我们来说，问题是我们是否爱？……至于是否有人以爱来酬答我们的爱，这就不是我们的事了……我们的事情是爱。不过我觉得，爱总是相互的。”孤独的果戈理本以为可以在精神和感情上征服安诺莉娜，可他的尝试失败了。他虽曾深深地爱过，但没有被爱，那更加痛苦。

晚年的果戈理由于长时间的孤独和寂寞以及宗教的影响，陷入了精神危机。临终前，他在精神上已经完全被向他施加不良影响的马蒂厄神父所控制。神父说服果戈理献身上帝，放弃文学。果戈理听从神父的旨意，1852 年在病中十分痛苦地烧掉了自己的大部分手稿，包括已完成的《死魂灵》第二部手稿。在封斋期，他以常人忍受不了的方式守斋，每天只吃几调羹燕麦糊和一片面包。夜里，为了不让自己做梦，他努力克制自己不睡觉。守斋的结果是他大病一场。

这时，死亡的念头深深地印在了衰弱、忧郁的果戈理的心头，就连名医也束手无策。1852 年 3 月 4 日早晨 8 时，他终于获得了解脱，安详地离开了人间，终年 43 岁。在生命结束前，他想起了普希金的一句诗："请赐给以耐心、谦逊和爱情。"

才华横溢的果戈理一生痛苦而短暂，但是创作的作品成为世界名著流传至今。在他 20 年的创作生涯中，一系列的佳作极大地丰富了俄罗斯文学的宝库，成为 19 世纪俄国批判现实主义文学的奠基人，并影响了涅克拉索夫、屠格涅夫、冈察罗夫、赫尔岑、陀斯妥耶夫斯基等一大批批判现实主义作家。陀斯妥耶夫斯基曾坦言："我们所有的人都是从果戈理的《外套》中孕育出来的。"果戈理是"俄国散文之父"，普希金是"俄国诗歌之父"。这两位好友被誉为俄国文学史上的"双璧"是当之无愧的。

伟大情人改变天才命运——肖邦

波兰作曲家、钢琴家肖邦，在生命短暂的39年里，将全部心血倾注在音乐的美妙旋律中。他身体羸弱、性格多疑，注定了他的爱情是蜻蜓点水式的。他曾与心上人玛丽亚秘密订婚，因报纸错发他去世的讣告，使他的婚姻变成泡影。肖邦与法国女作家乔治·桑同居的9年，是他个人生命中音乐创作的最高峰。

波兰作曲家、钢琴家弗里德里克·弗朗索瓦·肖邦（1810—1849年），从小就显露出非凡的音乐天分，6岁开始学习音乐，他一生只开了30次音乐会，却获得传奇式的荣誉，被誉为“钢琴诗人”。他通过钢琴来表达自己内心的诗意，把钢琴的表现力发挥到精彩绝伦的境界，这在钢琴演奏史上是没有先例的。肖邦把自己旋律的大赋、独特的和声感觉、对形式构思的直接创造性理解以及独一无二的钢琴技术，融合在大型钢琴音乐写作中。他一生创作了大约200部作品，其中大部分是钢琴曲，著名的有：2部《钢琴协奏曲》、3部《钢琴奏鸣曲》、4部《叙事曲》、4部《谐谑曲》以及24首《前奏曲》、20首《练习曲》、18首《波兰舞曲》、4首《即兴曲》等。他在音乐上取得了空前巨大的成功。然而，羸弱的身体、多疑的性格，使他始终与婚姻无缘，这也是他一生最大的遗憾。

1810年3月1日，肖邦出生在华沙北部的泽拉佐瓦·沃拉。他家境贫困，父亲16岁从法国移居波兰，侨居华沙，任中学法文教员，母亲则受过良好的教育。肖邦在家庭和学校里都受到正统的普通教育。他在键盘乐器方面很有才能，几乎是自学的钢琴。他的创造性和独特个性，使他不为传统教条所束缚。贵族沙龙向这个年轻的天才打开了大门，他童年就显示出优雅和高贵的气质。8 岁时，他在公开音乐会上参加演出，引起广泛关注。当 19 岁的肖邦从华沙音乐学院毕业时，他已经成为波兰公认的钢琴家和作曲家了。他作曲并演奏的《变奏曲》作品之二、《克拉科维亚克》作品之十四、《波兰民歌幻想曲》等，在音乐会上受到热烈欢迎。在波兰民众眼中，肖邦是一位优秀的民族作曲家和钢琴家。

随着肖邦在国内声名鹊起，朋友们劝他去国外深造，以开阔眼界，为国争光。他的行期一拖再拖，1830 年革命前的政治动乱固然是原因之一，但更主要的是因为他爱上了一个年轻的歌手，爱情让他对出国举棋不定。这个歌手叫康斯坦西娅·格拉特科斯卡（1810—1889 年），是音乐学院的学生。在这次爱情的影响下，肖邦写出了颇受欢迎的《f 小调协奏曲》的慢板乐章以及柔弱的《降 D 大调圆舞曲》。可以肯定的是，肖邦以后创作的许多作品，都来自这次秘密的恋情。肖邦承认这是他一生中最幸福的时光之一，尽管他在一些信中流露出拜伦式的失望。

1830 年 11 月初，肖邦在朋友和家人的敦促下决定出国，他与康斯坦西娅的恋情也就不了了之。出国前夕，朋友们为他举行送别晚会，并送给他一个装满祖国泥土的银杯，勉励他无论何时都不要忘记祖国。肖邦内心里却意识到，这是他向祖国作永久的告别，从此可能漂泊异乡再也回不来了。

肖邦迷恋上歌唱家德尔菲娜伯爵夫人，并拜倒在她的石榴裙下，两人的友谊保持到他的临终时刻；此后，肖邦又爱上 16 岁的迷人少女玛丽亚，华沙报纸误发他去世的讣告，断送了他一生最可能成功的婚姻。

1830 年 11 月 22 日，肖邦到达维也纳。不久他听说在他离开以后，华沙爆发了反抗俄国统治的起义，这个消息让他非常激动，并想立即回到祖国去，可惜最后没有成行。在维也纳的日子，是肖邦感到失望和挫折的时期，他没能获得听众和出版商的青睐。1831 年 7 月，肖邦动身前往法国巴黎，途中听说国内起义失败，他一度陷入了绝望，预感到活着回国的希望恐怕是难以实现了。从此，肖邦把对祖国的怀念、痛苦和忧虑，全部倾注在自己的音乐里，爱国思想成了主导他创作的主题。

肖邦在巴黎的最初岁月是不稳定的。在浪漫主义运动的旋风中，他感到自己有点儿土气，但富于想象的演奏和个性化的非凡魅力，使他很快在文学界和音乐界交上许多朋友。肖邦体态修长、优雅，相貌雍容大度，头发灰黄接近褐色，栗色的眼睛炯炯有神而又略带忧伤，有一种难以言喻的贵族风度，因而受到上流社会妇女的青睐。跟他保持亲密友谊的有：极端浪漫主义的贝尔吉奥约索公主和德尔菲娜·波托茨卡（1805—1877 年）伯爵夫人。后者是一位歌唱家，是位有教养的性感美人，她的风流韵事在巴黎无人不晓。肖邦迷恋上伯爵夫人，并拜倒在她的石榴裙下。肖邦将《f 小调协奏曲》《一分钟圆舞曲》献给伯爵夫人。朋友和熟人都认为他们是情人关系。确实，在 1833 年至 1840 年，肖邦写过大量书信给这位伯爵夫人。1845 年，一个名叫保丽娜·切尔尼卡的夫人声称她找到了这些情书，但有些人怀疑这些情书的真实性。不过，肖邦和伯爵夫人之间的确有着超乎寻常友谊关系的交往。

1835 年 9 月，肖邦在德国的德累斯顿见到了沃津斯基一家。这家的三个儿子是肖邦在华沙中学的同学，他们的妹妹玛丽亚·沃津斯基（1819—1896 年）已长成一个 16 岁的迷人少女。她肤色黝黑、漂亮，还会弹一手好钢琴。肖邦以前把玛丽亚当作小孩子，现在却立刻爱上了她，感到这就是自己寻找的意中人。肖邦在 9 月 26 日动身去莱比锡之前，把《告别圆舞曲》作品六十九之一送给了玛丽亚。他在莱比锡的访问引起了轰动，奠定了肖邦在音乐界的地位。

1836 年秋天，肖邦返回巴黎。他日夜思念着心上人——玛丽亚，并写出了作品 25 首练习曲的前两首。其中第二首《f 小调》据说是为恋人做的音乐画像。对两个年轻人互相爱慕，玛丽亚的父母和一个叔叔还是持理解和宽容的态度的，甚至允许他们秘密订了婚。然而，同年冬天，体弱多病的肖邦大病了一场，华沙报纸误听传言竟发表他的讣告。玛丽亚的父亲和叔叔十分惊恐，开始反对这门婚事。在肖邦每况愈下的健康面前，宽容的母亲让步于家里的男人。后来，尽管没有明确的肺结核症状，两人结婚的打算也搁浅不再提了。在整个过程中，玛丽亚始终处于被动，她在爱护她的父母面前没有发言权。

与法国女作家乔治·桑的相识，改变了肖邦一生的命运。起初，肖邦看不惯她男性化的行为举止。但是，乔治·桑喜欢肖邦，并发誓要得到他，一封只有"我爱您"三个字的书信，便俘获了肖邦的心。

1836 年秋天，李斯特把肖邦领进了巴黎的沙龙，使肖邦与乔治·桑（1804—1876 年）偶然相识。这一天，肖邦即兴弹奏了许多曲子，他忘我地沉浸在美妙的乐曲中。当他尽兴地弹奏完时，抬起头闻到一股香水的芬芳，他这才发现一双热情的女士眼睛正凝视着他，原来她早已优雅地坐在他的钢琴旁。她并不漂亮，身材矮小，已开始发胖，但她有着一双睿智的眼睛，这个女人就是乔治·桑。她的眼睛流露出对肖邦的喜爱，大有一见钟情之意。

开始肖邦对乔治·桑不感兴趣，对她的行为举止也看不惯。乔治·桑是法国女作家露西·奥罗尔·杜德旺的笔名，是巴尔扎克时代最具风情、最另类的小说家。那时，她已是两个孩子的母亲，1831 年开始与丈夫分居，是女权主义的拥护者，具有男人般的阳刚之气。她的生命中，一直是情人不断，最多的时候同时拥有 4 个情人。她在距巴黎数百公里远的庄园中，曾接待过诗人缪塞，作曲家兼钢琴家肖邦和李斯特，文学家福楼拜、梅里美、屠格涅夫、小仲马和巴尔扎克，画家德拉克洛瓦，等等，甚至包括拿破仑的小弟弟热罗姆·波拿巴亲王。他们中的许多人成为她庞大的情人队伍中的一员。

乔治·桑蔑视传统、崇尚自由，抽呛人的雪茄、饮烈性酒、骑骏马、穿长裤，一身男性的打扮，骂起人来毫不斟酌词句。她终日周旋于众多的追随者之间，即使乔治·桑男性化的笔名，也来源于她的一个年轻情人。这个法国社会性解放、女性追求社会新地位的象征人物，生活优越、追求享乐、感情丰富的美丽女人，没能在婚姻中得到爱情、温柔和满足，却用多角的、激情的情爱，张扬了自己的生命。

肖邦觉得他曾真诚地爱过的女人，都是天使般美丽的波兰金发女郎，而乔治·桑与这些人相比，真有天壤之别。肖邦在写给父母的信中谈到乔治·桑："可是她的脸并不可爱，有一种拒人千里之外的表情，我不喜欢她。"第二次见面后，肖邦对朋友们说："这位桑女士多么令人讨厌！她真是个女人吗？我都要怀疑了。"但肖邦有恋母情结，他对温柔的母亲一直怀着眷恋般的深情。他曾说："如果谁愿意把我当孩子一样看管，我就太高兴了。"在爱情上，他温情而胆怯，蜻蜓点水式的柏拉图主义倒更适合他羸弱的体质，而这正中乔治·桑的下怀。

与肖邦的感觉完全相反，精力充沛、富于幻想、勇于开拓、从小爱好音乐的乔治·桑被英俊的天才音乐家吸引住了。她喜欢柔弱有才的男子，愿意充当母亲加恋人的角色。肖邦性格内向、面色白皙、纤弱文静、常常害羞脸红，缺乏果敢精神，孤身在异国他乡，总是忧郁伤感。这恰恰是乔治·桑所喜欢的，她发誓一定要得到肖邦，为此不惜与所有情人断绝了关系。她对自己的女友宣称："你们去告诉肖邦吧，我像崇拜偶像一样崇拜他。"她认为肖邦是上帝为她创造的，而肖邦对这一切并不知情。

肖邦与玛丽亚的恋情彻底完结后，曾一度感到十分沮丧，还写下了《葬礼进行曲》，后来用作《小调奏鸣曲》的慢板乐章。1837 年 7 月，他在别人的陪同下，首次访问了英国。不久，他回到巴黎。失恋的肖邦亟须女人的抚慰。1837 年 10 月，他再次见到乔治·桑时，后者给了肖邦心灵上的慰藉，让肖邦感受到一种强烈的母爱。乔治·桑乘胜追击，派人送给肖邦一封信，上面只有三个字"我爱您"，然后是她的签名。肖邦的心灵受到震撼，他把信夹在日记本里。肖邦在 1837 年 10 月的日记中写道：

我见过她 3 次。当我弹奏的时候，她的目光深情地注视着我的眼睛。我弹奏的是《多瑙河的传说》，乐曲有点儿悲怆，我的心随之荡漾。她的眼睛看着我的眼睛，那双忧郁、奇怪的眼睛，表达的是什么意思呢？她靠在我的钢琴边上，灼热的目光使我陶醉，我的心被俘虏了！以后我又见过她两次，她爱我……奥罗尔……多么迷人的名字！

在乔治·桑的爱情攻势下，肖邦义无反顾地投入了她的怀抱。虽然，乔治·桑没有姣好的容貌，没有淑女的高雅品行，但她身上有一种不可抗拒的吸引力，将肖邦牢牢地吸引住了。那就是她懂得音乐，能评价他的作品，并激发他的灵感，甚至给他出主意，在她面前可以尽情地倾诉内心深处的情感，在事业上她是最好的帮手。此外，乔治·桑是一个慷慨大方、只求以身相许、不求回报的女人，这在女人中是极其少见的。尽管肖邦天生腼腆，近乎冷漠，但在这样的女人面前，也不能不为之心动。

尽管肖邦总是若即若离，但在乔治·桑的真情面前，还是确定了两人的情人关系。1838 年是他们最幸福、最甜蜜的一年，在乔治·桑母爱加情爱的滋润下，肖邦的创作有了巨大的动力，使他进入到鸣唱《天鹅之歌》的美好岁月。

1838 年春，乔治·桑几次从诺昂来到巴黎，两人时常沉醉在音乐世界里；但对两人的爱情关系，肖邦还没有下定决心，一会儿说“行”，一会儿又说“不行”；多次说“没问题”，又多次说“但是”；经常是上午说“这种事实在接受不了”，晚上却又说“这确是最大的幸福”。肖邦这种摇摆不定的态度，害得乔治·桑神魂不宁。

在这种变幻莫测的氛围中，乔治·桑显得无可奈何，于是在初夏给肖邦最要好的波兰朋友——阿尔贝·格尔齐马拉伯爵写了一封长达 32 页的信函，主要是想了解肖邦深深爱慕的玛丽亚能否给他以真正的幸福，若答案是肯定的，她就从肖邦的身边走开，并努力使肖邦忘记她；否则即使玛丽亚嫁给肖邦，只要肖邦能容得下“几小时纯洁的感情和甜蜜的诗意”，她也会继续看望肖邦。看来，乔治·桑对肖邦是动了真情，这位法国另类的女作家，对爱情的态度也是痛快淋漓。格尔齐马拉伯爵的回信让乔治·桑大为放心，她立即从诺昂回到巴黎，这次决心要给多病的肖邦以真正的爱意，给他慷慨的关怀和体贴。

1838 年夏天，对肖邦和乔治·桑来说是个幸福的夏天，天才的音乐家和风情万种的女作家，成了一对亲密的情人。尽管乔治·桑比肖邦大了整整6岁，但这并不妨碍他们的爱情生活，两人9年的同居生活，成为法兰西19世纪的美谈之一。玛丽亚在肖邦的心目中日渐淡漠，只留下诗意般的回忆。在乔治·桑浓浓的母爱和情爱滋润下，肖邦唤醒了心底的热情，手指中如同注入新的艺术生命力。他集中心力勤奋地创作，并出版了一本练习曲，题献给阿古伯爵夫人。他不好意思题献给乔治·桑，因为两人的恋情需要保密，因为他的几个朋友曾是乔治·桑的情人，肖邦不想这么快就让他们知道这件事。

乔治·桑也因一个情人紧追不舍而加倍小心。两个恩爱的情人愿意多给自己留出空间。乔治·桑极其欣赏肖邦音乐家的才华，从他的乐曲中得到灵感和启迪，丰富自己的文学作品，其成就最高的小说诗歌文学作品《康素爱萝》（1843年）和《安吉堡的磨工》就创作于这一时期。肖邦尊敬伟大的女作家，从她的言谈举止、思想见解和作品中汲取有益的成分，来充实自己的音乐灵感。与乔治·桑同居生活的9年，肖邦的作曲生涯达到他个人生命的最高点，也是肖邦鸣唱《天鹅之歌》的岁月。

为了躲避公众的非议，他们决定去西班牙的马略尔卡岛隐居。临走之前，乔治·桑要画一幅与肖邦在一起的肖像画，为此请来朋友爱格纳·德拉克。乔治·桑对他说："欢乐的爱情使人筋疲力尽……我开始相信，有装扮成男人的天使……假如上帝让我现在死去，我也不会抱怨，因为这3个月的生活足以令人销魂。"但是让他们始料未及的是，这幅画后来被撕成两半，成为两张自成一体的肖像画，与他们的爱情结局是那样一致。

1838年11月8日，乔治·桑带着两个孩子，与肖邦一起来到温暖如春的马略尔卡岛的帕尔马城。虽然居住条件并不好，但由于爱情的力量，他们的生活过得很愉快。肖邦埋头于他主要的"假期任务"——完成24首《前奏曲》。可是好景不长，雨季来临刮起了大风，从小就肺功能衰弱的肖邦病倒了。几个医生为他忙个不停，一个医生说他肯定会死，另一个医生说他就要死了，第三个医生说他已经死了。

肖邦的病情引起当地人的疑虑和恐慌，他们只好一再搬家躲避。乔治·桑不愧是伟大的情人，她不惧怕传染，悉心地照顾肖邦，还亲自下厨为情人调养，但肖邦仍处于萎靡和虚弱状态中。尽管病魔缠身，他却毫不懈怠，一旦病情好转仍坚持工作，创作出多首叙事曲和序曲，其中几首的创作灵感据说来自内心的焦虑情绪（当时乔治·桑夜出散步迟迟未归）。他们感到继续住下去，真是莫大的痛苦，最后决定回到法国去。

在乔治·桑的诺昂庄园里，肖邦获得了心灵的平静，他的音乐创作进入了成熟期。乔治·桑精心地照顾肖邦，肖邦对乔治·桑依恋如常。谁也想不到这对伟大的情人，由于索朗热不断地挑拨，竟导致分手，结束了9年的同居生活。

1839年2月13日，肖邦和乔治·桑一家，先回到西班牙大陆，在马赛小住后，于夏天到达法国诺昂。乔治·桑像母亲一般全心全意地照顾肖邦，简直把他当作自己的第三个孩子。肖邦在情人的爱情浇灌和精心照料下，获得了一种安全感和心灵的平静，这加速了他创作天才最后的成熟。他生命的新时期以《b降小调奏鸣曲》《G大调夜曲》《升F大调即兴曲》开始，均完成于住在诺昂的时期。从那之后直到1846年（除1840年），肖邦的夏季都是在诺昂度过的。他感到在巴黎不能集中精力，只有夏天在诺昂才能作曲。1839年10月12日，肖邦在日记中写道：

他们说我的病已痊愈。现在我既不咳嗽也不难受，但我内心感到痛苦：奥罗尔的眼睛没有神采，只有当我弹琴时才放光芒。我的手指在琴键上轻柔地滑行，她的笔在纸上疾书，她可以一边听音乐，一边写作。奥罗尔，我愿拜倒在你的石榴裙下，我爱你的一切，也把我的一切献给你！当我疲倦时，我需要你的目光，你的爱抚，你的微笑。为了你，我要弹奏柔美的旋律。亲爱的，为什么你的眼睛没有神采？这岂不太残酷了吗？

在与乔治·桑同居的日子里，肖邦将全部心血倾注在音乐中，他的生命似乎在一点点化成五线谱，化成和谐悦耳的美妙旋律，而他的身体则只剩下了躯壳。乔治·桑时常戏称他为“我亲爱的尸体”。为了保护肖邦每况愈下的身体，她起初只是强制肖邦节欲，后来甚至让肖邦完全禁欲。乔治·桑是女性解放的先驱，尤其是在两性关系上，倡导女性的主导地位，认为女人不应该成为男人情欲的发泄对象，女人也有自己的七情六欲，应该主动地得到满足。作为一个生理正常的女人，为了自己钟爱的情人的健康，她牺牲了自己的原则，牺牲了自己的旺盛情欲，这样的爱情无疑是伟大的。

秋天过去，他们回到巴黎。乔治·桑对肖邦依然柔情满怀，她对友人说："他像天使一般心地善良，如果没有他纯洁、温情的友谊，我会经常失去勇气。他永远是天才人物中最和善、最不好表现和最谦逊的人。"但肖邦多愁多病，自顾不暇，无法体贴乔治·桑，就连他的同胞密茨凯维支都说，"肖邦是乔治·桑的灾星、吸血鬼和苦难，不可能给她带来幸福"，而且"最后可能把她折磨死"。尽管这对情侣在政治观念上不一致，在兴趣上不怎么协调，肖邦又有着反复无常、妒忌心重的毛病，却丝毫没影响到他们的感情。乔治·桑对肖邦的真诚付出自不必说，肖邦在乔治·桑卧病不起时，也常热心、细心、尽心地服侍情人。

原本一对令人羡慕的伟大情人，随着乔治·桑孩子们的长大，他们之间的关系开始出现微妙的变化。男孩莫里斯热爱自己的母亲，觉得肖邦常守在母亲身边，是一件丢人现眼的事。女孩索朗热则自私自利，经常从中挑拨肖邦和母亲的关系。而肖邦像个长不大的孩子，更愿意相信女孩索朗热的话。肖邦果然中计，他不能容忍乔治·桑的情感分散，强烈的妒忌心使他不能控制自己。1846 年 11 月，肖邦在残秋之际，离开了乔治·桑诺昂的庄园，从此再也没有回去。

在肖邦的心里，以为乔治·桑不再爱他了。乔治·桑曾恳求肖邦回到诺昂，但肖邦固执地没有答应。乔治·桑在写给朋友的信中说，她意识到自己和肖邦都上了索朗热的当，让她感到伤心的是肖邦竟在背后说她的坏话，肖邦相信索朗热而不相信她，多少有点儿忘恩负义。同时，她也厌倦了体弱多病、情绪多变、固执多疑的音乐家，所以，没有作出认真努力重修旧好的姿态，而是写信给肖邦，称尊重肖邦的决定，今后不会再去责备他，并祝他早日恢复健康。两个伟大的情人无奈地分手了。1848 年 3 月，肖邦和乔治·桑在一个朋友家偶然遇到，但双方态度都很冷淡，爱情之火熄灭后再也不能死灰复燃了。

与乔治·桑的感情破裂，对肖邦的心灵是巨大的打击，他的健康每况愈下，他的生命之火也在逐渐熄灭。令他欣慰的是在弥留之际，德尔菲娜伯爵夫人赶来，并为他献上了美妙的歌声。作为一个爱国者，他留下遗嘱，要求把心脏运回祖国。

肖邦与乔治·桑的感情决裂，标志着他生命最后阶段的开始。他的健康状态迅速恶化，肺病日益加重，身体越来越坏，完全失去了作曲的兴趣。为了维持经济上毫无保证的生活，不得不勉强支撑着病体，坚持每天去教学生五六个小时的钢琴课。1849 年春天，他的身体稍微好一些，想起和乔治·桑在一起的日子，他很有感触，于是写下了一首《升 C 小调圆舞曲》。这首曲子乍听起来会感到旋律很美，实际上隐藏着一种说不出来的悲哀。肖邦似乎在说：悲哀吗？怎么？我可是不在乎的，不在乎的，该怎样就怎样吧！可是，他究竟不是完全不在乎的，真相隐藏在圆舞曲激动的悲哀里，他的心潮在起伏翻滚，接着出现了一段抒情的慢板，好似是以往和乔治·桑在一起的幸福日子的回忆……但他心里清楚往日甜蜜的日子，无论如何也是回不去了。

沉重的精神负担和操劳过度，使他的病体更加衰弱。肖邦自己叹息道："为了自己的眷念，我受了致命伤……" 1848 年 2 月，由于巴黎革命的原因，肖邦被迫接受了富有的苏格兰学生珍妮·斯特林的长期未应的邀请，前往英国和苏格兰进行短期教学和演奏。那里的气候条件和过多的社交活动，对他患有严重肺病的身体来说更不适应，但他在伦敦还是为维多利亚女王演奏，并为流亡国外的波兰同胞开了最后一次演奏会。11 月底，他拖着病体回到巴黎，等待他的仍然是孤独和贫困。巴黎报纸几次误登他去世的消息，肖邦不由地自嘲道："看到我还是个活人，他们真感到为难。"

1849 年秋天，肖邦在病床上弥留之际，姐姐柳德维卡从华沙赶来。肖邦清楚波兰反动政府是不会允许把他的遗体运回华沙的，他恳求姐姐把他的心脏带回去。10 月 15 日，德尔菲娜伯爵夫人也赶来了。肖邦那双美丽的眼睛已经凹下去了，失去了往日的光辉，他的嘴唇变了颜色，冷下来了。他轻声说：“弹弹钢琴吧。”大家都不愿违背临终人的要求，柳德维卡弹起了钢琴，德尔菲娜唱了一首《康泰尔·兹·查·伐勒》，伴奏低沉而忧郁，歌声悲伤而凄凉。

肖邦喃喃地说：“啊！真是好听的歌，美丽的歌。”他带着依恋的神情，镇定地注视着伯爵夫人。过了一会儿，他又说：“神啊，我多么渴慕这美妙的歌唱啊。请再唱一次吧。”德尔菲娜眼里盈满泪水，她抽泣着轻轻唱了起来，肖邦也进入了休眠状态。在生命的最后一刻，肖邦没有忘记乔治·桑，他说：“我真想见她最后一面。”是呀，离开乔治·桑后，肖邦再也没有写出任何一部重要的作品。两天之后，即 1849 年 10 月 17 日凌晨 2 时，年仅 39 岁的天才音乐家离开了人世。

在巴黎几乎所有艺术家都参加了肖邦的葬礼，在葬礼上唱了莫扎特的《安魂曲》，演奏了肖邦的遗作《送葬进行曲》。人们在肖邦的墓穴里，撒上了他离开祖国时，朋友们送给他的银杯中的泥土。克莱辛格为他制作的纪念碑于 1850 年 10 月 17 日揭幕。肖邦的心脏装在匣子里，按照他的遗愿送回祖国波兰，保存在华沙圣十字大教堂。德国法西斯侵略华沙时，爱国者把它收藏起来，保存在苏联，战争胜利后它又重新回到华沙。

一生未婚却有三个孩子——李斯特

匈牙利出色的钢琴家、作曲家李斯特，才华横溢，英俊潇洒，生性热情。在他的一生中艳遇不断，身边总是围绕着众多的名媛佳丽。他不停地征服漂亮女人，也不停地成为这些女人的俘虏。他与巴黎最动人、最高贵的玛丽·道格尔特伯爵夫人私奔同居，两人有过 3 个孩子，可最终还是分手。

弗兰茨·李斯特（1811—1886 年）是匈牙利作曲家、钢琴家、指挥家和音乐活动家，欧洲新浪漫主义乐派的创始人，被人们誉为“钢琴之王”（又称“钢琴魔王”）。李斯特的作品多姿多彩、极富想象力，充分挖掘了钢琴的音响功能，对演奏技巧提出了很高的要求。作为那个时代最杰出的钢琴家，他对键盘音乐的发展作出了重要的贡献，是现代钢琴技术的创造者之一。在他的后期作品中最早使用了 20 世纪才普遍采用的和声语言。他的钢琴曲被列入世界古典钢琴曲的文献宝库。

李斯特一生创作了七百多首音乐作品，其中包含 13 首交响诗。他最重要的作品是《浮士德交响曲》《但丁交响曲》《匈牙利狂想曲》《前奏曲》《马捷帕》、4 首《钢琴协奏曲》《B 小调钢琴奏鸣曲》、12 首《超技练习曲》和《旅行岁月》等。钢琴曲中最难的一首当属《唐璜的回忆》。他还是位伟大的音乐革新家，推动新生音乐风格转变。他最重要的贡献包括发明了交响诗这一体裁。同时，他还著书立说，出版了多部论文和书信集，其论文《论艺术家的处境》，对改善音乐家的社会地位起到很大的作用。

李斯特自幼便表现出杰出的音乐天分。他依靠自己的天赋和勤奋，攀上了音乐艺术的高峰，博得当时欧洲许多君王的青睐，得以跻身于上层社会，交际于王公贵族之间。因此，他的身边总是围绕着许多名媛佳丽，艳遇不断。他从未踏进婚姻的殿堂，未能组建一个他所向往的家庭，却与玛丽·道格尔特伯爵夫人生了3个孩子。

1811年10月22日，李斯特出生在匈牙利雷定一个贫苦的家庭。当时的匈牙利是奥匈帝国的一部分。他的父亲亚当·李斯特是匈牙利人，原本是个业余钢琴手，因为生活所迫，不得不放弃自己的爱好，到道包尔扬庄子里替公爵看管牛羊；他的母亲是奥地利的日耳曼族人。因此，李斯特有两个名字，分别是匈牙利和德语两种拼法。李斯特从小随母亲说德语，直到晚年才学会用匈牙利语写作。

李斯特出生后，他父亲唯一的愿望，就是让孩子完成他未竟的事业。李斯特从6岁起就开始学习音乐，在他眼里，每天练琴并不是什么苦事，反而十分有趣，他生性热情，文弱多病，满脑子都是音乐和淘气的念头，9岁时就能演奏难度很大的里斯（1784—1838年）的《协奏曲》。为了让孩子成为音乐界的伟大人物，在李斯特10岁时，亚当变卖了家具和手表，带全家到维也纳。可以说，为了让李斯特早日成才，父亲付出了极大的心血。其后，一些匈牙利贵族也提供津贴，使李斯特能够继续深造。

李斯特的初恋情人是他的学生莉莲。两个年轻人在钢琴的乐曲中，心往一块儿靠拢。莉莲的母亲伯爵夫人暗自支持他们，但随着伯爵夫人的去世，伯爵强行把他们拆散。失恋的痛苦，让李斯特想到了自杀。

1821年，李斯特随家迁往维也纳。移居维也纳后，李斯特以自己精湛的技艺，打动了贝多芬的学生——钢琴家车尔尼先生，成为他的弟子。李斯特的天分使他很快闻名遐迩。人们不仅公认他是出色的演奏家，而且还是名副其实的作曲家。李斯特在老师及其朋友的帮助下，开了一场音乐会，大获成功。就连一向对神童抱有偏见的贝多芬也激动得与他拥抱，称赞道："有朝一日，你会成为真正的音乐家。"

贝多芬的这番嘉奖，是李斯特童年时代最珍贵的记忆之一，另外还有卡洛琳的微笑。卡洛琳是个美貌的女歌手，年龄几乎比他大一倍。音乐会闭幕后，她紧紧握住李斯特的手。她的手是如此细腻温暖、令人心情激动，她那炽热、美丽的眼睛使李斯特久久不能忘怀。第二天，卡洛琳离开维也纳到米兰学习音乐去了，李斯特在很长一段时间里，对她的微笑仍然念念不忘。在孩提时代，李斯特就已经感觉到，除了对音乐的痴迷，美女的微笑也是世界上最不可抗拒的东西。

李斯特在维也纳、普莱斯布格和布达佩斯举办了许多场音乐会，被邀到名门贵族的府第做客，奉承、宠爱、饰物、金币开始围绕着他。人们称“这孩子弹得跟莫扎特一样精彩”。女人开始聚集在他的周围，那些漂亮苗条的、涂脂抹粉的“精灵们”，已经从李斯特逐渐消失的童颜中，看出了一个男子汉的面庞：一张强有力的、将来既会发号施令又会巧言献媚的嘴巴，一个线条优美的鹰钩鼻和一双现在就闪烁着征服者光芒的眼睛。

经过一段时间的授课，老师车尔尼表示，他没有更多的东西能教给李斯特了。他对这个11岁的学生说：“目前在欧洲，只有3个钢琴家比你强——莫歇莱斯、亨麦尔和门德尔松。到巴黎音乐学院去学几年，你会比他们都强。”

1823年9月20日，李斯特一家离开维也纳来到巴黎。然而，李斯特无法进入音乐学院，因为学院只接收法国学生。他成了巴埃尔的弟子，在他的指导下向着演奏技巧的顶峰跃进并师从萨列里学作曲。1823年至1835年，李斯特在巴黎和音乐家肖邦、柏辽兹、帕格尼尼等交往，深受他们的影响，向往着用艺术改造世界。

李斯特虽然还是孩子，但他不能像其他孩子一样尽情地玩耍，只有更多的工作、更多的音乐会、更多的荣誉在等待着他。他和父亲到过欧洲各地，却从没有游览过一处名胜古迹，而是从车厢到旅馆，从旅馆到音乐厅，从音乐厅到另一节车厢。

李斯特虽然外表还很纤弱，但体质很好，倒是他的父亲先病倒了。1827年8月24日，亚当·李斯特离开了人世。临死前，他抓住儿子的手说：“继续搞你的音乐。要当心女人！不要让她们驾驭你的生活。”

那时，李斯特刚满16岁，父亲的去世使他一夜之间变得坚强起来，成为了一个男子汉。他到处宣告，暂时不再举行音乐会，他想教授学生音乐，边教边学边提高。

李斯特正在迅速成长。他在教别人的时候，总想教得同别人教他的不一样；他在演奏的时候，总想演奏得同自己过去演奏的不一样。他努力想把自己培养成一种人：同自己过去不一样的人。

英国派驻法国的大使格兰威尔对李斯特极为推崇。在他的推荐下，李斯特成了法国工业和商业部长圣·克里克伯爵的女儿——莉莲的教师。几个月来，李斯特已经为自己勾画了一个理想中的伴侣的轮廓：带酒窝的小脸，好奇的大眼睛，苗条的身材，她既不是小女孩，也还不是成年妇女。当莉莲站在他的面前时，李斯特发现圣·克里克小姐的头发比想象中稍黑一点，体型也略微丰满一些，目光显得更为明亮。李斯特不由自主地叹了一口气："这就是她……"两个年轻人彼此一见钟情。

莉莲学习勤奋，李斯特教得认真。他不断想出一些新点子，增添讲课的吸引力。莉莲的母亲患心脏病已有10年。按照当时社会上的规矩，她每堂课都得在场。她不仅观察他们如何上课，也注意到金黄头发和褐色头发如何靠近在一起，通过令人动心的音乐语言交流思想。她发现两人每次会见都是那么紧张激动，似乎已经在体验爱情的冒险和幸福。

伯爵夫人由于身体不好，几乎与世隔绝，平时总是躲在小说和诗歌的幻想王国中，因此特别喜欢一些浪漫主义的想法：如果两个年轻人真诚相爱，并且能够克服社会地位不同所造成的困难，他们就可能找到真正的幸福。

有一天，伯爵夫人没有来听课。她病倒了，呼吸很困难。伯爵隐约听到夫人在讲一件同莉莲和青年教师有关的什么事，提到"幸福"，还说什么"我不曾享有过它，希望……"所有这些话没能引起伯爵的注意。当晚，伯爵夫人就去世了。

丧礼后，李斯特来到伯爵家，但门房遵照伯爵的吩咐，不让任何人进门。李斯特平时就是一个富于幻想的人，现在自然想得更多了。他回想起同莉莲一起度过的幸福时光：每一个细小的动作，比如两手相碰，目光相遇，心照不宣的相许，以及伯爵夫人暗示同意两个孩子得到幸福的微笑，现在都特别值得怀念。

李斯特每天都到伯爵家里去，但总是遭到头戴皮帽、态度凶恶的门房的回绝。后来好不容易才收到莉莲的一张纸条：“下午六时等您来。”他们在音乐厅里面对面地看着对方。过去的几个星期好似从姑娘的脸上撕下了一层看不见的面纱。她已经从小姑娘变成了成年女子，在褐色的大眼睛中，有一种新的光芒。这不再是幻想，而是真正的爱情。小嘴角上不久前还是孩子般的酒窝，现在已经不太明显了，代替它的是一种坚强的表情。这是天真无邪到迅速成熟、孩子的胆怯到热恋女子的勇敢的奇妙结合。她说：“你以后每天都可以来。”

他们天天都在一起，参观每一个房间，却没有遇到过任何人。李斯特心里有点儿害怕，认为两人在一起待一两个小时就行了。但莉莲不同意，表现出圣·克里克家的坚强意志，永远不满足两人在一起度过的幸福时光：“你就待在这里吧，不管是早晨、中午还是晚上！”他们交换了戒指，上面刻着三个字：等着你。

恋人是没有时间感的。有时一分钟像几个小时，有时几天又是一瞬间，所以李斯特常常到了半夜才想到回家。门房没有说什么，他还指望李斯特能够赏给丰厚的小费。恋爱中的人哪里顾得上这些呢？他们的眼中只有对方。门房想到了报复——向伯爵汇报。

伯爵立即作出决定，把女儿送走，让她与道蒂高克斯伯爵订婚。莉莲没有哭，也没有嚷，甚至没有争辩，因为她知道反抗毫无用处。第二天，李斯特被请到伯爵的办公室。李斯特极力证明自己与莉莲是真心相爱，但伯爵克制着自己，有礼貌地说道：“在我们家里，还没有人同底层社会的人结过婚。我们必须完整无缺地保持我家从圣路易时代传下来的贵族爵位。”

李斯特放弃了所有的教学工作。他曾经试图自杀，并在痛苦中拜读拜伦和伏尔泰的作品，躺在床上考虑隐居修道院和当牧师的问题。他越是仔细地回想过去，就越是肯定地认为，所有这一切只不过是一场戏，他不能脱离世界、音乐、人们、母亲、生活和巴黎。

渐渐地李斯特将莉莲忘到了脑后，他又发现了其他漂亮的面孔和诱人的眼睛。他的创伤治愈了，又恢复了以前的活力。只是偶尔想到莉莲，他的心还会撕裂般地剧痛，他毕竟付出了自己的真情。

李斯特不想使深爱他的妈妈失望，全身心地投入到音乐中去。他发现以前学过的东西过时了，只有摆脱一切自我束缚、陈旧传统、学究习气和胆小怕事，才会真正自由，才会有所突破，有所创造。

李斯特的迷人魅力使许多贵妇人神魂颠倒，她们像他采集的香花一样使他陶醉。侯爵夫人奥黛尔用狂热的爱将李斯特融化。而他最想征服的女人是美丽、孤傲的玛丽·道格尔特伯爵夫人，他终于如愿以偿。

才华横溢、英俊潇洒的李斯特以一副迷人的宠儿姿态出现在法国沙龙里。他别出心裁的手指表演，并在演出时不再站在钢琴前面对着观众或背对着观众，而采取了更有效果的坐姿。这种姿态显出了演奏者轮廓清晰的侧面像，使人联想起但丁式的人物。他俯身在琴键上，时而雷鸣轰隆，时而爱语絮絮，时而面带梦幻般的微笑，时而悲恸欲绝。他的个性魅力使许多贵妇人神魂颠倒，他成了最伟大的钢琴家和引人注目的节目主持人之一。人们称他是“音乐之神阿波罗”“酒神马克斯”，是巴黎最美丽的少妇们的勾引者与上钩者。卡米尔·普莱耶、普拉泰伯爵夫人、迪拉斯公主、乔治·桑、贝尔乔约公主，一个个为他着迷，投入了他的怀抱。她们像他采集的香花一样使他陶醉。

李斯特成了巴黎最英俊的男子，世界上最伟大的钢琴家。人们给予他极高的评价。女人的崇拜毁了他的品行，但没有毁了他的音乐，他的音乐天赋像是一朵罕见的美丽之花。他的艺术才华不仅吸引了最有魅力的妇女，也吸引了巴黎最有才华的男士——海涅、雨果、门德尔松、肖邦。李斯特所到之处，音乐像美酒般地流淌，他永远在寻求新的胜利和新的奇遇。

一天晚上，李斯特在瓦洛侯爵家中演奏，注意到一个金发碧眼的女人。她有着柔嫩的皮肤、苗条的身材、优雅的仪态。在众多的贵妇人中，她显得格外光艳照人。她就是巴黎最动人、最聪明、最美丽、最孤傲的玛丽·道格尔特伯爵夫人。玛丽13岁时便出落成一个美丽的小姑娘，由于行为过分自由放纵，被家人送进修道院。18岁时，她与比自己大23岁的道格尔特伯爵结婚，成为当时巴黎社交界的名人。

海涅告诉李斯特，这个女人是不可征服的，因为她的心包在几英寸厚的冰层里。李斯特不在意这些。他发现了新的目标，坚信一定会得到她。他一边和玛丽谈着话，一边观察她的反应。他不禁怀疑在冰冷的外表包裹下，内心是否蕴藏着火山般的热情。

李斯特还没有来得及施展他的魅力，就被另一个贵妇人奥黛尔俘虏了。奥黛尔二十几岁，年轻热情，魅力无穷，有一个极为富有、高贵的丈夫——劳帕鲁纳蕾德侯爵。

奥黛尔狂热地爱恋着李斯特，这在她一生中还从没有过。这不能不使整个巴黎感到震动。她一心想得到这个漂亮青年，根本不顾忌男女仆人，更不顾忌她的丈夫。她再也不摆架子了，不再傲慢地翘起小鼻子。奥黛尔天天请李斯特吃饭，含着眼泪坦率地承认，她感兴趣的不是钢琴艺术家和作曲家，而是令人着迷的男人。她每天都找一个理由给李斯特写信，并送去书、花、乐谱、领带、文具以及其他“信手拈来”的东西。

有一天，奥黛尔派人来请李斯特参加第二天的围猎活动，李斯特拒绝了。奥黛尔亲自赶来。她哭泣、恳求、劝说，深情的哀诉，使李斯特再也讲不出任何理由。

奥黛尔的丈夫也参加了此次围猎活动。李斯特本想第二天就返回巴黎，但是一场大雪使得奥黛尔家坐落在森林的别墅与世隔绝了。扫雪开路至少需要一个星期的时间。李斯特不得已在那里住了下来。

漆黑的夜里，奥黛尔溜进了李斯特的房间。李斯特的各种托词，什么怕她的丈夫发现，怕仆人突然出现，等等，全是白费口舌。奥黛尔热情似火，欲望炽烈，腰软如柳条。面对奥黛尔的投怀送抱，面对奥黛尔疯狂的主动，李斯特觉得自己就要爆炸了。

第二天，李斯特老是观察别人的表情，没有发现什么异样。奥黛尔毫不掩饰，含情脉脉地盯着李斯特。李斯特真想马上离去，但又一场大雪使他的想法落空，这正合了奥黛尔的意，她岂能将轻易到手的美男送出。

等李斯特回到巴黎，差不多已经过了一个月。桌子上放着玛丽的请帖，好在时间还没有过期。李斯特参加了玛丽举办的晚会，也找时间与玛丽进行了私人谈话。

玛丽悄声说道："好久没有看见您了，听说您在乡下，度过了一段愉快的美好时光。"

李斯特脸微微一红说道："好久没有来看您，我深感惭愧。那次晚会之后，我就想来看您，只是有事耽搁了。"

下一次的会见在两人生活中是重要转折点。道格尔特家举行晚会，李斯特收到了请帖，信的右下角只有两个字：玛丽。在晚会上，玛丽向他倾诉婚姻的不美满。李斯特竭力安慰女主人，并借机表达了自己的感情。

女人是敏感的。奥黛尔很快便听说了此事，她大哭大闹了一场，不断地指责李斯特是个没有良心、没有感情、没有灵魂、忘恩负义的叛徒，甚至说李斯特只是想侮辱她，占有她，毁坏她，然后再去找新的不幸的女人。她完全忘记了一切都是在她主动进攻下完成的。

李斯特为奥黛尔的事十分烦恼。他从来没有喜欢过奥黛尔，只是因为她缠得过紧，无法脱身。好在奥黛尔又找了一个公爵作情人。她的丈夫快60岁了，据说身有重病。她需要一个在地位和财产上，都能使她更上一层楼的第二任丈夫。

这时李斯特全部注意力和时间都放在玛丽身上。他们每天书信往来，李斯特还经常陪玛丽上街采购。玛丽提出想认识和拜访李斯特的母亲。李斯特觉得自己该冷静下来了。1834年4月12日，他躲进了布利塔格山的一个小村庄，住在一个神父家里。

李斯特向神父忏悔："实际上，我从第一次见面就怕她，也是从第一次见面就开始爱她。我是个好虚荣的人，而玛丽是个比我强的击剑手，她很快就找到了我的这个致命弱点。她很少称赞我，甚至不认为我是个伟大的艺术家。如果我引用错了一句话，她马上给我纠正，每一次都像是给我一记耳光。我不想再去她家了，结果发生了任何男人都无法抗拒的事。她哭了，看着我说：'您现在像兄弟一样吻我的额头和脸吧，我非常需要您。'可是事实上，那已经远远不是兄弟姐妹之间的亲昵，而是疯狂的、令人头昏目眩的拥抱。"

见神父毫无表情，李斯特又接着说下去："我们发誓不再这样了，可是总在找借口使我们单独在一起。我提出一起私奔，玛丽却畏缩起来。她说她已经是两个孩子的母亲，还想保住她的社会地位。如果她像巴黎贫民窟的小妞那样和男人私奔，人们会怎样议论？她也不想同我结婚，认为道格尔特夫人一下子变成弗兰茨·李斯特夫人，该是多么滑稽。我本能地感觉这是在玩游戏，我不想参加了。"

忏悔一直持续到深夜，神父没插一句话。李斯特一再表示："我想过纯洁的生活。"神父答道："纯洁的生活要靠自己来创造。"

忏悔后，李斯特的心情平静了许多。他全身心地创作《里昂》。这时，他收到一张纸条："我需要您！玛丽。"神父没有留他，也知道留不住他。一行字的小条子一下子毁掉了神父和李斯特辛辛苦苦建立起来的一切。他们本来以为已经为思想和信仰建造了最坚固的、任何女人的力量也摧不垮的"堡垒"。

李斯特马上收拾行装，第二天就站在了玛丽面前。原来玛丽最钟爱的小女儿病倒了。玛丽说道："我需要你站在我的身边。因为我孤单单一个人，没有任何依靠，实在受不了周围环境的压力。他们都认为我犯了上帝不能饶恕的罪，所以惩罚在孩子身上。"李斯特紧紧地搂住玛丽，说了无数甜蜜的话，玛丽最终破涕为笑了。

一个星期后，孩子似乎康复了。李斯特和玛丽重新恢复了过去的关系。但是不久，孩子旧病复发夭折了。玛丽在给李斯特的信中倾诉了她的哀伤："我在寻找一只足以安慰我的手，那只手是你的……我对你一往情深，愿上帝饶恕我犯下的这种罪行。"

李斯特却答复说："你使得我如此骄傲……但现在不是时候……听听你女儿的话吧。她在天上为你祝福，给你安慰。"

在短暂的悲痛之后，玛丽提出要与李斯特一起私奔。李斯特犹豫一下便答应了。李斯特的母亲安娜没有哭泣，没有悲伤，她用巨大的毅力克制着自己。玛丽比李斯特大5岁，她这样不顾羞耻地抛弃家庭，将来会遭到社会的谴责，说不定还会连累李斯特。但是安娜什么也没说，因为她冷静地看到，李斯特一定会同意和她一起。

李斯特和玛丽私奔到瑞士同居，他们为了爱情抛弃了一切，玛丽甚至失去了财产继承权。他们爱的结晶是有了3个孩子。两个人的甜蜜总是短暂的，继而是无休止的争吵。玛丽的失落和忌妒，埋下了分裂的种子。

1835年，李斯特和玛丽来到瑞士，在日内瓦定居下来。当时，李斯特23岁，玛丽28岁。消息传到巴黎，玛丽的丈夫耸耸肩："我受得了，没有什么了不起的。"他宣布同玛丽脱离关系。这不仅是道义上的谴责，而且从法律上剥夺了她的一切财产继承权。玛丽对这一切毫不在乎，只要能与李斯特在一起，她就十分知足了。

二十多年来，李斯特一直过着紧张的生活，此时总算找到了宁静，过起了田园般的生活。他开始静下心来，著名的《旅游岁月》钢琴集就是那时开始创作的。但这种平静的生活不久就被打乱了。玛丽变得格外好吃醋。随着李斯特漂亮女学生的增加，这种忌妒心理越来越严重。李斯特总是对玛丽很顺从，因为玛丽怀孕了。这个曾经被整个巴黎娇惯的美丽女人，现在只能躺在干净整齐但又无限凄凉孤独的房间里。李斯特十分体谅她的心境。

1835年12月18日，两人的第一个女儿出生了。他们给孩子取的教名是布兰丁。他刚刚25岁，却已经是一个孩子的父亲。他能够有胆量冲破一切阻挠，同他过去的生活决裂。李斯特注意到巴黎的音乐有了新进展，他怕被时代抛在后边。在玛丽的同意下，他回到巴黎，这一去就是很长时间。

虽然李斯特在巴黎时，几乎每天都给玛丽写信，但是他一回来，两人就爆发了第一次激烈的冲突。玛丽严厉地指责李斯特，说自己住的是监狱，是日内瓦的封锁区。她已经清醒过来，发现自己失去了一切东西——华丽的晚会、上层社会的交往、高级服装和香水……李斯特却把她一个人抛下，在外面四处漫游。她想不明白自己怎么会跟他私奔，并且为他生下孩子，为他忍受如此大的耻辱。

玛丽本想略微惩罚一下这个迟迟不归的情人，但越说越生气，越说越委屈，最后变得十分绝望。看着玛丽，李斯特一言不发，他不明白一个十分温柔高贵的女人怎么会变成这样。

过了几天，玛丽痛苦地对李斯特说："你应该明白，这样下去我受不了，让我们现在就分手吧。现在分手还是时候，还不会因此而相互仇恨和蔑视。"但不久玛丽就后悔了，取消了自己说过的话。

李斯特和玛丽此后总是这样，像小孩子似的不负责任。1836 年 6 月，李斯特在给母亲的信中写道："我想重返巴黎同您一起生活。母亲是任何人都不能替代的，您对我来说是何等重要。离开您那么遥远，我怎么能幸福呢？如果一切事情都像我希望的那样，我将会得到自由。那时我就可以把我的一生献给您……"李斯特已经厌倦玛丽了。

1836 年 12 月，李斯特重新出现在巴黎，举办了音乐会。他完全陶醉于音乐之中，不断向后甩他的长发。他的嘴角露出胜利的微笑，眼睛闪闪发光，苍白的脸因为内心的激情变得红润。李斯特重新获得了听众，赢回了昔日的荣誉。他的额头上印有一个标记，凡是走近他的人都不会怀疑这个标记：奇才。

玛丽依然不放心李斯特。她开始忌妒起乔治·桑来。玛丽曾经是乔治·桑的朋友，她知道李斯特和乔治·桑的爱情关系——两个人曾一起在瑞士共同生活了一个夏天，后来因故不欢而散。虽然乔治·桑现在有了肖邦，但仍然关心李斯特。玛丽担心乔治·桑把李斯特夺回去，乔治·桑对男人的杀伤力，就是她有独特的魅力。玛丽哭着对李斯特说："我绝不把你让给任何人！你是我的。"

为了使玛丽不再疑心乔治·桑，李斯特带着她和孩子到了意大利。1837 年，他们的第二个女儿科西玛出生了。因为他们没有正式结婚，孩子没有合法身份。李斯特深感到自己和孩子没有一个完整家庭的苦楚。唯一值得安慰的是，玛丽还像从前那样美丽。在街上，人们一见到她，都要一再回头，在她背后窃窃议论。玛丽的情绪也好些了，好像放弃了女王的骄横傲慢，变得近人情了。

一天清晨，李斯特写了一首诗，偷偷放在玛丽的桌上：

没有战争，但也找不到和平，
满怀希望，可又害怕，心里在燃烧，身上却冷得要命，
我正飞向天空，但人体还在地上，
我拥抱着整个世界，但又穷困赤贫。

阿摩尔没有把我关起来，可又不让我解脱，
她不认为我是她的，但又不愿把我放开，
她没有杀我，但也不给我自由，
我既做不了活人，当死人也不自在。

我看得见，可是没有眼睛，我能说话，但是没有舌头，
我想去死，不过还是愿人帮我活下去，
我喜欢别人，同时又爱自夸。

我的灵魂既欢笑又悲啼，
我害怕死亡，也害怕生命，
亲爱的，我就这样成了你的，永远属于你。

他等待着玛丽的反应。玛丽发现了诗后，用两臂抱住李斯特的脖子，哭泣起来："这首诗真的是给我的吗？"

李斯特面带微笑答道："是的。"他们紧紧拥抱在一起，一种甜蜜的温情在两人的心头重新升起。

每天都有许多朋友来看望李斯特，他把所有的时间花在了朋友身上。玛丽生气了，又开始家常便饭式的吵架，并且极力地挖苦李斯特的朋友。1839 年 5 月，他们唯一的男孩达尼埃尔出生了，可是李斯特已经对他的情人没有丝毫兴趣了。玛丽抱怨他们住的地方太脏，伙食太差，骂李斯特的朋友。她那些尖酸刻薄的语言，让李斯特忍无可忍，他们大吵了一架。玛

丽一气之下，带着3个孩子离开了他。

1840年5月，李斯特到了伦敦，受到女王陛下的热情接待。玛丽带着孩子又出现了。她理直气壮地说道：“我知道，如果他单独一人在世界上流浪，他吸引美丽的孤单女人和罗曼蒂克的姑娘的目光，是有好处的。可是我的艺术家是有家的人，他有情人和3个孩子，他不应该忘掉我们。如果他真的忘掉我们，我们就不得不来恢复他的记忆。”

虽然李斯特并没有原谅玛丽，但到晚上，他们又融为一体了。玛丽笑着说：“在我离开你的这段日子里，我想知道女人是怎么瓜分你的？听说你同女钢琴家卡米尔·普莱耶尔关系密切，和雷维茨基·希多妮亚女伯爵也是好朋友。”李斯特竭力为自己辩解。玛丽微笑不语，她已不想过多深究了。

李斯特并不希望玛丽与他一起生活，想办法让玛丽带着孩子到了乡下。不久玛丽来信提出分手，要求重新获得自由。李斯特在回信中写道：

我必须坦率地回答：您是我3个孩子的母亲。我愿意与您同甘共苦，风雨同舟。我如果说，您走吧，那我将是世界上最坏的男人。但是如果您为了追求更美好的生活、更有希望的未来和幸福的婚姻而自己想走，而我又强拖住您，那我也会成为可笑的、没有骨气的人……亲爱的玛丽，您自己拿主意吧。

玛丽去多佛尔前，带着孩子来与李斯特告别。她长时间、热烈地吻了李斯特，激动地说道：“如果我们能够一起安静地度过几个月，我们之间就不会有任何问题了……可您是一只流浪鸟，在世界上到处乱飞，而我却被关在巴黎的牢笼里。当我们好不容易团聚在一起的时候，又总是相互指责。”玛丽低声哭起来，最后，她轻声问道：“我已经好久没有问过您了，还有些爱我吗？”李斯特没有回答，而是紧紧抱住玛丽和3个孩子。

李斯特在艺术道路上并不顺利，许多朋友离开了他，连海涅也在报纸上发表攻击李斯特的文章。巴黎抛弃了他们忠实的儿子李斯特。玛丽重新回到李斯特的身边，并提议到莱茵河边的一个小岛上去度假。就这样，李斯特带着玛丽和3个孩子以及自己的一个朋友——李克诺夫斯基公爵到了诺南维尔斯。

李克诺夫斯基公爵有时教3个孩子玩一些野蛮的战斗游戏，有时直率而厚颜地向玛丽献殷勤。玛丽觉得十分快乐，对李斯特说道："公爵是真正的贵族，温文尔雅，彬彬有礼。他还能发现我的美貌。"李克诺夫斯基公爵写情诗给玛丽，李斯特带着宽恕的微笑朗诵他的诗，还把它们谱写成曲子。

在李斯特和玛丽之间，爱情再也不像过去那样炽热发光，但是有时也能爆发出一点火花。这时，玛丽表现得很亲切，自愿充当李斯特的工作助手，在美丽宁静的夏夜，为李斯特朗诵德国诗人的诗，因为李斯特的创作灵感经常来自于德国诗人的诗歌。

李斯特同玛丽和3个孩子一起在诺南维尔斯度过了3个夏天。粗暴无理的侮辱、毫无理由的责难、朋友的背离和敌对，逐渐把他磨炼成为一个坚毅刚强的男子汉。

李斯特总在不停地征服女人，并且为这些征服感到愉快。红发美人玛丽·卡莱尔吉斯夫人、舞蹈演员罗劳·蒙代茨主动征服了李斯特。即使与玛丽到了分手的边缘，他还是指望重归于好。但这只是他的一厢情愿。

李斯特的音乐即使不是最深沉的，也是最迷人的。他让愁苦在听众喝彩的美酒中淹没，让烦闷在巴黎、伦敦、维也纳、匹兹堡、慕尼黑、布达佩斯的美女的怀抱中驱散。现在，他又来到了圣彼得堡，获得皮肤洁白如玉的红发美人——玛丽·卡莱尔吉斯夫人的青睐。

这位红发美女曾经得到缪塞、拉马丁、海涅、巴尔扎克、肖邦和雨果乃至沙皇的爱慕。可是李斯特的出现，使得一切都改变了，不再是别人为她感到热血沸腾，而是她在极力追求这位英俊倜傥的匈牙利人。

据说卡莱尔吉斯夫人曾对沙皇说道："明天我想在国家剧院见到陛下。"沙皇听后，脸色顿变，气哼哼地说道："难道您要我去对这个年轻人表示敬意吗?"美人不慌不忙地答道："不是对他表示敬意，而是使我幸福。"

李斯特的演奏中有了一种新的调子——痛苦、蔑视、与世间的虚伪浮夸相抗衡的调子。他不信任任何人，不向任何人卑躬屈膝，即使对于君主也不例外。沙皇请他到宫廷中演奏。在音乐会进行的时候，一阵低低的谈话声干扰了他。他抬头一看，沙皇正在对副官讲话，没有专心听他的音乐。李斯特立即停止了演奏，说道："在沙皇陛下讲话的时候，音乐家的职责就是保持沉默。"

第二天，沙皇派了一个将军前来兴师问罪。此人粗暴地侮辱李斯特说："请告诉我，你当过兵吗？"

李斯特轻蔑地回答道："没有。你开过音乐会吗？"李斯特丝毫不知道，他已经种下了祸根，并使他最终没有得到幸福。

李斯特总在不停地征服女人，并且为这些征服感到愉快，可等他回到巴黎，却发现玛丽也有了新情人——诗人隆豪德。李斯特带着醋意告诫玛丽："如果您真要爱一个人，希望不是为了报复，不是为了惩罚我。"

1842 年 11 月，李斯特在前往柏林举办音乐会的路上，狂热地想念起玛丽来。他同玛丽已经断绝了一百次关系，但最后总还是能弥合在一起。他越发觉得无法离开玛丽，于是在摇晃不定的马车上，给玛丽写了一封最热烈和最痛苦的情书：

早晨阴沉，寒冷。我唯一的光芒，唯一的温暖和唯一的生活源泉就是想念你，玛丽……

我什么也想不起来。如果有一天，我看到您会因为同我一起生活而感到幸福，我将马上丢掉我的装腔作势和徒劳无益的工作，就像丢掉一件破外套一样。我承认，我不相信我能使您生活幸福，因此我只好选择流浪生活……

我的身体很结实。我的道德力量和为人性格经受了锻炼。我们也许还能得到幸福，实现心灵中的理想？我无法回答这个问题，应该由您来作决定！

过了几天，他又写了一封信：

您能跟我一起走吗？……我希望您同我一起去匈牙利，行吗？我不愿听到您否定的回答。我要很快结束我的流浪生活。匈牙利是我自然的和必然的归宿……我希望将来能和您一起在匈牙利度过我的余年。

玛丽没有回信。生气了？爱情的火焰完全熄灭了？还是与新欢过得十分愉快？答案只有一个：玛丽不愿意离开巴黎，不愿意离开自己踩出来的生活道路；玛丽不相信李斯特会放弃艺术家生活、演奏台和无数的金钱，并且认为去匈牙利安家是一种病态心理，愚昧无知。有谁能知道他并不爱金钱，他到处流浪，举办音乐会，只是为了3个孩子，为了保证3个孩子将来的生活。李斯特陷入一种不为人理解的痛苦之中。玛丽对李斯特的生活发展，起到过很重要的作用。两个人曾有五六年的恩爱生活，如今却反目成仇。

在德累斯顿举行的一场音乐会结束之后，一个女人闯进了演员化妆室。她一进门就跪在李斯特的面前，抱住他的双腿，把美丽的面庞贴在他的怀里，悲伤地哭了起来："上帝把你带来了，使我终于也能有几分钟的幸福时光。"

这个女人就是舞蹈演员罗劳·蒙代茨。她简直是爱神维纳斯再现。李斯特从来没有见过这么漂亮的女人，就是当年的玛丽也无法同她相比。她具有无限的诱惑力，既有能吸引男人眼睛的风韵，又有精美塑像般的窈窕身躯，头发浓密而又蓬松，充满着电磁般的吸引力。

哪个男人能够抗拒得了这样美丽女人的进攻呢？晚上，他们一起吃饭，一起度过良宵。李斯特感到他不是和一个女人而是和发狂的海洋在一起。

罗劳不是娴静温柔地爱李斯特，而是大叫大骂，甚至动手打人。她不许李斯特看任何女人，不管是女厨师、女公爵、女演员还是女商贩。在这场爱情冒险中，征服者是罗劳，被征服者是李斯特。

李斯特离开德累斯顿之前，偷偷地反锁房门，把钥匙交给门房，并且给了他10个金币："朋友，看在上帝的份上，绝对不要让那个漂亮的女人出来，不管她怎么叫喊。只有这样，我才能摆脱她。”

1846年，李斯特回到巴黎后，见到了玛丽。玛丽清醒冷静、准确无误地罗列了李斯特的全部“罪行”。她认为这都是公开的、让人耻笑的丑行，她已经无法再忍气吞声，他们必须彻底分手。李斯特极力想挽救他们的关系，但玛丽的态度异常坚定。他们商量了3个孩子的安排问题。李斯特最后对玛丽说道：“如果将来还需要我，我任何时候都会和您在一起。”从此，玛丽告别了和李斯特的爱情生活，后来她以笔名达妮儿·史丹，发表了一部自传体小说《奈尼达》，在小说中把李斯特作为讽刺的对象。

李斯特又开始了他颠沛流离的生活。当到达波城时，他的心跳加快了，这是他的初恋情人莉莲居住的地方。音乐会结束后，他面前出现了一张十分熟悉而又是那么陌生的脸——莉莲。她才30岁，但头发几乎全白了，有着老妇人一般的眼神。

李斯特为莉莲演奏了两首古老的法国歌曲，作为赠给他早年学生和情侣的纪念。另外，他还给自己写了一首诗：

青春的遗嘱

我愿像阳光一样离开人间，
剩下的只是黄昏时晚霞的一现，
这样结束生命该是多么愉快，
请让我默默走进黑暗无边的深渊。

1845年8月，李斯特在科恩参加贝多芬的纪念活动时病倒了。一个女人悄悄地来到了他的身边，为他煮茶，收拾房间，既慈爱又严格地喂他吃药，然后坐在床边给他读报纸。她就是红发美女——玛丽·卡莱尔吉斯夫人。她自认是李斯特的朋友、护士、情人和亲信。李斯特连手都抬不起来，只好用眼睛来“抚摸”她。

卡莱尔吉斯夫人听着李斯特的忏悔：“我必须抛弃这种生活方式……我也想抛弃这种生活，但是我心底深处有另一种力量在催促我——继续干下去吧！继续飞吧！流浪鸟的生活是非常美好的……”

李斯特与卡罗琳的相遇是他音乐生涯的转折点。卡罗琳为了爱情逃离俄国，到魏玛与李斯特同居，并影响他放弃演奏而专心创作。李斯特进入一生中的创作高潮期。他们的婚姻遭到沙皇和教皇的阻挠，始终未能如愿。

待李斯特痊愈后，他又开始了流浪。1847 年 2 月，李斯特二度赴俄演出，在基辅演出时，一个贵妇人用一千卢布买了张门票。出于礼貌，李斯特去拜访她。这个公爵夫人叫萨伊·维特根斯坦·卡罗琳，父亲是波兰地主。她家财万贯，在她的领地上有 3 万农奴，16 岁时嫁到了俄国，人称卡罗琳公主。丈夫萨伊·维特根斯坦公爵是德国人的后代，现为沙皇宫中的宠臣。沙皇并不喜欢卡罗琳，因为她是坚定的波兰爱国主义者。公爵虽已与卡罗琳分居，但仍要由富裕的妻子供养，从她那里领取赡养费。他们勉强维持着婚姻关系，但他们的女儿从来没有见过自己的父亲。

卡罗琳时年 28 岁，李斯特时年 36 岁。他们的相遇好像是上帝的安排。这时卡罗琳已与比她年长得多的丈夫分居，她的身上没有什么枷锁。卡罗琳十分聪慧，学识渊博，是个很了不起的女人。她有三种强烈的爱好——文学、音乐和宗教，尤其对宗教有着狂热的痴爱，是一个虔诚无比的天主教教徒。同时，她有着非凡的洞察力和极高的才智，除母语波兰语之外，还能熟练运用拉丁语、希腊语、法语、英语、德语、俄语，并经常帮助那些缺吃少穿的农奴。

李斯特一见到卡罗琳就被征服了。他欣赏她那丰富的学识，敏锐的艺术鉴赏力和优雅的风度。他对卡罗琳说道："也许我能帮助您开始一种新的生活。"卡罗琳也极为欣赏饱学的艺术家，完全被李斯特横溢的才华、潇洒的风度迷住了，她立即回答说："您是我唯一能够共同开始新生活的人。"

在一段频繁的交往后，他们俩终于相爱了。这是一种相互敬佩和相互理解的爱，就像打铁一样，铁锤打在通红的铁上，溅起的火花相互撞击，两人的思想总是在不断互相启发，不断碰撞，话题越谈越深。李斯特曾在给朋友的一封信中写道："为了同卡罗琳公主谈几个小时的话，我愿意多走成百上千公里的路。"

李斯特在俄国的那些演出，卡罗琳几乎每场必到，成为李斯特音乐的崇拜者。她性情冷静，才气横溢，对李斯特的爱深沉而持久。在她的说服和鼓励下，李斯特放弃颠沛的演奏生活，安心转向音乐的创作事业。1847年10月，李斯特在叶利查维特格勒举行了他旅行演奏生涯中最后一次公开音乐会，结束了他近10年的辉煌演出生涯，转入一生中更为重要的创作生涯。那些别具意义的交响诗就是这时开始尝试创作的。

李斯特对卡罗琳也是爱意浓浓，在给她的一封信中写道：

卡罗琳，请您相信，我将像罗密欧一样傻，如果我们认为他做的事是傻事的话……我要为您歌唱，只爱您，为您找寻欢乐。我要使您的生活变得更美好。有了您，通过您，为了您，我才相信爱情。没有这种爱情，我再也不需要地，也不再需要天。我唯一的、光荣的情人，让我们相互爱着吧！我向上帝、向救世主耶稣发誓，任何人也不能拆散上帝安排在一起生活的情侣。

卡罗琳为了和李斯特同居，不惜抛弃丈夫和3万农奴的领地。维特根斯坦家族为了抢夺卡罗琳的巨额财产，打算把她关进寺院，借口是她有神经病。卡罗琳不得不变卖一切可以变卖的东西，并遗留下大量财产，带着女儿玛格尼逃离了沙俄，经过千辛万苦，在李斯特居住的魏玛隐居下来，开始了两人的同居生活。这段感情一直持续到李斯特去世，尽管其间李斯特也曾和其他女性有过各种感情上的纠葛，但在感情深处，他一直忠实于卡罗琳，从未有过离开她的想法。

李斯特从1848年和卡罗琳同居以后，音乐创作进入了一个巅峰期。他担任了魏玛公国宫廷乐长和乐队指挥的职务。在李斯特的努力下，小小的魏玛逐渐成为全欧洲的一个音乐中心，吸引了不少国外音乐家和各种艺术流派的人。1854年，李斯特把一些和他志同道合的音乐家组织起来，成立了"新魏玛协会"。1861年他又进一步成立了"全德音乐家协会"。

1848年至1861年，成为李斯特一生中最重要的时期，他的创作才能在这段时间里得到了充分的展示。他把对人生的看法和追求，对祖国、民族的热爱及对饱受灾难之苦的民众的同情都浓缩在他的创作中。他首创了"交响诗"这一音乐体裁，一生中创作的13首交响诗，有12首是这个时期完成的。如《前奏曲》《塔索》《普罗米修斯》《英雄的葬礼》《匈牙利》《但丁交响曲》《浮士德交响曲》《匈牙利狂想曲》等。这些作品从各个不同的侧面反映了他的心声，从中你可以听出他对人生的思索，对英雄人物的讴歌，对祖国民族的赞颂，对未来美好生活的向往。可以说，李斯特音乐创作的黄金季节，是与卡罗琳的影响和支持分不开的。他们试图把同居变成婚姻，外界的干扰和破坏使他们不能如愿。

女王公玛丽亚·巴甫洛夫娜写信给沙皇，请求解除卡罗琳与丈夫的婚姻关系，理由是卡罗琳结婚时，还只是个孩子。但是沙皇坚决不同意，他有一笔旧账要和李斯特清算，这正是报复的机会。卡罗琳的丈夫是酒肉之徒，也不同意离婚，而且还欲加害她，企图抢夺她的巨额财产。卡罗琳提出离婚的要求一次又一次地即将获准，沙皇却一次次地从中作梗。在李斯特以后的生活中，他从未放弃过要与卡罗琳成为正式夫妻的想法，并为之作出了很大努力。然而令李斯特终生遗憾的是，他和卡罗琳的结合始终没有得到法定的认可。

卡罗琳是个恪守教规、顾虑重重的女子，她对李斯特怀着一种神秘的而不是肉体的爱情。她一心渴望与李斯特结合，但只能是在神坛前的正式结合。同时由于卡罗琳心胸狭隘，不能容人，李斯特渐渐将目光转向了他的女学生——阿格妮什·斯格里特。

在李斯特的女学生中，她的衣着是最朴素的，最不善于打扮自己。她很少说话，但一开口，你就会发现她会好几种欧洲语言。她的眼神清澈明亮，沁人心脾。李斯特的男学生都在极力追求她。作为音乐家，阿格妮什天分并不突出，但是学习刻苦认真，勤奋努力。她的耳朵特别灵敏，能够听出任何细微的错误。

最初，李斯特并未注意到她，甚至不知道她长得难看还是漂亮。但是一次上钢琴课时，李斯特亲自为学生示范，他自己也被音乐的旋律所陶醉了。等到弹完最后一节，他的目光正好同阿格妮什的目光相遇，她正在哭泣。李斯特第一次认真仔细地观察她，发现她有一双绿色的大眼睛，美丽而松软的金黄头发轻轻地披在肩上。李斯特问自己："漂亮吗？不，比漂亮还要更多……"

从那以后，李斯特和阿格妮什总是躲着别人。虽然李斯特已经43岁了，但是他的热情仍然不减当年。他们一起出去举行音乐会。阿格妮什虽然总是显得比较冷淡，但李斯特更加爱她。因为她常使他想起同样金发的玛丽。

阿格妮什也有一种喜欢教诲别人的习惯。她不像玛丽那样爱表现自己，但是她也读过许多书，需要有一个人来分享她无时无刻都在增加的知识财富。李斯特正是这样一个好伙伴。他平时不大有耐心去读书，阿格妮什正是他的宝库。

卡罗琳已经感觉到李斯特和阿格妮什之间的关系，这时的卡罗琳正用布缠着患有关节炎的小腿和手臂，又黄又黑的脸上不断渗着汗珠。她还老是围着头巾，因为有个医生要她预防"头风湿症"。总之，此时的她很难同温柔娴静、婀娜多姿的阿格妮什竞争，也很难同她那一双容易充满崇拜和爱情之泪的绿色眼睛竞争。

然而，阿格妮什决定离开李斯特了。她那双美丽的眼睛全被泪水模糊了。她充满感情地对李斯特说："我爱您，但不管我多么爱您，也不能再这样不光彩地躲躲藏藏，我也不能在光天化日之下宣告：我在这里，不管发生什么事，我都有权在这里，我一定要留在这里。我不能这样做，这样做就会杀死卡罗琳，等于毁灭了您最忠诚的庇护者。像您这样明智的人，肯定是不会太爱我的。我在您面前是十分脆弱的，请求您别再挽留我了。因为我害怕仅仅一句温情脉脉的话，就会使我的聪明才智丧失得一干二净。"李斯特还能说什么呢，他只能伤心地送阿格妮什离去。

李斯特与玛丽有3个孩子，但他的命运注定了他从孩子们身上得不到任何欢乐。在他们的孩提时代和青春时期，他很少见到他们，因为他必须不断地在欧洲各地访问演出。孩子们长期与母亲在一起，他们对他的态度只是出于对一个伟大人物所怀有的淡淡的敬意，却毫无发自内心的感情。

孩子们年龄越大，对他也越加疏远。后来，他的大女儿布兰丁与年轻的律师奥列佛尔结了婚，二女儿科西玛嫁给了李斯特的学生——汉斯·彪罗。这样她们更不需要他这个父亲了。李斯特感到前所未有的孤独。

1860年8月14日，李斯特写下了他的遗嘱：

……上帝在圣十字架上的光辉从未在我的生活中完全泯灭，它有时甚至还以自己的光辉照耀着我的灵魂。12年来，我所做过和想过的好事，都应该归功于我热烈盼望能称呼她为妻子的人。人间的凶狠毒辣和卑鄙的阴谋诡计却顽固地阻碍着这一称呼的实现。这可爱的人就是——萨伊·维特根斯坦·卡罗琳公爵夫人，她出生时的名字叫伊万诺夫斯卡。在写到她的名字时，我的手不能不为之颤抖。我的一切欢乐来源于她，一切痛苦在她身旁得到排解。她不仅是完全地、不知疲倦地做我的伴侣，把自己同我的生活、工作、烦恼和使命融化在一起，用建议来帮助我，用鼓励来敦促我，用热情来振奋我，而且她还用无微不至的关怀、卓越的远见和温柔而聪明的话语来支持我。她所做的，甚至比这还要多。她常常否定自己，放弃了理应享受的一切，为的是能更好地挑起我的整个重担。她把它看作是她生命的财富和唯一的享受……

我请求简简单单地安葬我，免去一切盛大的仪式，如果可能的话，最好是在夜间……

李斯特给了卡罗琳以极高的评价。此时沙皇去世了，新沙皇宣布剥夺卡罗琳的一切权利，并永远开除她的国籍。根据国际法，卡罗琳成了一个没有国籍的人。魏玛人也开始排斥她。李斯特始终陪伴着抑郁成疾的卡罗琳，并劝她带女儿去国外旅游散心。

1861年，在李斯特50岁生日那天，与卡罗琳结婚差点儿成功。教皇批准了卡罗琳可以和其夫离婚，并发给李斯特和卡罗琳结婚证书。可是就在举行婚礼前的最后时刻，迫于卡罗琳前夫维根斯坦公爵的无理纠缠和俄国教廷的压力，红衣主教的秘书收回了结婚证件，梵蒂冈教廷将他们的婚事予以无限期的延缓。他们年复一年地等待着结婚的时机，可这时机再也没有来到。失望的卡罗琳奋笔疾书直至终年，留下了许多抨击教会腐败和保守的论著。

李斯特晚年仍然是女人追逐的对象。他的宗教信仰越来越虔诚，加入了教会，接受了“神父”称号，然后全身心创作宗教音乐和开展音乐教育。他离开人世不久，深爱他的卡罗琳也追随而去。他们在天堂又团圆了。

卡罗琳的神秘主义已经变成狭隘的迷信思想。她那苗条柔软的身材已经显现出衰老的迹象，而且还养成了言辞尖刻的习惯，不停地对李斯特进行无情的斥责。这一切，李斯特都耐心地忍受了下来，认为这是对他以往罪行的一种恰如其分的惩罚。他之所以遭殃，是因为面孔过于漂亮，心地过于反复无常，他的厄运是破坏别人的家庭，而现在他得到的报复就是无法使自己建立一个家庭。

卡罗琳看透了尘世。她完全摒弃了世上的欲念，隐匿起来，离群索居，把每分钟都献给未来的超升。李斯特也深刻地感觉到一切都是空的！爱情、享受、名誉、音乐、财富——所有这一切只不过是过眼云烟。在人生短暂的种种冒险活动中，只有一种东西具有永恒的价值——对上帝的信仰。李斯特决定远离尘世，抛开所有虚假的欢乐，只有一个地方能找到幸福——修道院。

李斯特受到卡罗琳的影响，宗教信仰越来越虔诚了。他放弃了人间的一切荣誉，拒绝了弗朗兹·约瑟夫皇帝赐给他的贵族头衔。走在街上的时候，他也在诵读圣经。最后他作出决定，到罗马做一名天主教教士。1865年4月25日，李斯特加入了教会，接受了“神父”称号，成了一个虔诚的天主教教徒。这期间，他创作了好几部宗教音乐，如《圣伊丽莎白逸事》《耶稣基督》《匈牙利加冕弥撒》等。他的《圣伊丽莎白逸事》在匈牙利引起了巨大反响，他的意大利学生斯加姆巴演奏的《耶稣基督》也获得盛赞。

1875年，李斯特创建了布达佩斯音乐学院并任院长一职，从此，他把几乎全部的精力都投入到了音乐教育工作中。他坚持一条基本的原则，从不收学生的学费。从1876年开始，他走马灯似的奔波于布达佩斯、魏玛和罗马之间，忙于教学工作和一些艺术活动。他的学生遍及美国、俄国以及欧洲各地，多达几百名，繁忙的教学工作几乎耗尽了他所有的时间。然而，李斯特从不拒绝别人的求教，尽管许多求教者没有任何音乐天赋。在他的门下，涌现了一大批优秀的享誉世界的钢琴家：冯·彪罗、陶西格、艾米尔·沙瓦、罗仙达、德尔贝、索菲亚·曼达、安索尔格等。

灾难接踵而至。大女儿布兰丁在分娩中死去，紧接着李斯特78岁的母亲去世，小儿子达尼埃尔年纪轻轻就被肺痨症夺去了生命。更令李斯特痛心的是，二女儿科西玛与丈夫生下两个孩子后，不顾丈夫的苦苦哀求，与他的朋友瓦格纳私奔。所有这些都使李斯特遭到了沉重的打击。

李斯特已经六十多岁了，但是，女人们仍然不让他得到安静。梅耶多尔夫侯爵夫人不顾住在罗马、喜欢古董的外交官丈夫的面子，干脆搬到李斯特家附近来住，每天一早就来听他的课，然后一起吃午饭。她根本不把仆人当人看待，对待他们极为凶狠；可是她在李斯特面前温驯得如同一只羔羊。

梅耶多尔夫侯爵夫人让李斯特感到幸福和倒霉。对于他这个老人来说，她燃烧着青春火焰的热情，迷恋般的吻手，从早到晚的关怀和愤怒的吃醋，实在令人难以忍受。他暂时搬到德斯特别墅住几天，带了几个年轻学生，其中就有奥尔加·雅尼娜。

雅尼娜是个有天分的学生，无拘无束。一天晚上，雷雨交加。雅尼娜从屋外跑回来，全身都淋透了，被雨水浸透了的衣服紧紧贴在她的身上，更加显现出20岁少女的诱惑力。她两只手臂紧紧抱住自己，好像马上就要得一场重病。

李斯特递给她一件衣服后，担心她得病，又去看望她。他敲门进去，只见雅尼娜脸朝墙壁，显然是睡着了。李斯特向前走了几步，想看看她是不是发烧了。他刚低下头，突然被雅尼娜抱住了……

姑娘倾诉着思念之情：“自从我认识你，远远地看见你，我就一直在发狂地爱着你，有时满怀希望，有时又沉浸在希望之中。你现在什么话也别说，你别说你比我老，也别说你在受神职的约束，这样传出去会成为丑闻，害了我也害了你……我什么也不怕，只要你爱我，拥抱我，让我知道什么是疯狂的、自杀的、幸福的爱情就行。”

雅尼娜跟着李斯特一起去魏玛。欧洲各国的音乐指挥家都来到这里向李斯特求教。雅尼娜忌妒他所有的学生，绝不离开他一步。无论李斯特怎样坦率相告：“我的孩子，我已经老了，你的爱只能是我的负担，而不是幸福……”全都白费。即使雅尼娜被人发现她并不是出身高贵的小姐，而是一个工厂主的名誉不好的女儿，她也寸步不离，紧紧跟着大师。

李斯特借口雅尼娜把他的手稿丢了，且有些稿费不见了，将雅尼娜赶走。不久，雅尼娜带着匕首、手枪和毒药来见李斯特，想和他同归于尽。李斯特叫来警察，雅尼娜被驱逐出境。此后，雅尼娜写了一本自传体《少女日记》，捏造事实，竭力渲染与李斯特的关系。

尽管李斯特怒火中烧，很想揍她一顿，但他选择了最正确的态度——对她的行为置之不理。因为他原谅过远比这个更令人恼火的事情。李斯特仍然生活在女人的中间。奥尔加·戈尔恰科娃女公爵因为丈夫去世，带着4个没有教养的孩子住进了李斯特家。卡罗琳也派来自己的密探——阿黛尔·斯孔小姐，在李斯特住所对面监视李斯特。李斯特无可奈何，不过心理也得到某种满足，因为女人们至今还在追求他这个老头。

1877年，传来玛丽去世的消息。从此，玛丽和李斯特之间的争执结束了。李斯特已经很长时间没有想起过她，既不爱，也不恨，但是这次得到的死讯使他回想起他们第一次相见的情形——令人陶醉的、几乎是发狂地亲吻以及一次次地争吵。玛丽走了，这是在默默地提醒他：你也该准备上路了。

李斯特常常去探望卡罗琳，倾听她讲述宗教历史。卡罗琳一心想把李斯特拴在罗马，借口是她年迈体弱，眼神不好，手脚越来越容易红肿，可是李斯特是任何链子也拴不住的。

1881年10月22日，卡罗琳写来一封充满柔情的生日贺信：

最宝贵的灵魂：愿昔日在沃罗尼茨过生日时的太阳继续照耀您七十寿

辰。让我们一起永存……您在永存中渴望我占有您，以便交还给上帝。那是些多么幸运的年代呀！我唯一的伟大人物，祝您再度过许多幸运之年。

李斯特读到这封信，心中感到无比温暖，但他忍受不了“囚犯生活”，还想四处流浪，奔向无边无际的远方。

1886年，各地为了庆祝李斯特75岁生日而举行了各种庆祝活动，纷纷邀请他出席。他不得不拖着衰老的身体奔走各地，开始了他最后一次的长途跋涉。他途经法国、英国、德国、比利时等地，无不受到热烈欢迎。尤其是在伦敦，他受到了一个国王才能受到的隆重接待。“当他走进大厅时，人们全体起立，热烈欢迎这位当代活着的最伟大的音乐家、钢琴之王。”

尽管长时间的旅行给年老的李斯特带来了无法控制的疲劳，但他仍不忍拒绝各地的殷切请求——聆听大师的演奏。这时，他的演奏让人更加难忘，音乐在他的手下充满了一片祥和而透明的光芒。旅途的劳累，摧垮了李斯特浑身疾病的身体，然而他不顾这些，坚持要从巴黎尽快赶回拜洛伊特，出席瓦格纳的歌剧《特里斯坦与伊索尔德》的演出仪式，并连夜兼程，以至于途中受了风寒，病情直转急下。在神智昏迷时，他还不断地喊着：“特里斯坦、特里斯坦——”李斯特的身体越来越衰弱，但他仍然坚持参加了瓦格纳音乐节。在整个演出过程中，他一直用手帕堵着嘴，听他的女儿，瓦格纳的遗孀科西玛演奏瓦格纳的作品。回到家里，他猛咳了一阵。他得了严重的肺炎。

在李斯特病重期间，女儿科西玛原谅了父亲，搬来与他同住。父女两个人的关系得到了缓和。1883年瓦格纳去世时，李斯特曾向女儿发出唁电，问能不能参加葬礼，但被女儿拒绝了。但是，最后的亲情并不能放慢李斯特走向死亡的步伐。1888年7月31日，李斯特在拜罗伊特与世长辞。次年3月7日，卡罗琳也追随李斯特而去。他们终于可以在天堂团圆了。

李斯特是最早把匈牙利民族音乐提高到世界水平的民族音乐家，在他的祖国，人民始终尊崇他为伟大的“民族艺术家”。他的创作遗产极为丰富，写作风格也是千姿百态。他的19首钢琴曲《匈牙利狂想曲》，不但充分发挥了钢琴的音乐表现力，而且为“狂想曲”这个音乐体裁创作树立了杰出的音乐典范。他的许多钢琴曲色彩丰富，极富特点，像一幅幅多彩画面；像《爱之梦》，用钢琴“歌唱”，犹如李斯特一生爱情的真实写照！

爱吧，能爱多久，愿爱多久就爱多久吧，
你守在墓前哀诉的时刻快要来到了。
你的心总得保持炽热，保持眷恋，
只要还有一颗心对你回报温暖。
只要有人对你披露真诚，你就得尽你所能，
教他时时快乐，没有片刻愁闷！
还愿你守口如瓶；严厉的言辞容易伤人。
天啊——本来没有什么恶意——
却有人含泪分离。

渴望爱情总是化作友谊——冈察洛夫

俄国著名的批判现实主义作家冈察洛夫，虽然长得仪表堂堂，风度翩翩，却始终没有品尝过爱情的甜蜜，孤独的苦涩伴随着他的一生。他爱恋过几个理想的女人，但始终没有迸发出爱情的火花，均化作了深厚的友谊。爱情的悲剧激发了他的创作欲望，他只能在作品里与恋人化身的女主人公交流。

伊凡·亚历山大罗维奇·冈察洛夫（1812—1891 年）是 19 世纪俄国著名的批判现实主义作家、卓越的艺术语言大师。他在长达近 60 年的创作生涯里，为人类贡献了许多传世佳作。其代表作是 3 部长篇小说《平凡的故事》《奥勃洛摩夫》和《悬崖》及长篇游记《巴拉达号三桅战舰》等。他长得相貌堂堂，一表人才，风度翩翩，彬彬有礼，青年时的他不愿背上婚姻的枷锁，然而等他想结婚时，又得不到他所钟爱的女人的爱情，只能终身品尝孤独的苦涩。

1812 年 6 月 18 日，冈察洛夫诞生在俄国的辛比尔斯克（今为乌里扬诺夫斯克）一个富裕粮商之家。他的父亲是个肯动脑筋、喜欢学习和富有教养的人；母亲阿芙多季娅·马特维耶芙娜出身于一个古老的商人家族，比丈夫小 31 岁。冈察洛夫 7 岁那年，父亲就去世了。母亲虽没有文化，但十分聪慧，具有非凡性格，让 4 个孩子接受了很好的教育。冈察洛夫一家还受到了孩子教父——尼古拉·尼古拉耶维奇·特列古鲍夫的热情帮助。特列古鲍夫出生于一个贵族家庭，他疼爱 4 个孩子，甚至超过他们的亲生父亲。冈察洛夫在严母“慈父”的教育下，健康地成长着。

1822 年，10 岁的冈察洛夫进入莫斯科商业学校读书。学校因循守旧、死气沉沉，令人窒息的气氛与他敏感活跃而又耽于幻想、喜欢观察的性格格格不入。在度过 8 年痛苦的学校生活后，他决定提前两年退学。他不愿沿着老辈的路去从商，而是选择了文学。

冈察洛夫爱恋上美丽的尤妮娅，由于少不更事，错过了结合的机会。他把对叶·迈科娃的爱埋在心底，始终没有勇气说出来。他喜欢卢基亚诺娃，只能把她的照片摆在写字台上。他挖苦自己是“爱情上的残废”。

1831 年 8 月，冈察洛夫考取了莫斯科大学语文系。大学四年是他青春韶华的美好年代，在心灵深处留下了“无数的光和热”。他生气勃勃，浑身充满了年轻人的浪漫主义激情，经常跑到克里姆林公园，与年轻漂亮的“陌生女子”幽会。冈察洛夫也常参加女喜剧演员利沃娃娅·希涅茨卡娅举办的文艺沙龙。利沃娃娅和蔼可亲，美丽大方，殷勤待客。才华出众的她在 19 世纪 30 年代初演过《三个苏丹》中的妻子罗科谢拉娜、《厌世者》中的谢利麦娜等几个女主角。冈察洛夫非常崇拜和欣赏出色的喜剧表演家，狂热地爱着她，不过这只是他的单相思。

冈察洛夫念大学时认识了尤妮娅·德米特里耶芙娜·古夏特尼科娃（婚后姓叶弗列莫娃）。尤妮娅颇得冈察洛夫的爱恋，一直是他的亲密朋友，是他心目中的理想女人。然而由于冈察洛夫少不更事，错过了与尤妮娅相爱结合的机会。为此，他抱憾终生。在给尤妮娅的信中，他总是以“美丽的朋友尤妮娅·德米特里耶芙娜”称呼她。他们终生保持着深厚而感人的友谊。尤妮娅总是积极热情地帮助他料理各种事情，比如调换住房，购买各种物品，雇用女仆等。晚年时，她的丈夫去世，她也由一个异常漂亮的女人变成了身体虚弱、双目失明、疾病缠身的老妇。冈察洛夫尽管自己身体不好，仍主动奔波于各机关，为她申请抚恤金。只要听说是尤妮娅请他，无论多忙、多累，他一定及时赶到。他与尤妮娅的友谊，成了孤苦伶仃的冈察洛夫的最大的安慰。

尤妮娅是著名画家尼古拉·阿波隆诺维奇·迈科夫的夫人叶甫盖尼娅·彼得罗芙娜·迈科娃的侄女。通过尤妮娅，冈察洛夫在彼得堡结识了这一家人。迈科夫夫妇请冈察洛夫为他们的儿子讲授俄国文学、美学和拉丁语。很快，冈察洛夫在他们家中就成了自己人。他智力过人，言辞犀利、中肯，富于幽默感，讲话很有见地，总是显得无忧无虑。实际上，难挨的寂寞在折磨着冈察洛夫，他的私生活很不开心，没有妻子，没有女友，一点儿也没有乐趣。他一直爱恋尤妮娅，可她却成了别人的妻子。然而，他始终不为一时的、轻浮的情欲所动，虽有过几次艳遇，可不愿为家庭所累的他在关键时刻总是临阵退缩。有一次，冈察洛夫开玩笑说，他从这些“悲剧”走出来时，经常是“满脸胡须，面色苍白消瘦”。他已度过了人生里程的30个春秋。他挖苦地拿自己同“一本旧的、早已读过的破损的书”作比较，认为自己像普希金笔下的主人公一样，是“爱情上的残废”。

使冈察洛夫更加痛苦的是他爱上了叶·迈科娃。迈科娃是个非同寻常的女人。她也爱好写作。在19世纪四五十年代，她发表过几首诗歌和两部中篇小说。冈察洛夫的自尊心、自爱心乃至理智，都不允许他在行动上向这个女人表露爱慕之情，这也是他神经过敏、外表矜持的原因吧。他知道自己同迈科夫是好朋友，与迈科夫的孩子们既是师生关系，也是朋友关系。在此情况下，他怎么能倾诉内心的真实感情呢？他珍视同这一家人的友谊，他要将对迈科娃的爱恋转化为友情。

然而，孤寂的生活使他感到沮丧、心灵不安。1849年夏，他在家乡辛比尔斯克度过了一段时光。在给迈科夫夫妇的信中写道：“……我还好，而往后将是什么，到处跟踪我的灾星——寂寞——将显示出自己的力量，在这里追赶上我，我躲藏到哪儿去呀？真的有了寂寞的预感。噢！上帝，上帝呀！救救我吧，宽恕我吧。”8月20日，他在给尤妮娅的信中也流露出忧郁苦闷的情绪：“我现在既不觉得寂寞，也不感到厌倦生活，也没有闹病，可是这一切仅仅只有3个月。我真的感觉到在头顶上的我的永恒的灾星——寂寞——的响叫声，也可能它将要响叫下去。拜伦是正确的，他说：‘一个人正常不应活过35岁’。”

在辛比尔斯克期间，冈察洛夫认识了瓦尔瓦拉·卢基尼奇娜·卢基亚诺娃。她大学一毕业就来到了这里，做了冈察洛夫的侄子侄女们的老师。与她的相识，使冈察洛夫变得年轻快活起来，但并没有得到精神上的满足。此后他们一直书信往来，保持着亲密的关系。这位“漂亮的斯摩棱斯克女人”的照片，镶在黄色相框里，一直摆在冈察洛夫的写字台上。

冈察洛夫遇到科尔扎科娃，激起了对爱情和幸福的憧憬。但是，爱情的火花由于某种原因很快就熄灭了。他狂热地爱慕托尔斯塔娅，她却嫁给了表兄。这次失败的爱情，使他创作出了奥尔迦·伊林斯卡娅这个迷人的形象。

1852年秋，冈察洛夫决定随海军中将普佳京乘战舰进行为期两年的环球航行。他的朋友们感到奇怪。这位表面上不爱活动、性格文静的人，居然下决心实行此举，这是多么不寻常的事呀！冈察洛夫早就对大海有一种特殊的感情，渴望进行环球漫游。然而，促使他去做这次旅行还有其他的原因。像许多俄国人一样，他敏锐地感到在祖国不能自由地呼吸，不准写农奴制问题的禁令，使俄国进步作家失去了赖以生存的土壤。冈察洛夫本性敏感、神经质，渴求快乐而富有活力的生活。他对自己的生活及周围环境的混乱反应强烈，内心极为痛苦。如果继续百无聊赖、无所事事下去，他会慢慢地寂寞地死去。因此，他渴望改变生活。

冈察洛夫准备动身时，曾兴高采烈地欢呼：“啊！我的生活将不再是令人生厌的蝇营狗苟、芸芸众生的写照！我新生了，青春时代的梦想和希望，连同青春本身，都涌了回来。快呀，快些上路吧！”他的环球旅行还有着深刻的纯属私人的原因。一天，冈察洛夫在朋友亚兹科夫家遇到他们的亲戚阿芙古斯达·安德列耶芙娜·科尔扎科娃。她对冈察洛夫非常关心，激起了他对爱情和幸福的憧憬。但是，这次爱情的火花由于某种原因很快就熄灭了，或者说是被强制地扑灭了。动身前，作家的记忆里只留下她淳朴美丽的形象，所以他走时心境十分平静，没有激情，也没有眼泪。

这次旅行，长篇游记《巴拉达号三桅战舰》诞生了，冈察洛夫以生动的语言记述了这次航行。长期旅行不仅使他倍感疲倦，也更加思念祖国。1855 年 2 月 13 日，他终于回到了久违的彼得堡。秋天，在迈科夫家里他又见到了伊丽莎白·瓦里西耶芙娜·托尔斯塔娅。1843 年，在迈科夫家里第一次见到她时，她还是个 16 岁的少女，给冈察洛夫留下了深刻的印象。他把少女逗留彼得堡的时期称作“珍贵的”时刻，并祝愿她“前途圣洁，万事顺遂”。12 年过去了，冈察洛夫成了著名作家，已经 43 岁依然孑然一身。他在信里称自己为“老头子”，说自己病魔缠身，心情忧郁。他以为自己不会再经受感情上的折磨了，而托尔斯塔娅的出现，使他感到无比喜悦和惊异，成了她狂热的、坚定的爱慕者。托尔斯塔娅的美貌和聪颖也吸引了所有见到过她的人。屠格涅夫对这个姑娘也颇感兴趣，引起了冈察洛夫的不满。

托尔斯塔娅把冈察洛夫从前爱慕和理想化的女人形象从他的脑海里全部挤走。冈察洛夫枯萎的心又情波荡漾。他把这位“光彩夺目的、娟秀的朋友”看作是完美无瑕的结晶，她的一切，无论是外表还是内心，都是那么美妙的和谐，“纯洁的心灵”和“高尚的品格”在她身上融为一体。冈察洛夫把女友不“自作聪明”，不“滥用感情”，不外露狂热，看成是她的美德。他赞叹说：“站在我面前的是一个理想的女人，她占据了我整个身心，使我迷离恍惚。”冈察洛夫为她弄戏票，陪她去听歌剧，看法国歌剧的巡回演出，到商店取定做的时髦手套并殷勤地给她送去。他的所作所为与所有热恋中的男人做的并无二致。

1855 年 10 月 18 日，托尔斯塔娅到莫斯科去了，这使得冈察洛夫情思翻腾不已，然而他仍没有马上表露心迹。他给心上人寄去了一封封信，从而构成了一部虚幻的“长篇小说”——《同意或是拒绝》。他以第三者——自己友人的口吻讲述自己的爱情，讲述自己内心的痛苦。他臆想的友人说：“我为她病倒了，我不知怎么地感到生活在世上很艰难；有时觉得是待在可怕的黑暗中，站在深渊的边缘，周围雾茫茫；有时突然觉得她两眼和面孔放射的光辉在照耀着我——于是，我仿佛飘向云天。”《同意或是拒绝》是部真诚和感人的爱情忏悔录，是部完整的爱情小说，是对其感受的事充满激情的自白。这些信把人们带进了冈察洛夫内心生活隐秘的角落，表达了作家隐藏在内心深处的情感，反映了他单相思的强烈的浪漫情怀。

一开始，冈察洛夫常在信里谈论纯洁神圣的友谊。不久，“友谊”一词前面越来越频繁地出现意味深长的删节号，“友谊”逐渐成为爱情的代名词。作家一反“恋爱科学”的偏见和陋习，狂热地、动人心弦地、无比坦率地向这个心爱的女人倾吐他的全部爱慕之情，说他“神魂颠倒、焦躁不安和心绪不宁”。他以开玩笑的方式向女友表达自己的妒意，“我昨天到屠格涅夫家去了一趟，他问我：‘住在迈科夫家的那位姑娘长得真漂亮，请问，能不能在他们那里见见她？’我对他做了个轻蔑的手势。”这个坠入情网的人好像要竭力缓解自己感情经受的苦恼，总是随便使用有趣的双关语来讥讽嘲笑自己。譬如，他在信中写道他“完全发福了……”

冈察洛夫认为自己是托尔斯塔娅的温存、忠诚的男友，他心甘情愿地完成着美丽姑娘的各种委托，送给她屠格涅夫和皮谢姆斯基的书，寄给她各种文艺作品选集，买一些入时的小礼品托人带给她。然而，他也时刻保持着清醒的头脑，冷静地审视、研究和分析她对自己的态度。这位外省的窈窕淑女善意地对待他的殷勤，不过始终没有越过友谊的界线。即使是这种友谊，也使冈察洛夫感到欣慰，使他浑身充满愉悦和快感。

冈察洛夫感觉到并越来越坚信，他注定不会成为托尔斯塔娅钟爱的人。在她的青春幻想中，她为自己勾画了另外一种理想的人物——风度潇洒、骑着高头大马的军官。于是，她选择了她的亲戚穆辛·普希金。她虽具有女性的一切美，可毕竟是一个尘世的女人，世故且注重实际。

由于命运的捉弄，冈察洛夫还得帮助心爱的女人筹办婚事。她母亲托他到东正教事务委员会设法办理她同表兄结婚的批准手续。爱情很少给他带来欢乐，苛求和怀疑与他结下了不解之缘，毁灭了他对幸福的憧憬。在对待女人的态度上，他过于浪漫，一心要在女人身上寻求理想，在她们身上找到“永恒的女性的东西”，因此他必然要饱受痛苦的折磨。如今，光明、欢乐的幻想和纯洁、高尚、幸福的期望都化成了泡影。

1855 年 12 月 31 日，他在给托尔斯塔娅的信中写道：“我不再有最亲密的朋友了，她不复存在了，她已经消失、蒸发、化为灰烬。现在我孤影单身，寡情忧郁，肝胆俱裂，无言以对，所以再没有人用呓语来恐吓和惊扰您了。”1856 年 10 月 21 日，他写信给穆辛·普希金：“我变得怕生了，几乎闭门不出，除了迈科夫家再加上关系密切的一两家外，我谁家也不去。”可见，这件事给他的打击是十分沉重的。

唯一值得安慰的是，冈察洛夫从穆辛·普希金那里要来了一张心上人的单身照片，以作纪念。在伏案写作时，他总能感到她的倩影从人所不知的远方向他缓缓地走来。她的肖像体现了女人的共性美，有助于他塑造另一个艺术形象——奥尔迦·伊林斯卡娅。在冈察洛夫和托尔斯塔娅相遇之前，他已基本完成了长篇小说《奥勃洛摩夫》的第一部。这时奥尔迦·伊林斯卡娅的形象还没有出现。冈察洛夫对托尔斯塔娅的爱情给他创作这个形象和长篇小说的爱情情节提供了大量素材。冈察洛夫曾经说过：“女性是长篇小说的主要使命，是它的灵魂。”他的亲身感受不仅有助于他创作奥尔迦·伊林斯卡娅这个迷人形象，而且还帮助他富于诗意地、深刻地揭示她同奥勃洛摩夫的爱情冲突。

索菲亚·尼基坚科狂热地崇拜冈察洛夫的才华，巨大的年龄落差使他把爱情变成了纯洁的友谊。他与科洛德基娜的恋情曾十分顺遂，不知何故竟无疾而终。这些他爱恋过的女人，与他保持了终生的友情。

爱情悲剧在冈察洛夫的心灵上留下了痛苦而深刻的痕迹，他看不到前面有光明的、令人高兴的希望。可是个人悲剧并没有摧毁他的创作理想，长期被痛苦的强行压制的创作欲望一下子迸发了出来。1857 年 7 月 15 日，他在给友人利霍夫斯基的信中写道：“您要明白我现在很忙，如果您说我被女人所占据，那您没有错。不必啦，我已经 45 岁了，我是完完全全被奥尔迦·伊林斯卡娅所占据……我有一个情敌：他虽然比我年轻，但是头脑比较迟钝，我指望他们很快分手。到那时，我要带她去法兰克福，然后去瑞士，或者直接去巴黎；我不知道，一切将取决于我是不是能控制住她。如果我能控制住她，有朝一日我们也会来彼得堡。那时您将看到她，并作出裁决：她是不是值得我那么热烈地去追求，或者说，她是个平淡无奇、苍白的女人，只是在我渴望的眼神中成为美人？那时候，可能我会扫兴失望，并抛弃她。但是现在，我的激情达到了疯狂的程度：即使是在青春时代，我也从来没有这样过……从九点到凌晨三点，我感到无比的幸福。这个女人，当然是我创作中的人物。好啦，您这个不善猜度的人，现在猜到我这是在写作了吧？”在给尤妮娅的信中，也洋溢着这种奇怪和欢快的基调：“我简直是为她而活着，为她而呼吸。”冈察洛夫将全部激情与热情都给予了他的主人公，因为这个主人公是根据托尔斯塔娅而创作的。

冈察洛夫用创作来摆脱心中的痛苦，可这种痛苦又怎能忘记？1857 年 7 月 25 日，他从马利恩巴特给尤妮娅写信说：“我要生活，生活，生活。神灵、灵感、生活、眼泪……对我来说又都复活了。只是没有爱情，爱情是不会复活的。”

1859 年夏天，由于健康状况不佳，冈察洛夫去马利恩巴特疗养。情绪低沉的他对一切都非常冷淡，年龄、疾病和各种烦恼使他的性格大大地改变了。他现在笑不出来了，笑话也不爱讲了。在给尤妮娅的信中，他痛苦地承认道：“我不是在生活，而是在消磨时光。我感到苦闷和寂寞，其余什么都不去想了。”

1860 年 5 月，冈察洛夫与尼基坚科全家一起乘船抵达施铁亭，后来到了德累斯顿。亚历山大·瓦西里耶维奇·尼基坚科（1805—1877 年）是彼得堡大学俄罗斯文学教授，也是冈察洛夫始终信赖的挚友之一。但他对自己朋友的不敢称道。他在日记中写道：“冈察洛夫性格多疑，残酷无情，自私而又狡黠。”冈察洛夫对作为学者的尼基坚科的评价也是非常有分寸的。

冈察洛夫对尼基坚科一家人怀有诚挚友好的感情，他是这家的常客。尼基坚科的小女儿索菲亚·亚历山大罗芙娜·尼基坚科（1840—1901 年）狂热地崇拜作家的才华。她是一位才华出众的女性，研究外国文学，精通几门外语，不仅从事翻译工作，还为多家杂志写稿，并撰写了几部学术论著。冈察洛夫十分欣赏索菲亚·尼基坚科的才智，认为她身上具有“活泼、讨人喜欢、热情豪放和富有幻想”的特点。他完全信赖这位亲密无间的女友，把抄写正在创作的小说《悬崖》手稿的工作全都托付给她，向她征求对自己文学创作构思的意见，并一起交流内心深处的思想和感受。

冈察洛夫越来越感到索菲亚·尼基坚科是他的生活与创作中不可缺少的人。他曾以开玩笑的口吻对女友说："您是我文学上的阿葛菲娅·马特维耶芙娜。"阿葛菲娅是小说《奥勃洛摩夫》中的一个寡妇，书中她无微不至地关怀着伊里亚·奥勃洛摩夫。索菲亚·尼基坚科听到这话后，内心感到十分高兴。可是，28 岁的年龄差距横亘在他们中间，使他们不敢越雷池一步。这种纯洁的友谊一直持续到冈察洛夫逝世。

1866 年的假期，冈察洛夫是在国外度过的。在巴登，新结识的亚历山德拉·雅科夫列芙娜·科洛德基娜给他留下了深刻印象。后来在巴黎他们又见面了。冈察洛夫开始了他的最后一次恋情。他们相约在香榭丽舍一带散步，结伴到近郊野游。他讲起故事和笑话来津津有味，高兴时讲个没完没了，使科洛德基娜听得入了神。冈察洛夫在回国的旅途中，不再觉得孤单和寂寞了。他们在科隆参观著名的大教堂，漫步于柏林的梯尔卡尔泰茵公园，彼此间拉近距离产生了好感。回到彼得堡后，冈察洛夫经常与科洛德基娜见面，他觉得又有了年轻时的感觉。然而，科洛德基娜于 1867 年离开彼得堡去了维也诺（现为维尔纽斯，立陶宛首都），在那里担任了一所高等女子中学的校长，事后她写信告诉了冈察洛夫。他深感意外，颇觉失望，几天后给她寄去一张照片留作纪念。科洛德基娜回信表示感谢。从此以后，他们再也没有见过面。是什么原因阻止他们结合：年龄？健康？经济？还是……只有科洛德基娜自己心里最清楚。

1867 年，冈察洛夫以四等文官身份退休。晚年的冈察洛夫，年迈和疾病迫使他远离喧闹的社交界。他的爱情生活也就此停滞了。他以自嘲的口吻给尼·捷普洛夫写信说："美人儿，您的晚年过得非常美满，可我这个老掉牙的人，她们是不敢问津的。我不会有那份福气，因为'寂寞的时刻已经到来，我的两颊浓须把她们吓坏了'，——她们不会给我带来幸福，倒像奥斯特洛夫斯基笔下的一个商人说的那样，可能'只会厌烦'，何况我总有一种整个世界的、特别是我自己的末日临近的预感……"早在 1855 年 10 月 25 日他写给托尔斯塔娅的信中，就预见到凄楚悲凉的结局："他寻找不到他生活里缺少的同情，等待他的是孤寂、凄凉的晚年。"现在，这一痛苦的预见终于到来了。

冈察洛夫过着孤独的生活，只有以前女友的来访和书信才多少给他点安慰。在《悬崖》里，他曾借主人公之口说：“第一，要理解生活；第二，……我爱。”他虽功成名就，可是没有妻子儿女的家怎能称之为家呢？不幸的事又发生了。他雇佣多年的一个男仆于1870年年底因肺病突然去世了，留下了体弱的妻子和3个未成年的孩子。出于同情，本不宽裕的冈察洛夫承担起这一家人的生活费用。他把3个孩子视为己出，亲自教育和培养他们，无微不至地关怀他们。孩子们对他也表现出纯真的爱，使他多少享受点天伦之乐。他将4万卢布的遗产全留给了这一家人，尽管侄子和外甥们对此颇为不满。

1891年9月27日，冈察洛夫因肺炎医治无效，静静地离开了人世，结束了孤独的一生。他呕心沥血创作的《平凡的故事》《奥勃洛莫夫》及《悬崖》，真实地再现了19世纪40年代至60年代俄国社会演变的客观过程：腐朽没落的封建农奴制逐渐被积极进取的资产阶级务实精神所代替。这3部长篇小说为他树起了一座文学丰碑。

钟情四十载痴心永不变——屠格涅夫

俄国批判现实主义作家屠格涅夫，在向艺术顶峰艰难地攀登中取得了成功。但在爱情方面，由于他的孟浪，使女裁缝为他生下了一个女孩，留下了一生中唯一的骨血。他在长达40年的时间里，始终不渝地与欧洲著名女歌唱家波莉娜·维亚尔多夫人保持着纯真的友谊和爱的依恋。

伊凡·谢尔盖耶维奇·屠格涅夫（1818—1883年）是俄国批判现实主义作家、诗人和剧作家。他一生创作出许多不朽的传世之作。主要代表作有：长篇小说《猎人笔记》（1852年）、《罗亭》（1856年）、《贵族之家》（1859年）、《前夜》（1860年）、《父与子》（1862年）、《烟》（1867年）、《处女地》（1877年），中篇小说《木木》（1852年）、《阿霞》（1858年）、《初恋》（1860年）、《春潮》（1872年）等，剧本《贵族长的早餐》（1846年）、《一着不慎，满盘皆输》（1847年）、《单身汉》（1849年）、《村居一月》（1850年）等。这些作品都是脍炙人口的精品。这位享誉世界文坛的伟大作家，毕生都在向艺术的顶峰艰难地攀登着，取得了非凡的成功。在个人生活上，他终身没有结过婚。

屠格涅夫不是奉行独身主义的苦行僧。他是个感情丰富的作家，有过爱情的孟浪，并有一个亲生女儿；他始终不渝地眷恋着欧洲著名的女歌唱家波莉娜·维亚尔多，两人几十年的纯真友谊和爱的依恋，成为后人传颂的佳话。

1818年11月9日，屠格涅夫出生在俄国奥廖尔省城鲍里斯格列勃大街的自家住宅。他的父亲谢尔盖·尼古拉耶维奇·屠格涅夫，曾在一个胸甲骑兵团服役，以上校军衔退役后，定居在妻子的领地——卢托维诺村。他的母亲瓦尔瓦拉·彼得罗芙娜·屠格涅娃（婚前姓卢托维诺娃）比丈夫大6岁，是个家资豪富的女地主，拥有良田千顷。她性格乖张，脾气不好，经常打骂自己的孩子。由于家庭富有，藏书丰富，屠格涅夫从小受到了良好的教育。

15岁时屠格涅夫在一个女仆身上变成了男人。22岁时爱上亚历山德拉，没想到少女喜欢的是他的朋友。他与女裁缝阿芙多吉娅的爱，遭到母亲的粗暴对待，并夺走了他们的女儿彼拉格娅。这是屠格涅夫欠下的一笔孽债。

1827年，屠格涅夫一家迁居莫斯科。他进入韦登哈麦寄宿学校读书，两年后进入亚美尼亚学院寄宿学校学习。1833年9月，不满15岁的屠格涅夫考入莫斯科大学语文系，主修俄罗斯语文、拉丁语、法语、通史和哲学等课程。1834年夏，全家迁居到彼得堡。屠格涅夫转入彼得堡大学哲学系语文专业学习。同年10月，他父亲因中风去世。1837年，他在彼得堡大学通过副博士学位考试。为进一步深造，1838年，他考入德国柏林大学，主修黑格尔哲学、语文学和历史，取得哲学硕士学位。屠格涅夫的渊博知识和良好素养，反映在爱情生活上，是一个严肃而不轻浮，专一而不移情的男子汉。

屠格涅夫最初的情欲萌动是在15岁时，他爱上了母亲的一个贴身女仆。在一个闷热而又落雨的黄昏，这个面容俏丽的女仆，让他品尝到了性爱的禁果，给他留下了温馨的记忆。后来，他在彼得堡郊区打猎时遇见了一个女磨坊主。这个女人长得皮肤白皙，妩媚动人，眼神传情，他拜倒在她的石榴裙下。少年时屠格涅夫的孟浪，除了情欲的萌动和肉体的需要，显然带有浓厚的浪漫情调和一种诗意的体验，但还谈不上是真正的爱情。

屠格涅夫最初的爱情萌动，发生在22岁，那是在一次赴意大利的旅行中。1840年，他经常到携妻挈女正在罗马旅游的退役骑兵上校霍夫林家做客。他与画家马尔科夫同时暗恋上霍夫林的长女亚历山德拉·霍夫林娜（朋友们戏称为“苏苏”）。这个16岁的少女，面貌标致，性格活泼，聪明透顶，惹人喜爱。屠格涅夫和马尔科夫都对她充满爱慕之意，总是心情激动地谈论她的美貌。马尔科夫为她作画，屠格涅夫为她写诗，但是，她却爱上了他们两人的好友斯坦凯维奇。随着旅游的结束，屠格涅夫的单恋也结束了。对于这次短暂的爱情萌动，他并没有轻易忘怀。20年后在创作《贵族之家》时，屠格涅夫当年为亚历山德拉写的诗在小说中复现：

冷月高悬在太空，
　白云飘飘伴它同行，
幽光奇辉漫天流溢，
　恍若银波粼粼忽闪。

我的心海呀，如此不宁，
你是我心海的月影，
　只为你，我满怀欣喜，
　只为你，我一肚愁绪。

我的心呵，如此怅惘，
　爱的渴望无言倾吐；
我的心呵，如此凄苦，
　你欲有如冷月幽独。

可见，尽管是单恋，屠格涅夫对当年的感情付出还是十分珍惜的。

从意大利回到德国后，屠格涅夫又去漫游歌德的故乡——莱茵河畔的法兰克福。在离开这个城市的当天晚上五点多钟，他步入一家小食店，想喝一杯柠檬水。女店主的女儿是个异常美丽的姑娘，屠格涅夫被她的美貌所吸引。姑娘惊惶不安地请求他帮忙，救护她那完全昏厥的弟弟，帮助他恢复知觉。驿车在夜里11点就要起程，屠格涅夫不得不遏制住突然爆发的爱恋温情。30 年后，屠格涅夫以同这位美丽姑娘邂逅为基本素材，完成了中篇小说《春潮》。几个小时感情的迸发，竟这样久久地存在于作家的心头。

1841 年春，23 岁的屠格涅夫结束在德国的学业，回到了故乡斯帕斯科耶村。在家乡的庄园里，他自由自在地生活，在平静无事中，突然迷恋上在村里当裁缝的阿芙多吉娅·叶尔莫拉耶夫娜。这个普通的姑娘来自莫斯科的小市民阶层，没有名门闺秀的血统，却拥有秀美的容貌和质朴的品德。屠格涅夫对她一见钟情。在他的心目中，姑娘温和秀丽、举止轻柔，她的步态、声音、微笑都变得那么可爱。姑娘也以自己的全部身心爱着这位地主少爷，他们很快便坠入情网。

这桩风流韵事传到屠格涅夫母亲耳中。她勃然大怒，马上下令把“犯下过失的姑娘”逐出斯帕斯科耶村。一对恋人被活活拆散。阿芙多吉娅回到莫斯科后，在普列契斯坚卡街租下一间房屋，开始在家里招揽裁缝手工活。离开村子时，她已经怀有身孕。1842 年 4 月，她生下了女儿彼拉格娅（小名波莉娅）。屠格涅夫的母亲如同专制的君王，孩子生下不久，她就派人强行把孩子从母亲身边抱走，接到斯帕斯科耶村。她不仅剥夺了儿子爱的权利，也剥夺了阿芙多吉娅做母亲的权利，致使母女分离。此后，阿芙多吉娅嫁给了小市民卢卡金。

屠格涅夫与这个普通姑娘的爱情，从一开始就注定是悲惨的结局。屠格涅夫无法抗拒骄横成性的母亲的淫威，更无法抗拒社会世俗观念的顽固。他的心底绝没有逢场作戏的念头。在他 1843 年写的短诗《小花》里，怀着对阿芙多吉娅的思念：

你可曾在幽暗的树林里，
在春天那嫩绿的草地上，
找到过一朵素朴的小花？
（你独自一人——漂泊他乡）

它在等着你：孤寂地开放

在沾满露珠的草丛中……
它留给你：蓓蕾初开时
冰清玉洁的芬香。

你采下纤弱的小花，
你伤害了它，
欲含着笑
绾在胸前。

你漫步飞尘滚滚的俗世，
四周的原野恍若火炉，
天上倾泻灼人的热流，
胸前的小花早已枯萎。

幽静的林荫是它的家，
它吮吸着晨露长大，
如今毁于烈日骄阳
一杯尘土将它掩埋。

莫莫莫！错错错！
它来到尘世，
莫非只为偎在你心
哪怕是如此一瞬？

从这首诗可以看出，屠格涅夫对阿芙多吉娅还是情深意重的。在长篇小说《贵族之家》里，他也把这段恋爱史加了进去。作为补偿，他无法还清这笔情债，便坚持年年付给她赡养费，也算是在道义上、心理上得到些慰藉。

阿芙多吉娅对屠格涅夫一直没有怨恨。1872 年 9 月，她给旅居国外的屠格涅夫写过一封信："我仁慈的恩人伊凡·谢尔盖耶维奇，祝您身体健康，亲吻您的双手。我想探问您的健康以及我女儿波莉娅和她丈夫的身体情况，请您开开恩，请您发发慈悲不要丢弃我。几年来我从您那里一直领到津贴费——每季度25卢布，可是现在接连4个月没有收到津贴了。我已经给您的管家尼基塔·阿列克谢耶维奇写过信，可是至今也不见回音，所以我不由得怀疑您是不是生病了。上次我见到您时，曾请求您把我安置到乡村（斯帕斯科耶村）居住，为此我会向您表示万分的感谢。再一次祝您万事如意。请您告诉我您的健康状况。永远尊敬您的阿芙多吉娅·卢卡金娜。"从信中可以看出，她与屠格涅夫父女一直有联系，她嫁人后依然保持着对屠格涅夫的尊重和对女儿的关怀。1875年，屠格涅夫通过土拉省省长得知阿芙多吉娅去世的消息，他一生中唯一的这笔孽债才得以从精神上解脱。

巴枯宁的三妹巴枯宁娜迷恋上了屠格涅夫，她大胆地向他表白爱情，主动进攻争取自己的幸福。才女加才子本是一段好姻缘，屠格涅夫却退避三舍，伤透了巴枯宁娜的心。几多"悔恨"，几多"惆怅"，萦绕在心头。

屠格涅夫一生还有过几次恋爱的机会，但都阴差阳错没有成功。1841年秋，屠格涅夫到普列穆辛诺庄园访问了同学巴枯宁一家。巴枯宁的三妹塔吉雅娜·巴枯宁娜迷恋上了屠格涅夫。巴枯宁娜时年26岁，有着绝美的容貌，柔丽的面庞，深蓝色的大眼睛，是一个有贵族教养的才女。她文化修养很高，博学多才，精于音律，醉心于德国古典哲学，对艺术和诗歌兴趣浓厚，精通多国语言。

巴枯宁娜从哥哥米歇尔·巴枯宁的来信中以及两个弟弟阿列克谢和亚历山大的口中，得知屠格涅夫是一个奇妙、活泼、善于讲故事、能给人以鼓舞的人，巴枯宁娜对屠格涅夫怀有好奇的倾慕之情。屠格涅夫出现在她面前时，作为诗人、哲学家、机敏的交谈者，他学识渊博，才智过人，机智幽默，谈吐俏皮，又是她所敬爱的长兄的好友，立即掀动了巴枯宁娜爱的心潮。她感到一阵狂喜，认为他是自己一直思念的意中人，是理想中的爱人。屠格涅夫也对她怀有好感。他在普列穆辛诺庄园仅停留了6天，便与巴枯宁娜结下了亲密的友谊。他们一起散步、交谈，讨论各种哲学问题，心灵感受到呼应。他把她唤作自己的姐姐（巴枯宁娜比屠格涅夫大3岁），后来又称之为他的“缪斯女神”。巴枯宁娜觉得在他的话语和目光中，已经看到了爱情的火苗，可是，不得不承认，她错了。

屠格涅夫本人对自己的感情，看来也没有能理解得完全清楚。因为抵达莫斯科后，第一次见到巴枯宁娜的弟弟阿列克谢时，屠格涅夫就请他给姐姐写信，说他——屠格涅夫，在普列穆辛诺庄园度过的日子是永志不忘的，因为这6天的每一分、每一秒都包含着整整一个世纪。屠格涅夫坚持向阿列克谢要求说：“请您就用这些话来表达……”

很快他又亲笔给巴枯宁娜写信，表示希望在最近能同她在莫斯科见面。结尾处，他还充满激情地写道：“我知道，您不喜欢谈起您的身体健康状况。我只想说一句：您应该了解，您的生命还有可能使别人获得崇高、神圣的使命，而且谁能知道，它目前莫不是已经起到了这种作用?”过了一段时间，他又一次写信：请你们不要忘记我，你们要知道，正如普希金所说：

你的幽僻忧郁的居处，
你临别前的窃窃私语，
是唯一的宝藏和圣物，
为我的灵魂深深珍惜。

这些半吞半吐的自白，搅乱了巴枯宁娜内心的平静，让她激动得坐卧不安。原本她就爱恋屠格涅夫，这封信如同一把火，把她的爱情欲望点燃。她不顾世俗的清规戒律，大胆地向屠格涅夫吐露了自己的爱情：“……您可以随便讲给任何人听，我爱您，我不惜卑躬屈膝、低三下四，亲自把我自作多情的爱，把我这不受欢迎的爱奉献于您的脚下。任凭人们蔑视我吧……”这种大胆的真情表白，非同一般的炽热倾诉，使屠格涅夫大为惶惑，甚至忧心忡忡起来。

巴枯宁娜在屠格涅夫身上看到了完美的典型，预言他作为一名诗人有着伟大的前途，她没有必胜的信心得到屠格涅夫，只谦逊地向他请求一件事——铭记她的忠贞不二、永世不渝的爱情。

同巴枯宁娜的这段浪漫史，始终是巴枯宁娜积极主动“进攻”，屠格涅夫被动地退避三舍。他对巴枯宁娜没有爱情，说不清是躁动还是渴望，也就没有付出真情。与屠格涅夫相反，巴枯宁娜的爱是真心而炽烈的。她作为有知识、有教养的女子，对屠格涅夫爱得一往情深。她曾写道：“屠格涅夫，您的信，只要我还活着，就不会离开我。即使是您本人索还，我也不会交出的——我的痛苦、我的爱情赋予了我这个权利。这种权利，任何人也休想剥夺。您最近的两封来信，从我收到之日起，一直保存在我的贴心处。我唯一的乐趣，就是感觉得到它们的存在，就是把它们久久地贴紧……”巴枯宁娜对屠格涅夫的爱，是真诚的、义无反顾的，为此她曾大病一场。屠格涅夫心中没有爱，只把巴枯宁娜当成心灵之友。

他们曾多次在莫斯科和朋友庄园会面，留下的却是心灵的忧伤。屠格涅夫并不想真正谈恋爱，却还让巴枯宁娜相信，他对她怀有深厚的感情。看得出屠格涅夫言不由衷，缺少质朴的和真正的感情，巴枯宁娜也就不再主动进攻了。

1842 年 3 月下旬，在他们分手之前，屠格涅夫给巴枯宁娜写了一封长信：“……有时我想，和您完全分手，但只要我一想到，您不在，您已谢世……我立刻陷入痛苦的深渊，这悲痛并不仅仅因为您遭遇到不幸，而且因为您没能理解我，没有听到我一句真诚、坦白的话语就永别了……我还感到，我不是与您永远分离……我还要去看您……我善良、美丽的姐姐……我知道在任何时候我对一个女人的爱都不会超过对您的爱，尽管对您的爱不是完全的、永生的……您的形象、您的全部身心永远活在我的心中，不断地成长、变化，并且像普罗托斯海神一样不断地获得新的形象。您是我的缪斯……再见吧，我的姐姐！为我上路而祝福吧，暂且您可以把我看作一块岩石，虽然它是无声的，但其石头一般的心的最深处却锁闭着真正的爱和情！”

巴枯宁娜看出这封信并不是他的真心话，便在屠格涅夫的信上写了如下批语："奇怪的是，一些人怎能随心所欲？最神圣的东西怎能成为他们的儿戏，以至于他们不惜损害他人的生活？为什么他们总是不能对自己同时也对别人正直、严肃和质朴？难道他们完全没有关于真实、关于爱情（我指的是广义的爱情）的概念吗？依我看，谁珍惜它，谁充满爱的精神，谁就永远能质朴、伟大、诚挚地对待自己和对待他人，同时也不会像孩子一样轻率地玩弄最神圣的东西——他人的命运……"

巴枯宁娜的批语，屠格涅夫没有看到。他的内心不是冷酷无情的，他是一个敏感内向的人，对于女性的火热进攻，多少还有点儿不适应。关于他与巴枯宁娜这段罗曼史，他还是有很深的感触的，并以这些感受为题旨，写过一些诗歌作品，如《把手伸给我吧，我们去田野漫游》（1842年）、《当我和你分别时……》（1843年）、《雷雨过去了》（1844年）、《浮荡着条条白云》《涅瓦河》等一系列短诗。在长诗《安德烈》（1846年）里，也可以察觉到他同巴枯宁娜这段浪漫史的心影。这说明屠格涅夫还怀念那段日子，心中还装着巴枯宁娜。《雷雨过去了》这首诗就充满着追忆和心灵的感伤：

月下的树影，
笼罩着深幽的屋舍，
房门、回廊、熟悉的台阶
不见伊人，天各一方……

那大发雷霆的神祇，
是否已经怒气全消？
你真的偎在爱人胸前
把烦恼抛在云外九霄？

你心灵的创伤还在隐痛？
天下竟无处让你安宁？
那个旧巢早已被遗弃，

你还在里面苦闷、叹息?

屠格涅夫与巴枯宁娜这段恋情之所以没有成功，根源在于屠格涅夫，他几乎落得个“负心汉”的名声。几多“悔恨”，几多“惆怅”，萦绕在他们的心头。

36 岁的屠格涅夫本该与 18 岁的奥莉加结成眷属，但爱情又一次擦肩而过。因为他深深爱恋着女歌唱家维亚尔多，心中再也装不下别的女人。他对维亚尔多一往情深，被唤起的激情使他的创作进入了旺盛期。

屠格涅夫的创作生涯始于大学时代，1834 年完成的处女作诗剧《斯杰诺》，带有鲜明的浪漫主义特色。1843 年他发表叙事长诗《巴拉莎》，标志着他从浪漫主义转向现实主义，得到别林斯基的赏识，认为他有“独特的才华”。1847 年前，他又陆续发表出版了长诗《交谈》《安德烈》《地主》等，剧作《疏忽》《落魄》等以及随笔、评论和中短篇小说，为他赢得了荣誉，结交了很多文学界的朋友。

1848 年，在巴黎期间，屠格涅夫常去图契科夫家做客，同图契科夫的小女儿娜塔丽雅·阿列克谢耶夫娜·图契科娃结下了友谊。他把刚刚写完的喜剧《物从细处断》献给了娜塔丽雅。屠格涅夫曾开玩笑似地问娜塔丽娅想嫁给她家客人中的哪一位，当他听到年轻的姑娘回答说“我也许会嫁给您”的时候，显得很高兴。在图契科夫一家离开巴黎返回俄国时，屠格涅夫赠送给娜塔丽娅一个小记事本作为临别纪念。记事本里写着，希望她在没有看这几行题词和没有回想起有一个永远不会忘记她的人之前，永远切勿作出任何重要决定。后来，娜塔丽娅嫁给了奥加辽夫，她并没有忘记屠格涅夫的题词，一直珍视同他的友谊。

在屠格涅夫的生活中，曾有过一次似乎向他预示新生活来临的机会。1854 年夏，他爱上了远房亲戚的女儿奥莉加·亚历山大罗芙娜·屠格涅娃，一度想向她求婚。屠格涅夫度过了流放岁月，常向朋友说自己没有成家，是一件遗憾的事情。他已经 36 岁了，觉得该建立一个美满家庭。奥莉加年方18岁，善良、迷人、聪慧，善解人意，富有音乐才能。通过与屠格涅夫短暂的接触，她也爱慕他的才华，感情上掀起波澜。两厢情愿本该结成眷属，但爱情又一次同他擦肩而过。阻力不是来自年轻的奥莉加，而是来自屠格涅夫。他的心灵深处还在依恋着远在法国的维亚尔多，忘不了时刻凝望着他的那双充满魅力的眼睛。屠格涅夫对波莉娜·加西亚·维亚尔多怀有深厚的感情，远远胜过了对奥莉加的感情。对屠格涅夫来说，错过与奥莉加的爱情，无疑是一种心灵上的折磨和生活上的缺憾。

出身于演员世家的波莉娜·加西亚·维亚尔多是法国著名歌唱家，她的歌剧才华享誉欧洲，博得音乐界巨星李斯特、瓦格纳的推崇。1843年秋，她随意大利歌剧团来到彼得堡，当时芳龄才22岁。她长得并不好看，个子矮小，有点儿驼背，肤色黝黑，面部线条也不细腻，黑色的大眼睛有点儿突起。一位画家认为她简直丑极了。但在她的身上，有一种奇特的魅力，那就是有一副天生的好歌喉，有着了不起的音乐天赋，而且具备绘画才能。

波莉娜在彼得堡的首场演出大获成功。她在歌剧《塞维勒的理发师》中出演的罗丝娜，迷倒了全场观众。她美妙的歌喉和演唱技巧，使听众如醉如痴。屠格涅夫第一次听她演唱，就倾倒在她的面前，盛赞她那横溢的才华“恍如满杯美酒”。从那一天起，凡是意大利歌剧团演出，他每场必到，从不错过，向波莉娜大献殷勤。波莉娜对他却敬而远之。波莉娜嫁给了位于巴黎的意大利歌剧院经理、法国翻译路易·维亚尔多。

为了接近波莉娜，屠格涅夫同她丈夫路易·维亚尔多结伴外出打猎，通过维亚尔多介绍给波莉娜。后来，维亚尔多先生开玩笑说，屠格涅夫是被当作一位年轻的地主、优秀的猎手、健谈的人和平庸的诗人介绍给他太太的。因为那时屠格涅夫还没成为文学大师。

屠格涅夫把11月1日与维亚尔多夫人相识的这一天，看作是永世难忘的日子。他给维亚尔多夫人写信说：“在人世上，我再没有见过比您更完美的人……在生活道路上与您邂逅相逢，这是我毕生最大的幸事。我的忠诚和感念之情没有止境，只能随我的死亡一道消逝。”

屠格涅夫对维亚尔多夫人的狂热追求，被朋友们看作是头脑发热，别林斯基甚至说他这是轻浮的恋爱。但是，这一次谁也没有说对。屠格涅夫从认识维亚尔多夫人之日到去世，在整整40年的时间里，他付出的是终生不渝的、真诚的爱情和深厚的友谊。每次去法国，他一定会去看望她，并住在她的家里。她去欧洲各国巡回演出，屠格涅夫始终陪伴着她，维亚尔多夫人足迹所到之处，都有屠格涅夫的身影。维亚尔多夫人被他锲而不舍的耿耿忠心所打动，也回报他以真挚的感情，关心和支持他的文学创作事业。两个人的关系亲密无间，非同一般。

屠格涅夫深切眷恋维亚尔多夫人的感情，不是一般的爱情，吸引他的是维亚尔多夫人的罕见的丰富性格、惊人的智慧、广博的知识及杰出的演员天赋。他对维亚尔多夫人佩服得五体投地，凡事都要征求她的意见。屠格涅夫对友人费特说过："我一生中遇事，在未与维亚尔多夫人商量前从不采取任何行动。"他的女儿被送到法国巴黎，安置在维亚尔多夫人家里，与她的子女一起接受教育，就是屠格涅夫听了维亚尔多夫人建议后决定的。

屠格涅夫每天都给维亚尔多夫人写信，常常一天几封信，在这些信中谈戏剧，谈演出，谈写作，谈读书，谈时事，谈见闻，谈动物，谈故人，就是不谈爱情。屠格涅夫把对维亚尔多夫人的爱慕，化成深厚的友谊。在信中，他对维亚尔多夫人常用的称呼是"善良的天使""亲爱的朋友"。信的落款处，他常写的是："全身心忠于您的屠格涅夫""永远忠于您的屠格涅夫""无限忠于您的屠格涅夫""您最忠实的朋友屠格涅夫""您的老朋友屠格涅夫""你们的屠格涅夫"等，从来没有出现过"爱你的……"的字眼。

但在友人面前，他从不掩饰对维亚尔多夫人的爱。他在1856年9月25日写给列夫·托尔斯泰的信中说道："……在此我过得很好，常常跟我真心喜爱的人在一起，他们也爱我。"这时他正在巴黎，真心喜爱的人指的就是维亚尔多夫人。

与维亚尔多夫人的相识、相知、相爱，唤起了屠格涅夫心中持续不衰的激情，这种激情使他的精神生活和创作都显得格外充实，这是他创作道路上大获成功的动力。1847年至1851年，屠格涅夫在进步刊物《现代人》

上发表了《猎人笔记》，它以随笔形式出现，包括25个短篇故事。作品反农奴制的倾向触怒了当局，便以屠格涅夫发表追悼果戈理文章违反审查条例为由，于1852年4月将他拘捕，关押在警察分局1个月，然后放逐到原籍软禁达1年半之久。

《猎人笔记》是屠格涅夫的成名作，也是他的第一部现实主义力作，成为散文化小说、诗化小说的范例，对俄罗斯文学产生了很大影响。此后，他一发而不可收拾，创作重心从诗歌和剧本转到小说。在十几年里，他陆续写出了长篇小说《罗亭》《贵族之家》《前夜》《父与子》《烟》《处女地》等，奠定了他作为小说家的地位。它们成了俄国19世纪40年代至70年代社会生活的艺术编年史。此外，他还发表了很多优秀的中短篇小说、随笔、剧本、散文诗等。他的文学成果一方面是生活积累的结果，很多作品有他生活中的影子；另一方面与受维亚尔多夫人的爱恋激发不无关系。

屠格涅夫迷恋维亚尔多夫人四十余年，成为维亚尔多夫人家的成员，始终得到的是深厚的友情。他痴心不改，始终如一。值得他欣慰的是一生中的最后两篇作品，是通过终生依恋的最心爱的女人之手共同完成的。

屠格涅夫是个重感情的人，只要是他爱过的女人，即使分手后，也会献上几首怀念旧情的诗。可他与维亚尔多夫人相知四十余年，只是在1843年认识时，写过唯一的一首诗《我为什么要反复沉吟悲凄的诗句》：

我为什么要反复沉吟悲凄的诗句？
为什么每当夜阑人静之时，
那热情的声音，亲切的声音，
便禁不住要向我身边飞驰？

为什么？不是我在她的心里
点燃起无声息的痛苦之火？

在她胸中，在她痛苦的哭诉中
发出的呻吟不是为我？

那为什么我的心儿
这样疯狂地朝着她脚边靠拢？
就如海浪喧闹不息地
向着那不可企及的岸边奔涌……

在与维亚尔多夫人相识期间，屠格涅夫和列夫·托尔斯泰的妹妹托尔斯泰雅，也有过短暂的接触，彼此留下了好感。1856年初夏，他把短篇小说《浮士德》献给托尔斯泰雅。这篇有着浓厚抒情意味的小说，飘荡着对托尔斯泰雅一缕绵绵的情思。他在给列夫·托尔斯泰的信中，经常问候托尔斯泰雅的病情。1857年1月15日的信中他写道："……我收到您妹妹写来的一封极为亲切的长信，我很高兴。我真心地眷念她，得知她得了病，我心里感到莫大的忧伤。她也喜欢我的《浮士德》。说来我这篇东西的境遇也真怪，它竟然不合其他人的口味。令我最遗憾的是，这篇东西也不合维亚尔多夫人的口味！"比起他对维亚尔多夫人深厚的爱恋，托尔斯泰雅只是他生命中的过客。

1864年春，维亚尔多在巴黎剧院的舞台上完成了最后一次演出。告别舞台生涯后，全家迁往德国美丽如画的小城巴登。屠格涅夫在维亚尔多夫人别墅的附近也购买了一块地皮，盖了一幢自用住房，在那里一直住到1870年。屠格涅夫几乎每年回国一次，但每逢7月18日维亚尔多夫人生日这一天，他一定要赶回巴登，和她共度生日。

1870年夏，普法战争爆发后，维亚尔多一家搬到英国伦敦，屠格涅夫也随他们一起迁居那里。战争结束后，维亚尔多在巴黎的杜厄大街购置了一幢住房，从此在巴黎定居。屠格涅夫在战后头几年，冬天便借住在维亚尔多巴黎市区住宅的二楼上。夏天，他通常移居到巴黎郊区的布日尔瓦。在维亚尔多的雅谢尼庄园相邻的花园里，屠格涅夫自建有一幢舒适的小别墅。他和维亚尔多夫人都有自己的工作，他在写作《处女地》，维亚尔多夫人收学生，教音乐。为了能与维亚尔多夫人在一起，屠格涅夫长期侨居国外，过着孤寂的生活。

屠格涅夫与维亚尔多夫人的交往，到底是一种什么关系？是情人关系？是单相思？是圣洁的爱情？是纯洁的友谊？谁也说不清楚。熟悉他们的人认为肯定有隐秘的私情。屠格涅夫的哥哥尼古拉到巴黎看过弟弟，后来在给妻子的信中说："维亚尔多的孩子们虽然与弟弟毫无相像之处，却待他如同父亲一样。我不愿说人家的闲话，但我相信，从前，在她和他之间一定有过更深的关系……"当然，这些凭空猜测并未得到事实印证。

屠格涅夫与维亚尔多夫人在一起，有欢乐有烦恼，也有内心的痛苦。他在维亚尔多夫人家居住，尽管总是按期交付生活费，绝不白吃白喝，但那种寄人篱下与人分享爱情的滋味，毕竟是很难受的。他虽然时常感到痛苦，但就是抵挡不住爱情的魔力："很久以来，在我的心目中，她就是女中豪杰，她永远使所有别的女人黯然失色。我自作自受。我唯有在一个女子踩着我的脖子，把我的脑袋按进泥土里时，才感到幸福。我的上帝！对于一个长相丑陋的女子来说，这是多大的幸福呵！"这是屠格涅夫迷恋维亚尔多夫人的真情告白。

1882 年 3 月，屠格涅夫在巴黎病倒了。这病很奇怪，没有什么疼痛，却站不起来，只能从此卧床。他做过一次手术，病情不但没有减轻，反而增添了疼痛的折磨。1883 年 4 月，他病情恶化，被从巴黎护送到布日瓦尔。在病魔的折磨下，他的创作热情并没有被浇灭。在丧失写字能力后，屠格涅夫于 1883 年 6 月，用法语向维亚尔多夫人口述了自传体散文《海上火灾》；8 月又用法语、德语、意大利语向维亚尔多夫人口述了短篇小说《死亡》。

在屠格涅夫去世前的一年里，为避免音乐对病人的干扰，维亚尔多一家人从布日瓦尔搬到巴黎城里居住。朋友们为屠格涅夫死前的这段时间的孤独与寂寞感叹，但他一生中的最后两篇作品是通过与自己终生依恋的最心爱的女人之手共同完成的，也足以感到死前的欣慰。

1883 年 9 月 3 日下午 2 时，65 岁的屠格涅夫在巴黎近郊的布日瓦尔去世。据遗体解剖，他患的是脊椎癌。他的遗体于 10 月 9 日运回俄国，安葬在彼得堡的沃尔科夫公墓，与别林斯基的墓相邻，这是他生前的遗愿。俄国的知识界为他举行了葬礼，虽然新沙皇百般阻挠，仍有170多个代表团前来悼念，上万人参加了葬礼，可谓盛况空前。俄国所有监狱里的政治犯也敬献了一个花圈，挽联写着："献给不朽的伟人——全体英灵敬挽"。这恐怕是屠格涅夫生前没有想到的。

屠格涅夫留给后世的6部长篇小说及数十篇中短篇小说，确立了他在世界文学史上的地位。他被称为"小说中的小说家"，不少著名的欧洲作家还尊称他为自己的老师。尽管他在爱情上屡屡失意，但文学上的成就也该使他心满意足了。

风流韵事对外守口如瓶——惠特曼

美国杰出的民主主义诗人惠特曼，一生留给人们很多谜。他写过为数不少的性爱诗，但对女性的追求有时却表现出不感兴趣。他对风流韵事守口如瓶，任人去猜测。英国女作家安妮·吉尔克利斯特夫人大胆、狂热地献出自己的爱，他却拒不接受；他终身未婚，临死前却说自己有6个孩子。

沃尔特·惠特曼（1819—1892年）是19世纪美国杰出的民主主义诗人。他的诗歌总集《草叶集》以其宣扬民主的内容和革新的形式，成为美国近代文学史上的一座光辉的里程碑，对美国乃至世界的诗坛产生了深刻的影响。然而不容忽视的是，在他的作品中，除了大量歌颂民主和国际主义的诗歌外，还有为数不少的性爱诗，使得这位终身未婚的伟大诗人在生前就招致了不少争议。有的批评家指责惠特曼过分渲染"性"的美妙、功能和结果，在他的笔下，只有性，没有爱情；英国作家劳伦斯甚至说惠特曼的女人只有"肌肉和子宫罢了，她们根本不需要面貌"。可惠特曼得到了众多女性的拥护和支持，并颇受她们的青睐。

惠特曼从不轻视女性，是男女平等的积极倡导者。他认为理想中的女性应从身体到智力和道德修养都"丝毫不亚于"男人。惠特曼也不鄙视婚姻，有一次曾将独身男女归入"蠢货"之列，建议他们"买上蜡烛和双人床，让自己过真正的生活，并为国家尽些义务"。他十分喜欢孩子，常对儿童表示出亲切的关怀和爱护。惠特曼自己却没有结婚和生儿育女的打算，对待生活中的女性一向很淡漠，很少注意她们。他的学生和友人霍勒斯·特劳贝尔说过："他似乎讨厌女人。"惠特曼在21岁时也曾写道："我对女人的个性、习惯、想法和处世之道一无所知。"不过，所有这一切并不能阻止女性对他的倾慕。早在他的诗歌刚发表时，他便"时常收到许多情书——带有香味的书信"。其中，来自大西洋彼岸的英国女作家安妮·吉尔克利斯特夫人对诗人的情感最为炽热，智慧和见解也最高超。

1819年5月31日，惠特曼出生于纽约长岛亨廷顿区的西山村。父亲是一个性格执拗且抱有偏见、嗜酒而不善理财、一辈子潦倒不堪的木匠。但他一生崇尚民主思想，崇拜华盛顿、杰克逊等政治家，经常阅读空想社会主义者的著作，对儿子进步思想的形成产生了最初的影响。惠特曼的外表更像母亲，红润的肤色、五官长相、声调和步态无一不像母亲。母亲路易莎是个热情而贤淑的女人，坚韧而有耐性，幽默而能说会道。惠特曼性格中的那种奇特的感情、精神和对人的同情心，明显来自于母亲。

惠特曼在8个子女中排行老二。8人中，1人是天生的白痴，3人患有神经衰弱。后来的评论家认为惠特曼性苦闷的原因是因为他有某种生理"异常"或"缺陷"之处。理由之一是惠特曼一家人多数身体不健康。惠特曼本人也是外强中干，带有病弱特征。

1825年惠特曼全家迁至布鲁克林。父亲放弃农业，成了一个城市木工。惠特曼在布鲁克林公学念了几年书，因家庭经济困难，11岁就辍学了。为了糊口，他当过童仆、勤杂工、学徒、排字印刷工、乡村小学教师、编辑、记者、职员等。无论做什么工作，惠特曼都勤奋好学，利用业余时间阅读了大量世界文学名著，历经坎坷成为一名诗人。他始终保持劳动人民本色，没有忘记家庭责任。他常帮助母亲管教弟弟妹妹，甚至发展到几乎想"篡夺"父亲地位的程度。惠特曼这种好为人父尤其是好为男孩子之父的异常心理，影响了他一生。

惠特曼与女人的交往是一个谜。传说他与有夫之妇有染；与克莱尔有一段罗曼史；他的心被意大利歌唱家玛丽埃塔勾走；与女作家朱丽叶之间关系不寻常；与埃伦·艾尔曾坠入情网。但只是传说而缺乏足够证据。

惠特曼的民主主义思想有两个主要来源。少年时代，他多次聆听家中常客托马斯·潘恩的谈话，后者激进的民主倾向和空想社会主义的思想给他留下了深刻影响，使他从小就立志成为一个潘恩式的民主斗士。成年以后，适逢超验主义运动兴起，他为爱默生的学说所迷醉，更加热爱大自然和普通的劳动人民，强化了自己的民主立场。

惠特曼1839年开始文学创作，先是写一些短诗。1840年在布鲁克林长期定居下来，在《新世界》报馆当印刷工人，并开始参加当地的政治活动。1842年，他担任《纽约曙光》报的编辑。1846年年初，他又担任《布鲁克林每日鹰报》的编辑，因在该报发表过反对奴隶制度的文章，于1848年1月被解职。

1848年2月，惠特曼经过一生中第一次长途旅行后来到了新奥尔良，主编《新月报》。南方的女人引起了惠特曼的兴趣，并开始在他的笔下出现。5月18日，惠特曼发表了一篇讽刺作品《一个夜晚有你所知道的人参加舞会》。有的传记作者根据文中"你所知道的人"一语和《有一次我经过一个人口众多的城市》等其他有关性爱的诗，以及惠特曼自己的一些说法推测，认定他在此地有一段坠入情网的罗曼史，女方是个富裕的有夫之妇，差点闹出丑闻，所以不得不在事发之前匆匆离开。也有的说是由于政见不合，惠特曼待了3个月便辞职而去，使得这一问题直到现在仍是一个争论不休的"悬案"。

认为惠特曼与那个有夫之妇有染的人，主要是从他那时创作的一些表达爱慕异性的诗歌来推断的，后人于1925年发现这些手稿。为了出版便利，诗人把手稿上原有的男性称谓改成了女性，例如《我穿过闹市》的原文应该是：

以前我穿过闹市，总留意街头的摆设、建筑与风俗，
现在我穿过整座城市，只想着那天偶遇后一直令我牵肠的人。
日以继日，夜以继夜，我们时刻相守，遗忘了尘间的一切，
我眼里只有他（她）热烈的拥抱。
一次次迷茫，一次次欢爱，一次次分离，

他（她）紧握着我的手，不想让我走，

我看到他（她）紧贴着我，紧闭的双唇在颤抖。

看得出诗人虽然初尝禁果，但世俗的禁忌使他难以接受和回报对方的爱，内心的恐惧使他不得不逃离快乐。

从1850年开始，惠特曼一方面从事体力劳动，做木匠和建筑师；另一方面展开了他的旺盛的诗歌创作活动。他开始在报纸上发表自由诗，表达对大自然的热爱和自由民主生活的赞颂；南北战争爆发后，积极支持林肯解放黑奴的主张，并亲自参加战斗。

有记载的使惠特曼着迷的第一个女人是意大利歌唱家玛丽埃塔·阿尔伯妮。1852年冬，她到纽约演出了4部歌剧，每剧演出10场，惠特曼场场不落，被“人类十全十美的声音”所迷，她的歌声“像旋风一样”把他的心勾走了。阿尔伯妮音域宽广，相貌端庄，举止文雅而稳重，具有独特的美。直到晚年，惠特曼对这位歌唱家仍然念念不忘，常对友人谈起：“我恐怕她并不知道，她的歌唱，她的艺术手法，30年前给了我从那以来全部的诗歌创作以基础和开端。她给我带来了多么崇高的欢乐和愉快!”的确，没有阿尔伯妮的歌声和身姿，惠特曼的诗歌怎能在读者心中永远回响不绝呢?

1857年惠特曼卷入了一场债务纠纷。1855年他的诗集《草叶集》第一版在纽约自费出版，只有94页，12首诗作；1856年《草叶集》印行第二版，增加了20首新诗。由于销路很差，使得他经济十分拮据。这时，他的一个朋友兼邻居、著名传记家詹姆斯·帕登主动提出借给他200美元。惠特曼1857年年初拿到钱后，写了张短期借据。到期后，由于惠特曼无力偿还，帕登的法律代理人从他家拿走了几件有价值的物品，却未留下收条。惠特曼以为债务已经偿清，帕登却不承认，结果形成了一桩“赖账”的“丑闻”。奇怪的是，惠特曼对帕登本人并无恶感，只有1889年对友人隐约地表示，这里面包含着“恶毒、妒忌、暧昧……如果我可以这样说的话，其中还有女人，肯定有个女人。”这个女人指的是比帕登年长十几岁的妻子——萨娜。

萨娜为人任性而且轻浮，有过不少风流韵事。1856 年年初，颇具文采的她选择的第三个丈夫就是帕登。惠特曼为了出版作品，经人介绍认识了帕登夫妇。很快 4 月 19 日萨娜在纽约《登记》报上，发表她的专栏文章《阳伞下的一瞥》写道："她虽还没读过惠特曼的诗集，却已经在爱慕他了。"两天后，她给惠特曼寄来剪报和一张约他见面的字条，其中写道；"你多美妙呀！要是我不在一星期之内把一个女人对你的想法告诉全世界，我的右手准会萎缩的。"5 月 10 日，她又在自己的专栏发表文章评论《草叶集》，最引人注目的是，她公然声称自己甚至"对诗集中那些'粗野、淫荡'、名声很坏的篇章也深为爱好"。萨娜本来对惠特曼"有意"，可能因为惠特曼没有接受，萨娜转为"满怀不可遏制的仇怨"。惠特曼也十分气愤，于 1857 年 7 月 9 日在《时代日报》上发表文章，影射帕登夫妇，但矛头直指萨娜，称"一个真正的女人抵得上 10 个范妮・蕨"。范妮・蕨是萨娜在文学界的雅号，这件事对他不无影响。

1857 年，惠特曼在布鲁克林《时报》担任编辑，开始为该报撰稿。这期间，他常去纽约普法夫酒店，那里是新创办的《礼拜六新闻》俱乐部。惠特曼由此认识了女编辑简・麦克尔赫尼，外号人称埃达・克莱尔，同南方著名诗人保罗・汉密尔顿是表姐妹。她和画家兼音乐家路易斯・戈特沙尔克在法国有一个私生子。她又被称为"波希米亚女王"。埃达以其美貌、机智和标榜个人享乐而著名。她与惠特曼成了朋友后，诗人更喜爱南方了。1874 年，埃达因狂犬病去世后，惠特曼深感震惊地叹息道："可怜的埃达・克莱尔。"他亲切地想起了她那"快活、大方、开朗、自由、放浪但并非不良的生活"，并极力维护她的名誉。因而在惠特曼去世后，有人认为他们之间有一段罗曼史。

1860 年《草叶集》第三版出版后，埃达在纽约《礼拜六新闻》率先发表了高度称赞《草叶集》的文章，并邀请一个欣赏惠特曼的女作家朱丽叶・H. 比奇太太写评论。不料，比奇的丈夫加尔文先生抢先以她的名义送来一篇文章，说惠特曼是个渔色者，有着"牲畜饲养人"的道德敏感，"把女人视为专以满足他的欲望和繁衍人种的工具"，应该自杀。编辑未经细看，便于 6 月 2 日以朱丽叶的名义发表了该文，一个星期后署名更正为比奇先生。

6月23日，一个署名“一个女人”的人撰文反驳比奇先生，为惠特曼打抱不平。她称赞惠特曼是“民族天才”的化身，并预言这些诗篇“必将成为未来美国诗歌创作的典范”。作者写道：“上帝祝福他吧。沃尔特·惠特曼在人间以及在人世之外都将是不朽的。”一般认为这个女人就是比奇夫人，为不把家庭之争外扬，才署匿名的。惠特曼晚年说他曾引起比奇家庭生活中“相当大的一场烦扰”。诗人逝世后，他的好友奥康纳夫人断言他和女作家朱丽叶之间关系不寻常，并说他1865年发表的《从滚滚的人海中》就是为了抚慰朱丽叶而写的：

从滚滚的人海中，一滴水向我温柔地低语：
我爱你，我不久就要死去；
我旅行了迢迢长途，为了来看你，与你亲近，
我不能死，除非见到了你的风姿，
因为我害怕以后会永远失去你。

诗的后一半是安慰那个仰慕者，劝她“和平地回到海洋去”，因为“我也是海洋的一部分”，“我们只不过分别一小时，但不能永远分离”。分析家们认为惠特曼在这里否定了肉体的爱，歌颂永恒的精神之爱，认为只有永恒的精神之爱，被隔离的灵魂才能一起常住。这种解释与惠特曼的哲学观点相符。出版家埃尔·厥奇就说过惠特曼：“凡属自由恋爱一类的事都与他的思想格格不入。”但这首诗是否真为婉谢比奇夫人而作，那就很难说了。

惠特曼在1861年至1862年间，仍为一些报刊写稿，并常到医院看望在南北战争中受伤的兵士。这使他认识了一个叫埃伦·艾尔的女性，两人曾坠入情网。一种说法是惠特曼在为《领导者》杂志撰稿时认识的；另一种说法是惠特曼去医院时，常见到一个漂亮女士来医院为伤员分发报纸书籍、点心和衬衣，而又不愿让人知道身份和姓名，惠特曼出于好奇而与她结识。惠特曼去世后，他的学生特罗贝尔发现了一封女人写的情书，署名

为“永远爱你的埃伦·艾尔”，日期是1862年3月25日（星期三）。信中写道：“我的社会地位迫使我必须谨慎而神秘，也许我结交的友人专为猎奇。我必须保持匿名身份，更何况神秘感会给爱情带来一种难以形容的魔力；当一个女人沉湎于爱情时，即使她用礼教的面纱来掩饰她的行为，也不能怪罪于她……我相信，昨夜你给我带来欢愉之后，肯定很快又会眷念我，因为我写这封信给你，告诉你这里有一个明智的头脑和一颗多情的心。两者都将升华为欢愉和柔情。我的行踪和时间你已经知道了。如今就看你如何运用自如，使我成为最快乐的女人。”

一般认为，他们的关系在盛夏时就终止了，因为在惠特曼的日记本上写道：“福兰克·斯威尼（1862年7月8日），5号路。棕黑脸，大脸盘，小黑胡子（我把埃伦·艾尔的事全告诉了他）——寡言。”后来经过传记家的研究和推测，认为这位妇女很可能就是惠特曼晚年在书房壁炉架上的那张照片的真身。照片上诗人题道：“一位纽约女舞蹈家——我过去的一个情人。”由于惠特曼对自己的风流韵事守口如瓶，使得许多事情只能靠好友和后人的推测。然而，他与安妮·吉尔克里斯特的千里情话却是人人皆知，令人感动。

英国女人安妮寡居10年后，狂热地迷恋上惠特曼。这个42岁的两个孩子的母亲，大胆向惠特曼示爱，愿意为他生儿育女，为他付出生命。他却谨慎小心地回避。安妮到美国见到惠特曼，等待她的是失望和痛苦。

1869年8月，惠特曼的好友奥康纳转给他一封罗塞蒂从伦敦寄来的信，信中附有一个匿名的英国“妻子和母亲”写的关于惠特曼诗歌的评论。诗人被来自英国妇女的赞美和同情所感动。12月9日，他在写给罗塞蒂的信中，附了一张照片转赠给女作者，并说：“我希望你把这封信给她看看，如果她愿意，就交给她保存吧。”这个妇女就是安妮·吉尔克里斯特，她是英国传记家威廉·布莱克·亚历山大·吉尔克里斯特的遗孀。已是两个孩子的母亲，出身名门，艺术素养极好，与许多著名作家保持着友谊。但她的10年婚姻生活并不圆满，接着寡居10年，当时已经42岁了。

安妮读了《草叶集》后，被它深深地迷住了。她又于1870年5月在波士顿《激进者》上发表评论，大大鼓舞了当时正有点儿意志消沉的惠特曼。安妮十分崇拜、仰慕惠特曼，渴望与他结识。1871年下半年，安妮收到罗塞蒂转来的惠特曼给她的一套书及照片，罗塞蒂还告诉她可以直接与惠特曼联系了。安妮狂喜之中，于9月3日给惠特曼写了第一封信。她首先解释自己没有爱情却嫁给吉尔克里斯特的原委，接着便“服从良心的指令”。她坦白承认了痛苦地埋藏了两年之久的衷情：

1869年5月，从大西洋彼岸传来了那个声音——啊，我的爱侣的声音。它必然如此——我的爱情从悲哀和绝望的蹂躏中应运而生。我能等待——无论多久，一辈子、几辈子——我能忍受，我敢于忍受，我能学习、生长、受苦；但是无论是生是死，任何东西都不能消除我心中这个热情奔放的信念；有一天我将听到这个声音对我说：“我的伴侣，我渴望的人儿。新娘、妻子，永不分离。”……如果上帝说：“瞧，你所爱的人今生将不属于你——他将驶向茫茫大海——你能跟他去吗?”我将比初夜新娘投入丈夫怀抱时更加兴奋地携着你的手，跳下岸去。

面对安妮大胆热情的自白信，惠特曼却没有回信。10月15日，安妮写了第二封信，但却遗失了。她在10月23日的第三封信中，加了一条许诺：“亲爱的，我还很年轻，可以为你生儿育女……如果必要的话，我会冷静而乐意地为你付出我的生命。”

在狂热的爱情攻势下，惠特曼却踌躇再三，直到11月3日才写了封短短的回信，这是很费了一番斟酌、很有策略性的一个答复。信中没有问候之词，因为不知该如何称呼。其中写道：“我对你的爱并非无动于衷，我也把我的爱情奉送给你……我的书即是我最好的信、我的回答和我最真诚的解释。我已经将我的肉体和灵魂倾注在书中……如果我俩能欣然接受这一确实存在的美好而微妙的关系，吾愿足矣!”这封信写得隐晦迂回，惠特曼所说的爱并非是安妮所追求的爱情。

11月27日，安妮又写信说：“你这等待已久的信给我带来了高兴，也带来了痛苦。”她并未因信短而失望，而是“吾愿足矣”一词给了她当头一棒，因为惠特曼的诗已将她的全身心点燃，她无法控制自己的感情。面对安妮一封接一封的来信，惠特曼被逼得无处躲避，他必须快刀斩乱麻，不能让安妮继续自欺欺人。他写了第二封回信，虽然字面上说接受了她希望的一切，但从整个调子来看，仍是一种假象。他希望把她的爱局限在《再见》的一诗中所说的“摆脱肉体”的精神世界之中。

1872 年 1 月 24 日，安妮在一封比较平静的信中附来了自己的两张照片。从照片上看，她长得比较高大，脸部极富表情，一双深色的眼睛圆亮而透着机警。一周后，惠特曼回信，提到英国的丁尼生邀他访英，到时他会看望她及孩子。3 月 20 日，他又寄来一封信，坦率地劝安妮不要欺骗自己，应断绝此念，往她那炽热的激情上泼了一盆冷水，让她不要凭空塑造一个偶像，生活中的惠特曼极其平凡，不配受到她如此的钟爱。

可想而知，这给了安妮多么大的打击，以致她在 4 月 12 日的信中写道：“亲爱的朋友，你不要再‘警告’我什么了——它伤得我那么惨重，几乎摧毁了我的爱情。”但后来她把这段话涂掉，谎称没有收到信。她处在一个十分难堪的境遇之中。理智告诉她，她的追求是无望的，但感情上又无法摆脱这种希望。她激动地写道：“啊！要是我不相信你尽早会不得不向我伸出双臂，并说‘亲爱的，来吧’，我就没法再活了。”最后，她可怜地提出一个妥协办法，让惠特曼收到信后，随便寄来一张他看过的美国报纸，作为他身体健康的信物，也可从邮戳知道他的行踪。惠特曼接受了这个痴情的请求，从此便或寄报纸，或寄文书包裹，间或寄一便条。对惠特曼来说，这是友情。他在同安妮联系的前两年中生了个“三胞胎”，这就是《草叶集》第五版、《向印度航行》和《民主展望》。但他始终没彻底说明无法接受安妮的根本原因，可能是健康状况不佳，不想让爱情拖累自己的事业吧。

1873 年，惠特曼患了中风症，他最亲爱的母亲也于 5 月去世。8 月，他在自己最空虚时，写信给安妮，信中说他重读她过去的一些来信，并看了她的照片，希望她不要因为久未收到复信而苦恼，并附上一枚刚从手指上取下的戒指，连同他的爱一起送给她。这枚戒指可能是诗人母亲的结婚纪念物，可见惠特曼多么珍视对方的深情厚谊。

9月4日，安妮回信，称她满意而平静，“感到了那个曾经箍着你的皮肉而今后要在我有生之年，紧箍着我的戒指的压力。也许，如果我的手指是在你的手中，亲爱的沃尔特，你会生活得更加舒适的。”安妮又产生了新的幻想，更加满怀信心地追求自己的幸福，而惠特曼只不过出于寂寞带来的一时冲动罢了。

1875年7月，惠特曼写信询问安妮孩子的情况。安妮回信说，母亲最近去世，她可能抽时间去美国，并暗示日期是9月16日。1876年，安妮的长子有了工作，3个小儿女都向往一种新生活。她要采取盼望已久的行动，结束多年修女般的生活。同年1月18日，她写信给惠特曼，说将于8月30日与3个孩子一起来费城，让诗人给他们找一个临时膳宿之处。惠特曼没回信，仍是寄报纸。2月25日，她又写信说：“这将是我们俩分开的最后一个春天了。”她对未来的生活作了最美好的憧憬。惠特曼想劝阻这件事，在回信中采用缓兵之计，不同意安妮一家迁居美国，称他们会对美国的浅薄庸俗之风不习惯，而自己的身体已经好转，到时他会来伦敦与安妮商谈。然而事到如今，安妮的痴情已阻挡不住了。她于3月3日的信中表示坚决要来美国，4月21日又表示她已耐心地等了7年，不能再等了。最后，她于5月18日通知惠特曼，将于9月1日前到达费城。对此，惠特曼在9月10日的日记中只简略地写了一笔“吉夫人及其一家抵达”。

安妮见到惠特曼十分激动，他完全是她想象中的样子。不过，她一眼看出，伟大的诗人是不肯回报她的爱情的。惠特曼虽常去费城看望安妮一家，但为了不使安妮产生幻想，像在这场奇异的、单方面的爱恋中始终坚持的那样，他表现得委婉而冷漠。虽然他们在一起相处很愉快，聊得十分投机，但他们之间始终维持在好友的水平上，没有任何性爱的表示。这使安妮很痛苦，惠特曼只是对她亲切而已。在惠特曼的精神生活中，有两个荫庇处，一个是吉夫人寓所，给他以友情的温暖；一个是亭北川，赋予他自然的和谐与宁静。两者中，后者更占上风，因为他同安妮的接近是被动的、妥协的、暂时的，所以就是安妮也不能打扰他的宁静。

可怜的安妮终于懂得，她来美国是犯了一个错误。1877年12月，她告诉一个朋友："我好像觉得不应该再待下去了。"她的浪漫主义热情逐渐冷却。1878年，她到了波士顿和女儿住在一起，虽然她仍不断给惠特曼写信，但双方都意识到他们之间不可能点燃爱情的火焰。1879年6月，安妮度过在美国的这段失意而苦寂的岁月后，终于决定回国。在告别会上，两人都非常激动，他们之间的一切都闷在了心中。这是他们最后一次会面。6月7日，安妮起程走了。惠特曼由于各种原因没有送行。

安妮恋恋不舍地回到英国后，重新投入传记作家的写作生涯。1885年，惠特曼陷入生活的窘迫处境。安妮和罗塞蒂两人在英国为他筹集捐款。然而几个月后，1885年11月29日，她怀着一腔衷情与忧思与世长辞。12月5日，惠特曼从安妮的儿子赫伯特的信中得知噩耗，立即回信说："亲爱的赫伯特，我收到了你的信。现在除了甜美而丰富的回忆之外，什么也没有了——在整个时代、整个世界，没有比这更美好的回忆了——今天我不能写什么了，我必须独自坐下来想想。"1886年，赫伯特从英国到美国来给惠特曼画像，带来了母亲去世的细节。惠特曼称她是"最崇高的女友"。

安妮的去世是惠特曼丧母以来的又一个情感上的震动。几年以后他还说："这是个极大的冲击。我一直没有完全恢复过来。"他经常在言谈中流露出对她的怀念，这种怀念远不是短短的悼诗《走向某处》所能表达的。安妮是他真正的知己。1890年，他在与学生谈起安妮为他辩护的文章时说："那时几乎所有的人都在反对我……看来我注定要失败了……就在这紧要关头，出现了这位了不起的女人……我对她有过那种说不出来的震惊……爱（同时也是强烈的个人之爱）、尊敬、推崇。"他又说："她直到最后一息仍坚持认为《草叶集》……是力量、才能、热情、紧张、吸引、诚恳……的语言。"他承认同安妮的关系非比寻常："她对于我不仅仅是朋友而已。哈姆莱特说4万个兄弟也不能感受到他对奥菲莉亚所抱的那种情感。我觉得我自己也是如此。在惠特曼的心中，安妮与一般人不同，像自然一样朴素、真诚，有最宽广的博爱的心，最可贵、最情深的是乐观主义。

赫伯特在母亲去世第三年，为了写她的传记搜集材料，要求惠特曼将母亲的书信归还。惠特曼回答说："我觉得说不出任何理由，但是我的确想把这些信留给自己一个人看。你必须在书中至少说明这一点，那就是：

我没有认识过任何方面比我的亲爱的安妮·吉尔克里斯特最完美的人。”这些书信他一直珍藏着，直到他去世后才由遗著负责人之一托马斯·哈内德编辑为《安妮·吉尔克里斯特与惠特曼书信集》于1918年出版。

与惠特曼友情较深的女人还有他的好友奥康纳的夫人——尼莉。尼莉对诗人一直怀有不寻常的感情，在惠特曼与其夫争吵中，她始终坚决支持惠特曼。惠特曼也常写信给她，倾诉自己的苦闷和烦恼，却并未接受尼莉的感情。在他来说，一个知己远比一个爱人重要得多。

惠特曼终身未婚的原因扑朔迷离。但他热衷于同志之爱，是有历史记载的。他把喜爱的年轻男子当作自己的儿子，并在诗歌中大胆地歌颂这种同志之爱。惠特曼离我们而去，但他的《草叶集》却鸣响在人间。

1890年8月19日，惠特曼写信给西蒙兹，说道：“我虽未结婚，却有6个孩子——两个已经死了——一个孙子在南方还活着——这个好小子还常给我写信——环境（连同他们的利益和命运）把我和这些亲属分开了。”他的学生特劳贝尔也曾说到：惠特曼在去世前两三年，暗示有一个大秘密要向他自白，有一天还说几个小时前他的孙子来看他。当特劳贝尔遗憾没看到时，他却惊呼道：“天哪，可别！”惠特曼至死也未透露秘密，这件事成了一桩“历史悬案”，有以下几种说法：

英国作家亨利·B. 宾斯认为6个非婚生子女由南方一个女人所生，由于某种障碍，两人未能结婚。

法国作家赛林考特认为这6个孩子非一母所生。惠特曼自认为不是凡人，所以不只同一个女人交往，并且发生了相当于婚姻的爱。

大多数人认为这是惠特曼自己臆造的，为了驳斥关于他是同性恋者的谣言。在惠特曼的诗中，有“我要歌唱女人，也要歌唱男人”的诗句，他常流露出对于男性友爱的渴望。而他的确也与几个年轻男性交往过密，甚至称他们是自己的儿子。

1858年至1859年，惠特曼与一位叫M的男士有了同志之爱。这场恋爱使他彻底地完成了自我接受。遗憾的是，M没能很好地回报惠特曼的爱情。诗人心力交瘁，几乎绝望得要自杀。“我热烈的爱情没有得到任何回报，就让我把它诉之于纸上。”1860 年《草叶集》再版时，诗人不顾出版商和朋友们的竭力反对，坚持收入了这期间创作的《芦笛集》，开始大胆地歌颂同性恋。

我要让这团烈火熊熊燃起，燃遍我的身心，
我要让埋藏在烟雾下的激情迸发喷跃，
我要完全抛去遮掩，
我要预言和高歌同志与爱。
在无人踏过的草径上，
在碧水外溢的池塘边，
消遁的灵魂又展现了生命，
禁锢我心灵多年的关于享乐、利欲和循规蹈矩的教条
都已消失无影。
虽然没人会首肯，但我的灵魂清楚地感到，
我歌唱的人沉浸在同志的欢爱中。
远离尘世的喧嚣，
我们的言语吐露着芬芳，
在这个无人来到的角落里我自由自在，无所顾忌。
强大的生命伴随着我，向我显示了我所追求的一切，
我决心只高歌同志情谊，
让这首歌延续到我生命的尽头，
把这份充满活力的爱延续给后人。
四十一岁第九个月的这个下午，
我为所有年轻的和曾经年轻的男人而活，
我要说出日夜陪伴着我的秘密，
我要欢庆同志的爱情。
（在无人踏过的草径上）
来吧，我要向你袒露我宽阔的胸脯，

我要冲破这片窒息与压抑……
我要植下同志之爱，让它丰厚得如遍布美国河岸、
湖边和原野的树丛，
我要用同志之爱
使各个城市如臂膀搂住脖颈，永不分离。
有人说我想摧毁制度，
但我既不赞同也不反对制度，
（我究竟与制度有多少共识？究竟与它的毁灭有多少共识？）
我要在曼哈顿，在每个城市，不管是内陆还是海边，
在田野上，在丛林中，在水平线上每一寸土地里，
不要大厦、不要法规、不要商贾、不要任何争论，
建立起亲密的同志之爱的制度。

1861 年，美国南北战争爆发。惠特曼由于超龄被分配在华盛顿军医院，以看护、顾问、朋友的身份照料伤员。惠特曼充沛的精力、强烈的个性魅力和对病员的悉心照顾，使他获得了很多士兵的爱戴，而诗人则相信同情、友谊与爱比任何药物更能医治伤痛。他也曾爱上过其中的一些士兵，甚至提出要与他们共同组建家庭，但战争结束后都各归其路了。1862 年，他在医院结识了一个密西西比的 19 岁上尉，常去看望他，并称：“我们之间的友谊是非常浪漫的。”次年春天，他与一个叫刘易斯·布朗的 20 岁伤兵建立了密切联系，把他当作自己的儿子看待。惠特曼又通过他认识了托马斯·索耶中士，并特别喜欢他，在信中常常流露出父亲般的慈爱和某种爱的冲动。他希望和托马斯·索耶、刘易斯·布朗共同生活，今生今世永不分离。1863 年，他又结识了约翰·伯勒斯，两人结为深交。1864 年 1 月，伯勒斯在一封信中写道：“他（惠特曼）吻我，好像吻一个姑娘。”

1865 年 12 月，惠特曼认识了 18 岁的爱尔兰青年彼得·多伊尔。诗人坐上了彼得驾驶的马车。“当时车上没有其他的人，我见他只在肩上披了条毯子，冷得瑟瑟发抖，于是想过去安慰他一下。当我把手放在他的膝盖上时，我们四目相视就熟知了对方的一切。他一直坐到终点，然后又和我

一起回来。从那时起我们就成了最亲密的朋友。”这是彼得在1895年接受采访时这样回忆他与惠特曼的初次相见。

惠特曼与彼得在后来的几年中相守在一起，他对彼得爱如亲子，在经济上常帮助他，教他读书识字，晚上驾车出游，同出同归，有时一起在月光下漫步。惠特曼爱他，但不喜欢他嗜酒、纵爱女人。彼得敬爱惠特曼，却不愿听其管束。惠特曼痛下决心，割舍了这段不正常的感情。他在1870年7月15日的日记中写道：“放弃吧，从现在开始完全放弃这种热情的、无尊严的追逐吧。埋得太久了（早已太久了），好羞耻。”惠特曼的诗歌和行动，使不少人认为他是同性恋者，所以终身未婚。

这场经历使惠特曼进一步认识到同志之爱的力量与重要性，使他对同性恋的歌颂超越了个人情怀。他认为对同志之爱的承认不仅是社会进步的标志，同时这种爱本身就是推动社会发展的进步力量。诗人思想的升华体现在他所作的《展望民主》中，并为他创作《自我之歌》做好了精神铺垫。惠特曼说充实的爱情生活使诗人歌颂同性恋达到了极其开朗的境界，并写出后来增录于《草叶集》中的代表他创作最高峰的《自我之歌》：

我相信你，我的灵魂，你是我的另一半，我不会贬损你，
也绝不会让别人贬损你。
我们懒懒地躺在草地上，我解开了你上衣的第一粒纽扣，
不想有言语，不想有音乐或节奏，不想有任何习俗或训导，
不想有任何其他的东西，
让我沉醉于这片寂静中，沉醉于你铜管乐一般浑厚的嗓音中。
记得另一个透明的夏晨，我俩躺在一起，
你的头卧在我的胯间，轻轻地翻转，
你解开了我胸前的衬衣，你的舌头伸入了我裸露的胸脯，
触到了我的胡子，又摸到了我的双足。
我立刻感受到超越了琐碎尘世后所带来的宁静与理识，
我知道上帝之手就是我的未来，
我知道上帝之灵就是我的弟兄，

所有的男人都是我的兄弟，所有的女人都是我的姐妹，
爱是创世的依靠，
爱犹如原野上坚挺与疲软的草叶一般无穷，
爱在蚂蚁集居的洞穴里，
爱在长满青苔的篱笆上，在乱石堆里，
在毛蕊、接骨木与商陆草里。

惠特曼打破了一千多年以来的宗教禁忌，石破天惊地高声讴歌“同志之爱”，并且乐观地预言同志之爱的新时代即将到来，而这种情爱将推动社会前进。一个多世纪过去了，惠特曼诗歌中所表现的理想与进取精神仍是美国以至各国同性恋者追求自由和解放的力量源泉。然而，惠特曼的自我解放却走过了一条曲折的心路。

惠特曼在 1871 年发表《民主的远景》《通向印度》《毕竟不止是创造》等诗；1872 年发表诗歌《像自由翱翔的飞鸟一样坚强》。1873 年 1 月，惠特曼患了严重的麻痹症，迁居新泽西州卡姆登养病。1875 年在病中完成了《战争的回忆》。

1891 年 12 月 17 日，惠特曼因受风寒而卧床，医生诊断他右肺充血，认为是不治之症。1892 年 3 月 26 日晚，在蒙蒙细雨中，这位美国的文学巨星、伟大的民主诗人，带着人们的众多疑问与非议，在卡姆登安详而从容地与世长辞了。1892 年 3 月 30 日，成千上万的人参加了惠特曼的祭奠仪式，彼得也来看“朋友”最后一眼。

惠特曼是美国土生土长的民主诗人，他歌颂民主自由，体现了美国人民对民主的渴望，他赞美人民创造性的劳动，他的诗给人以积极向上的生气勃勃的精神。他创作的《草叶集》代表着美国浪漫主义文学的高峰，是世界文学宝库中的精品。《草叶集》从 1855 年初版的 12 首发展到 1891 年至 1892 年“临终版”的 401 首，记录着诗人一生的思想和探索历程，也反映出他的时代和国家的面貌。惠特曼的贡献还在于打破传统的古板格律，创造了自由体诗的形式，不受格律、韵脚的限制和束缚，借以充分地表达自己的思想感情。对美国及其他国家的诗歌艺术产生了相当大的影响。

享受情爱惧怕婚姻枷锁——福楼拜

法国批判现实主义作家福楼拜，在他留传后世的作品里，塑造了众多成功的女性形象，自己却选择了孤独一生的道路。他不打算结婚，又要与人相爱；他鄙视情欲，又抵挡不住它的诱惑。这种奇特的爱恋，使他无法组织家庭。他把自己纯洁的初恋情人爱利萨，称作“永久的爱人”。

居斯达夫·福楼拜（1821—1880 年）是 19 世纪中叶法国重要的批判现实主义作家。他以“客观而无动于衷”的创作理论及精雕细刻的艺术风格，为自然主义和唯美主义开辟了道路。他的小说《包法利夫人》《萨朗波》《情感教育》《圣安东的诱惑》使他在法国文坛上独树一帜。他虽然塑造了众多的女性形象，也曾赢得过女人的爱情，却选择了独身而终其一生。

福楼拜一生没有结婚，是出自对人生的悲观失望呢，还是害怕喧闹的生活打破他心灵的宁静？抑或是他心中已充盈着一种伟大的爱情，不愿让平庸的婚姻生活亵渎它？也许这一切原因都有。他宣告要用心摒拒爱情，憎恶取悦女人，认为没有女人，这世界也能存在。他浪漫的天性不允许他接受平淡的人生，又无法克制自己的情欲，于是拥有了情妇。爱情让福楼拜发疯，但它无法使他改变独身的决定。

1821 年 12 月 17 日，福楼拜出生于法国北部的卢昂市。他的父亲是市立医院的院长，著名的外科医生。母亲身世凄凉，自幼失去了双亲，被人收留。父母的性情对福楼拜幼小的心灵产生了深刻的影响。父亲是香槟人，执拗而固执，母亲是诺曼底人，多愁善感，非常敏感。福楼拜身上有这两个地方的特征：一时有说有笑，非常开朗；一时又冷漠忧郁。由于父亲的影响及从小生活在医院里，培养了他的实验主义倾向，他注意对事物进行缜密观察，而与宗教格格不入。

他的母亲给了他多愁善感的性格，有时对着一个婴儿，他的眼睛也会湿润起来。由于家就在医院里，幼年时的福楼拜常到解剖室里玩耍、偷看，使得耽于幻想的他感到既恐惧又刺激。由此他一点也不爱惜生命，也一点不惧怕死亡。他常感到莫名的悲哀、惆怅，渐渐地对人生有了怀疑、虚无的想法。

除了父母的影响之外，青年哲学家普瓦特万的悲观主义思想和唯美主义观点对福楼拜也产生了相当大的影响，他们很早就结下了深厚的友谊。

一次奇遇让少年福楼拜爱上了大他11岁的爱利萨，羞怯的少年将纯洁神圣的初恋珍藏在心底。在马赛旅舍与福寇夫人相遇，他没有经受住肉欲的诱惑。16岁的福楼拜感到深深的追悔，觉得自己对不起爱利萨。

1836年8月，15岁的福楼拜遇到一次奇遇。他随父母到闭塞的土镇避暑。忧郁的他时常一个人在海滩漫步，望着碧蓝的海水，苦思冥想。一天早晨，福楼拜在海滩边赶上海水涨潮，眼见一件红底黑条纹的女式大衣要被卷进波浪里，就跑过去将它放到了潮水打不到的地方。大衣的主人是个年轻的少妇，姓福考，名叫爱利萨。她向好心的少年表示了谢意。福楼拜被少妇神秘的忧郁所吸引，发狂地爱上了这个大他11岁的少妇。

爱利萨19岁时嫁给本乡一位姓虞代的军人。新婚第二年，丈夫随军去了北非。当他5年后回来时，爱利萨已和德国商人施莱辛格同居，居住在巴黎，并于1836年4月有了一个女孩。不知什么原因，眼见妻子与别人同居生子，虞代既不去出头抗辩，也不去争抢爱利萨，而是听从了命运的安排。爱利萨接受了这奇异的结局。她爱施莱辛格，感谢他的帮助；她更爱虞代，却不得不和他分开。由于内心负疚感太重，爱利萨郁郁寡欢，缄默少语，心事重重。福楼拜对其中的隐情并不知晓，他把爱利萨身旁的施莱辛格当作情敌，忌妒万分。

福楼拜无法控制心中的激情，静静地尾随她，远远地看她游泳；她的爱犬爬上了巉岩，他也不顾危险，跑过去把它抱下来；他吻着她留在沙滩上的足印；他和爱利萨一家人一起泛舟海上，听着她优美温柔的歌声；在幽静的月夜里，他站在她的窗外，痴痴地望着屋内温馨的灯光。羞怯的少年不敢表白自己的感情。他将纯洁神圣、不容亵渎的初恋埋藏在心底。1846 年 8 月 8 日，福楼拜同他的情妇高莱女士讲起了这段初恋："我爱上了一个夫人，从 14 岁到 20 岁，没有向她说过爱，也没有碰过她一下手；差不多一连有 3 年光景，我就没有感到我是个男子。"

第二年，福楼拜从高尚的精神恋爱，坠向了低级的肉欲享受。他随父亲的朋友出游，途经马赛，在旅舍遇见福寇夫人。她要到秘鲁寻找丈夫，却爱上了 16 岁的福楼拜。他们一起度过三夜后，就各奔前程。分手以后，福寇夫人写了 4 封热情洋溢的长信。但是福楼拜对这一切感到深深的追悔，觉得对不住爱利萨。在这一包信皮的外面，后人发现了他的手迹："1846 年 3 月 21 日夜打开重温。念着马赛的书札，我有一种奇异的懊悔的印象。可怜的女人！难道她真的爱我吗……"

1838 年，痴情的福楼拜又回到土镇，寻找爱利萨的踪影，但他失望了。后来他在小说《一个疯子的日记》（1838 年）中，借主人公之口倾吐了他对爱利萨的炽热感情和深深思念：

> 噢！玛利亚！我青春的亲爱的仙女……你知道我没有一夜、没有一天、没有一时，不想念着你，我看见你走出海浪，黑头发披在你两肩，盐水珠子挂满了你棕色的皮肤，你湿淋淋的衣服，你埋在沙里的红指甲的白脚……然而初见你的时候，我要是再大上四五岁，再胆大……或者……噢！不，你一看我，我脸就红了。

他所钟爱的爱利萨，后来成为他的长篇小说《情感教育》中阿尔努夫人的原型。

福楼拜与高莱夫人的爱情十分奇特。高莱夫人颀长秀丽，是颇有名气的女诗人。她疯狂地爱恋小她10岁的福楼拜，在丈夫死后要与他结婚。他不打算与她结婚，却保持着情人关系，持续8年之久两人才分手。

1841年，福楼拜赴巴黎攻读法律，结识了大文豪雨果，并如愿以偿地见到爱利萨。这时虞代因病离开了人世。福楼拜时常到施莱辛格家里做客，这一家人对他十分友好。福楼拜隐晦地向女主人表达了他的爱意，爱利萨将年轻人真诚的感情深埋在了心底。不幸的是，1844年1月，福楼拜患了一种荒诞不经的病症。他与哥哥坐车外出，他吆喝着马，突然跌进了车厢，像是中风，足有10分钟，一动不动。当哥哥以为弟弟死去时，他又死而复生。此后，这种病经常发作，情绪良好时会突然脸色惨白，目光焦急，呼吸急促，眼里冒火，发出撕心裂肺的呻吟声，全身抽搐。这是一种奇怪的神经系统的疾病。医术精湛的父亲对此也无能为力，怀着绝望的心情为儿子准备好了墓穴。福楼拜不得不辍学。两年后，他奇迹般地痊愈，但落下了病根。他也因病而得到父亲同意，放弃法律专业，投入到热爱的文学创作，这固然遂了他的心愿。在他生病时，施莱辛格的乐器商行破产了，爱利萨随他去了德国。看不到心爱的人让他郁郁寡欢。

福楼拜在1845年的《情感教育》中写道："说他和她们只是逢场作戏，没有比这再错误的了；一个接连一个，他都真爱；第一次有了激情的时候，他差不多是神秘的；到了第二次，他是纵欲，是胡闹；到了第三次，是文学，是感伤。"

1846年7月的一个晚上，福楼拜在雕刻家雅姆·普拉迪埃家里遇见了路易丝·高莱夫人，她长得颀长秀丽，温文尔雅，是当时颇有名气的女诗人。普拉迪埃指着福楼拜对她说："那个高大的青年，正在研究文学，你可以给他一些教益。"于是高莱夫人和福楼拜聊天，告诉他一些文学常识。一个是35岁的有夫之妇，只想做一个尘世的女人；一个是25岁血气方刚的青年，连年遭逢变故后，内心十分空虚。不到一个星期，他们就热恋了，成了情人。

1846年父亲去世后，福楼拜在卢昂附近的克罗瓦塞别墅定居，埋头于文学创作，并在那里独其一生。他每两个月从卢昂来巴黎和情人相聚一天，之后便匆匆而去。畏怯怕事的他不愿别人发现他的私情。他在给高莱夫人的一封信中写道：“我方才打发人到卢昂去取你给我的包裹，幸而你没有夹带信件，否则说不定叫人看到。那时……我会受到别人俏皮的揶揄！”

福楼拜不常去巴黎的原因，除了害怕他和高莱夫人的恋情被人知晓外，还因为他视艺术为生命，把大部分时间用于文学创作。对于高莱夫人来说，艺术只不过是一种装饰，是获取荣誉的手段。她迫切地要求常与情人见面，但遭到了拒绝。福楼拜在解释原因时，将不能常去巴黎归之于要陪伴忧患一生的母亲。此时福楼拜的母亲连遭丧夫、丧女的痛苦，精神大不如前。福楼拜写信说：“我母亲需要我，她经不起和我最短的分别。”于是，痴心的高莱夫人提出要拜见这位寡母，希望引起老太太的好感，以便自己能常来卢昂。福楼拜则说：“讨她欢喜，极其困难；我不知道她具有一种什么样的沉着、冰冷与天真。”高莱夫人于是放弃了去卢昂的打算。

由于不常见面，他们只好书信往来。福楼拜在信中或倾诉内心的苦恼，或叙述创作计划，或劝高莱夫人顺其自然，或希望她努力创作。这些信的字数加起来比《包法利夫人》还要多。作为情妇，高莱夫人在倾吐思念之余，常暗示让他给她送一双新鞋，或一件装饰品、一点儿首饰。对此，福楼拜总是只字不提，是他忽略了，还是故意装作不知？或是他厌恶那种庸俗的爱情？这些都不得而知。

高莱夫人的丈夫去世后，她立刻提出与福楼拜结为夫妻。福楼拜拒绝了。他称自己最不适合和别人同居，因此不打算结婚。他狡辩道：“假使我每天看见你，恐怕我爱你的热情就会降低了。你且幽居在我的心房里，只有在星期日那一天才出来。”但有哪一个女人甘心幽居在情人的心里呢？福楼拜的铁石心肠，激起了高莱夫人的怒火。她把表哥及爱过她的人写给她的情书寄给福楼拜，想挑起他的妒火，让他受到感情的折磨。福楼拜没有中计，反而很高兴。他觉得情妇将隐私告诉他，是对他忠心的表示，说明他是她平生最倾心的人。

高莱夫人“黔驴技穷”，便经常歇斯底里，产生了强烈的忌妒心。福楼拜无意中称赞一个女人美貌时，她便咒骂他移情别恋。福楼拜托她代寄封信给已婚多年的女友，她竟没完没了地指责他与那个妇人姘居。后来，高莱夫人竟发展到忌妒起福楼拜的座椅来，因为福楼拜喜欢他的座椅。福楼拜哭笑不得，毫无办法。他在信中揶揄说："你真会因为我喜欢我的座椅而责怪我吗？假使我对你提起我这双靴子，我想你也会忌妒它们吧？"

福楼拜从不打算结婚，却还要与人相爱；与人相爱，又很少见面；鄙视情欲，又抵挡不住它的诱惑。他与高莱夫人这种奇特的爱恋，持续了8年之久，终于分手。

福楼拜对爱利萨的爱是终生不变的。他经常徜徉在爱意浓浓的回忆中，这种理想的爱是美丽的、圣洁的。他把爱利萨称作"我永久的爱人"，两人却没有过肌肤之亲。他渴望精神的愉悦远远超过对肉欲的愉悦。

福楼拜在与高莱夫人来往的同时，并没有忘记爱利萨。他们之间从没有断绝音讯。1857年3月，他给施莱辛格写信，提起往日道："命运将你和我把童年最好的回忆联结在一起。你知道，我们相识已然二十多年了吗？这一切将我扔在老年人梦想的深渊。人说现时太快。我觉得，吞噬我们的，却是过去。"这些话其实是写给爱利萨看的。福楼拜保持着绮丽的童心，用他的回忆滋润它的根苗。初恋，使他爱意浓浓，始终挥之不去。1859年11月，他在致包斯盖女士的信中写道："在我少年，我发了疯地爱，头也不回地看，深深地，静静地，看着月亮来消夜，计划劫婚和到意大利旅行。为她：梦想光荣、灵魂与身体的磨难，闻见肩膀的香味而抽搐，我全认识，我全尝受过。我们每个人心里都有一间禁室；我封住它，然而我没有毁掉它。"在他的心中，这段纯洁的初恋是永生难忘的，是任何爱情也替代不了的。

1871年，施莱辛格去世。福楼拜给爱利萨写信，不再像以往那么拘谨和有所忌讳，而是改换称呼，令人可以想见两人关系的变化。1871年5月22日，福楼拜写信道："你昨天的信叫我多欢喜，老朋友，永久亲爱的，是的，永久！"在9月6日的信中，他坦率地表示了爱情："这就是为什么，亲爱的老朋友，永生的情爱，我不去土镇看你，在这里我认识你，对于我，它永远带有你的足印。”1872年5月27日，他庆贺爱利萨儿子的婚事道：“我祝你儿子幸福，犹如是我自己的儿子，我拥抱你们俩——尤其是你，我永久的爱人。”10月5日，他旧事重提：“我不再梦想未来，于是往事仿佛从金色的水汽中洗脱出来，呈现在我的眼前。从这明光四射的背景处，好些亲爱的幽灵向我伸胳膊，而其中气象最美丽的，却是你！——是的，你的音容。噢！可怜的土镇！”这是他给爱利萨写的最后一封信。

爱利萨一生是苦难的。她的女儿恨她，因为她与施莱辛格是同居关系，所以女儿不被法律承认和保护。儿子参军后留在法国。她和破产多病的丈夫过着困苦的生活。丈夫死后，她孤苦无依，与福楼拜纯洁美好的爱情，只能加深她的慨叹。后来，这可怜的女人疯了，在疯人院里度过了凄惨的晚年。好在福楼拜死在了她的前面，否则他会痛苦万分的。

福楼拜对爱利萨是一种理想的爱。它是美丽的，和人世一切的梦想一样，仿佛一座石雕、一座礼拜堂，引起人们纯洁向上的情思。在福楼拜的眼里，什么叫作爱？他在《一个疯子的日记》中写道：“两个生物偶然来在地上，碰在一起爱上了，因为一个是女人，另一个是男人！于是一边喘吁，一边追逐，夜里一同散步，露水溅湿了……用各种的声调说：我爱你，你爱我……然后他们回来，两个人全被一种无形的情火推动着，因为他们的器官全热了，于是不久这一对搂在一起……急于为地上多添一个糊涂虫，一个亦步亦趋的可怜虫！”这种爱，在福楼拜看来，是不屑追求的。如果人生有点儿意义，意义不一定就在做爱。人类的精神活动要远比这美丽得多。所以有没有后裔，有没有家庭，这对于福楼拜是不重要的。“生慰死，亦慰生”，福楼拜怀疑一切，看穿了一切。

福楼拜的晚年由于对人生持悲观态度，逐渐成为一个极端个人主义者。他反对一切组织、义务、权利等人为的观念。他恨群众，认为他们愚蠢、穷凶极恶，也憎恨一切政党，因为它们浅薄、虚伪。福楼拜的思想带给他的是一生的孤独。这时，他强烈体会到没有天伦之乐的寂寞，没有亲朋好友的孤寂。他不由得呐喊道：“我孤独，我永远孤独……在任何地方，甚至于我的国家或者全世界，我没有和任何人在一起过。大家不要围拢我，我先不围拢我自己……我内心里孤独；我体外孤独。”单调的生活使他倍觉凄凉，日子像喝白开水一样乏味、酸苦，缺乏娱乐。

福楼拜的晚年，只有心爱的外甥女、衰老多情的乔治·桑，比儿子还孝顺的学生莫泊桑，不时给他些安慰，使他阴暗的生活投射进来几缕阳光。福楼拜写道：“仿佛一个老人，我遗失在我童年的回忆里面……我所等候于生命的，只是一页一页的纸，往上涂墨。我觉得我走过一个无尽的寂寞，走向我所不知道的地方。同时我自己就是沙漠、旅客与骆驼。”他常常想起爱利萨，想起那段美好的时光。

1880 年 5 月 8 日，福楼拜准备动身到巴黎的前一天，他从浴室出来，走进书房，忽然全身痉挛，嘴里呢喃着一些模糊不清的话语，便倒在了书桌下。几分钟后，这位文学大师就停止了呼吸。5 月 11 日，他被安葬在 35 年前父亲为他准备的墓穴里。那里有他的父母与妹妹陪伴他，他不会再感到寂寞了。

福楼拜是杰出的现实主义大师。他主张艺术要精确地反映现实生活，要敢于揭露生活中的丑恶现象，严格、细致、忠实地描绘事物，这为 19 世纪后期的自然主义开辟了道路。他的这些文学主张在其代表作《包法利夫人》和《情感教育》上得到了淋漓尽致的体现。这两部长篇小说反映的是 19 世纪中叶法国的现实生活。《包法利夫人》从 1852 年写起，花费 4 年多时间才得以完成。《情感教育》初稿写于 1843 年至 1845 年，1870 年才公开发表。这种近距离地反映现实生活及对作品的精雕细刻，赢得了读者和同行的广泛赞誉。

爱恋师母理智选择离开——勃拉姆斯

勃拉姆斯生命中最重要的使命是他的音乐。他把作品看作是他的“子女”，有了这些得宠的“孩子”，他就不需要世俗的婚姻了。他需要爱情带给自己灵感，但他更需要独身的自由。对待甜蜜的爱情，他总是小心翼翼，不让自己陷得太深。他乐稿上每一个新的不朽的片断，都融入了对心上人的感情。

约翰奈斯·勃拉姆斯（1833—1897 年）是德国音乐史上最后一个有重大影响的古典作曲家，被视为 19 世纪浪漫主义音乐时期的“复古”者。他是创作与演奏并重的作曲家。他幼年没有进过音乐学校，完全靠自己的勤奋好学、不懈努力，取得了登峰造极的艺术技巧和才华。

勃拉姆斯把他的作品看作是他的“子女”，而最得宠的“孩子”就是他的 4 部大型交响曲。《第一交响曲》被誉为继贝多芬《第九交响曲》之后的“不朽的第十交响曲”，《第二交响曲》是一首森林田园曲，《第三交响曲》仿佛是一座哥特式的建筑，《第四交响曲》是强有力的告别号声。他还有一个不同凡响、性格乖张的“孩子”——他的《第二号钢琴协奏曲》（降 B 大调），在凶残的外表下蕴藏着一丝温柔。《单簧管五重奏》是他迷人的“姑娘”。勃拉姆斯创作了除歌剧以外一切体裁的作品，在交响曲、室内乐、变奏曲、协奏曲等方面留下了众多传世的杰作，同时还创作了两百余首艺术歌曲。有了这些可爱的“孩子”，他就不需要世俗的婚姻了。

命运往往为天才选择了不恰当的出生地点与不寻常的父母。1833 年 5 月 7 日，勃拉姆斯出生在德国汉堡的贫民区，父亲约翰·雅各布·勃拉姆斯是汉堡民兵乐队的号手，性格善良，喜欢跳舞。母亲比丈夫大 17 岁，走起路来一瘸一拐的，可是手指灵巧，长于缝纫，善于烹饪。父母亲很善于安排生活，尽管贫民窟里散发着各种各样难闻的气味，勃拉姆斯和他的兄长却是在美好的气氛中长大的。

一天，父亲发现年幼的儿子有绝对高音，不禁大吃一惊。他立刻为孩子设计了一个伟大的艺术前程。勃拉姆斯 7 岁开始学弹钢琴，很快就被公认为神童。一个乐团经理带他到美国进行了一次音乐旅行，他为父母亲挣了第一笔钱。但是，父母亲一位头脑冷静的朋友，劝他们不要走捷径急于求成，而是要让孩子打下扎实的基本功。于是，勃拉姆斯在汉堡拜师，师从戈赛尔、马克逊学习钢琴。

13 岁时，勃拉姆斯在一间酒吧担任钢琴师，他不知疲倦地彻夜工作，在身体困倦时老板就用酒刺激他，让他通宵达旦地弹奏钢琴。有时，“职业女郎”拉着他坐在她们的腿上，对他百般勾引和挑逗。在酒吧这种气氛中，勃拉姆斯脆弱的心灵感到一阵阵窒息。为了多获得一些报酬，他还写了不少沙龙音乐作品，包括多种舞曲、进行曲和管弦乐曲改编曲等。恶劣的酒吧环境、疲于奔命的工作和追求美的本能，发生了冲突和撞击，就好像是一场美与丑决斗的战争。

勃拉姆斯得到舒曼的赏识和帮助，却爱上了他的妻子克拉拉。在高贵的克拉拉身上，有一种母爱吸引着他。他深深爱恋着师母，但理智又让他克制情感，最后选择离开克拉拉，但他最美好的旋律却离不开克拉拉。

1853 年，20 岁的勃拉姆斯还是个默默无名之辈，一个著名的小提琴手发现了他，邀请他作为伴奏者一起去外地访问演出。勃拉姆斯在汉诺威遇到了青年演奏家约瑟夫·约阿希姆。他遇到了大贵人，约阿希姆聆听了他的音乐后，立刻发现站在他面前的是个天才。他建议勃拉姆斯去拜访他的朋友——浪漫派音乐大师罗伯特·舒曼。勃拉姆斯来到了位于杜塞尔多夫的舒曼家中，他刚弹奏了几个音符，舒曼就打断了他："克拉拉一定得来听听！"于是，他把妻子请来一起欣赏勃拉姆斯美妙的弹奏。这之后，舒曼将勃拉姆斯介绍给一些优秀的音乐界人士，成了他们宴席上重要的客人，也成了舒曼夫妇的得意宠儿。勃拉姆斯为舒曼献上他的作品，同时他对克拉拉一见钟情，疯狂地爱上了自己的师母。

克拉拉是个高贵、才华横溢的女钢琴家，就年龄而言，34 岁的克拉拉比勃拉姆斯大了 14 岁，早已做了母亲，身上有一种浓浓的母性。多愁善感的勃拉姆斯，正是爱上了她这种母性。同时，他也受到来自良心的谴责，舒曼对自己恩重如山，他怎么能做对不起恩人的事呢？

不幸发生了。由于孤独、骄傲、忧郁的个性，由于作品得不到公正的评价，舒曼对现实产生了深深的绝望，他开始变得沉默寡言，更加孤僻。1854 年，舒曼经受不住内心的煎熬，企图投莱茵河自杀，虽然获救，但理智却一去不复返了。不久，舒曼进入了一家精神病院，除偶尔清醒想到妻子和婚后的幸福外，他始终没能走出迷雾。

巨大的打击把克拉拉压垮了。她有 6 个孩子，第 7 个孩子又即将出生，没有父亲的家庭，会变成什么样子呢？在关键时刻，勃拉姆斯挺身而出，竭尽全力地帮助克拉拉一家。在此后几年内，勃拉姆斯一直同克拉拉一起，照顾生病的舒曼以及克拉拉的孩子，以减轻悲剧带给她的沉重负担。勃拉姆斯在克拉拉忧伤的时候，就会在钢琴前面坐下，为她带来音乐的启示，将她从绝望中拯救出来，对克拉拉来说这甚于生命。有一次，勃拉姆斯对克拉拉说："你不觉得我正孕育着一种美感吗？当你长期看到一个美丽的女人，她既温柔又纯洁，既宽厚又仁慈，你是没有办法不受到启发的。"

勃拉姆斯虽然只有 20 来岁，但已历尽人间沧桑。他经常和克拉拉一起长时间地散步，对克拉拉谈自己的抱负，谈对她的爱恋……克拉拉认真地听着他的倾诉，深深地理解他。她爱惜他的才华、他的忠诚、他的热情、他的青春，知道在这个年轻人的心里，自己已经成为他的女神。她必须原谅他的稚气，原谅他的冲动，原谅他想要毫无保留地向她交出一切的急迫心情。克拉拉慢慢地引导着他，让他明白什么才是真正的爱情，什么才是爱情的本质，使勃拉姆斯对真爱逐渐有了理解。在克拉拉的身上，勃拉姆斯看到了自我克制的美，他禁不住称呼她为“我亲爱的母亲”。

1856 年 7 月，舒曼告别了人世。勃拉姆斯深爱的女人自由了！他写了一首歌颂大海的诗，爆发出火一般的激情。可不知为什么，一切很快就沉寂下来，似乎什么也没有发生。几年的朝夕相处，勃拉姆斯始终对克拉拉爱意浓浓；但是，克拉拉是自己的师母，是他始终尊重如同父兄的老师舒曼的妻子。理智压制了激情和欲望，他与守寡的克拉拉绝口不谈婚姻之事。勃拉姆斯出奇的冷静，这与他的年龄是不相符的。爱情爆发时如同洪水猛兽，势不可当，但是，勃拉姆斯始终没有让爱欲的浪涛漫过理智的大坝，他用空间隔绝的方式把自己的爱隔绝在绝望的思念里，把这种思念全部用音符来表现。所以，他下定决心选择离开，永远不与克拉拉相见。

关于勃拉姆斯和克拉拉的关系，外界有各种各样的猜测，有人说，克拉拉做过勃拉姆斯的情妇，她生的最后一个孩子就是他们爱情的结晶，但后来勃拉姆斯对她感到厌倦了；也有人说，克拉拉为了忠于死去的丈夫，为了自己的名誉和孩子，拒绝了勃拉姆斯的求爱。不过，没有人有真凭实据。几年后，勃拉姆斯声名大噪，他请求克拉拉把舒曼死后两年内他写给克拉拉的信退还给他，并将它们付之一炬，以后再写给克拉拉的信件里，已经没有了任何关于爱情的表露。他们之间保持了亲密的朋友关系，把美好的记忆深深地埋藏在心底。克拉拉的孩子们对勃拉姆斯也很友好，崇拜他的音乐天赋。勃拉姆斯为他这段青春期的爱情插曲留下了一段纪念性的音乐——一首暴风骤雨式的《d 小调钢琴协奏曲》。

1856 年，勃拉姆斯的身体离开了克拉拉，但他的心是不是也离开了，无人知晓。此后，他一直和克拉拉保持着联系，时刻关心着对方的生活，还曾经资助克拉拉在全国巡回演奏舒曼的所有作品。1875 年，他完成献给克拉拉的《C 小调钢琴四重奏》，前后用了 20 年时间。他一生所创作的每一份乐谱手稿，都会寄给克拉拉。他说：“我最美好的旋律都来自于克拉拉。”

勃拉姆斯与漂亮姑娘们谈情说爱，享受爱情带给他的甜蜜和幸福，但每一次的相爱都是短暂的。他需要爱情激发灵感，却惧怕戴上婚姻的枷锁。勃拉姆斯善于把情人变成好朋友，这给他晚年的独身生活带来了很大的慰藉。

勃拉姆斯摆脱了爱情的枷锁，但间或忍受不住孤独的煎熬，也享受一下恋爱的甜蜜。在这些恋爱的过程中，他总是小心翼翼，不让自己陷得太深。1858年，也就是勃拉姆斯和克拉拉分别的第三年，在哥廷根他遇到一位女歌唱家——阿加特·冯·西博尔德。这位大学教授的女儿，温柔漂亮、善解人意，有一双迷人的黑眼睛，一头柔软的黑发。阿加特非常喜欢勃拉姆斯的歌曲，他们经常在一起研究歌曲的创作和演唱，有时候在郊外散步，在枝叶婆娑树丛间对唱小夜曲。他对她说："我多么喜欢让我的手指，在这样的秀发之间穿来穿去呀!"两个人相爱了，彼此交换了戒指。但是，勃拉姆斯对他的每一个情人的依恋，都只是一时的，注定不会长久。有一次分别以后，他写信给阿加特："我爱你，可是我不能戴上婚姻的枷锁。"他需要爱情带给自己灵感，但他更需要独身的自由。他们的爱情只能是"无花果"。后来，阿加特另嫁他人。勃拉姆斯写了一首《G大调弦乐六重奏》献给阿加特，曲中让第一和第二小提琴重复地发出她的名字"阿——加——特"的声音，寄托他对阿加特并未忘怀的感情。

勃拉姆斯具有独身主义者的气质，在热情中能保持平静，在欲望中能保持冷静，从而把激情驱散开来。每当他快要爱上一个女人的时候，他的乐稿上就会增加一个新的不朽的片段。现代心理学家称之为升华，当时勃拉姆斯称这是感情向乐曲的转化。

勃拉姆斯称他在担任汉堡女子合唱团指挥的日子里，是一段令人愉悦、欢快、幸福的时光。夏季的排练多半在室外进行，在柔和的夜空下，风度翩翩、一表人才的勃拉姆斯，成为漂亮女人关注的目标和捕获的"猎物"。他爱恋上一个来自维也纳的金嗓子贝尔塔，奥地利姑娘特有的温柔，天真烂漫的风采以及演唱的奥地利民歌，打动了勃拉姆斯的心。由于种种原因，他俩未能够结合，后来贝尔塔与他人结了婚。当他们第二个孩子出世时，勃拉姆斯从一本画报中，挑选了一首童谣编成歌，送给贝尔塔和她的孩子，这就是那首著名的《摇篮曲》：“安睡吧，小宝贝，你甜蜜地睡……”这首摇篮曲与舒伯特的不同，伴奏部分没有像舒伯特那首那样模仿摇篮的摇动，而是描绘一种夜色朦胧的景象。听这首曲子使我们好像看到了一个年轻慈爱的母亲在月色朦胧的夜晚，借着月光轻声地在摇篮前吟唱。

不久，勃拉姆斯又将目光投向一个来自维也纳歌剧院的漂亮歌手。他们在温柔的月光下，一起听蝉虫的鸣唱，一起倾诉着绵绵的情话。勃拉姆斯发现维也纳的姑娘是那么美丽大方，看来维也纳也是个既有浪漫色彩又有欢乐气氛的好地方。

1862 年，勃拉姆斯访问了维也纳，与那里的音乐界同行好友尽情欢乐。虽然他恪守感情轻易不出轨，但在一片享乐声中，也不免要消遣娱乐一番。他感到维也纳有助于自己理想的实现，那里有无数音乐大师，有无数热情的观众，还有无数风姿绰约的漂亮女人。他爱上了一个嗓音甜美的女歌手奥蒂利厄·豪尔，他最优秀的几首歌曲就是在她的爱情启发下完成的。然而，勃拉姆斯不能给爱人婚姻的保证，他们还是分手了。奥蒂利厄与别人结婚后，仍然与勃拉姆斯保持着友好的交往，成为他终生最亲密的朋友。勃拉姆斯善于把情人变成好朋友，这给他晚年的独身生活带来了很大的慰藉。

勃拉姆斯的音乐才华，在维也纳得到了充分展示。但是，伊丽莎白、安卫赫尔明这两个忠贞的情人去世，给了他很大的打击，并改变了他的生活。克拉拉去世的第二年，他也离开了热爱他音乐的人们。

勃拉姆斯在维也纳的这段时间，专门研究室内乐，在充分准备后开始写交响曲，1876 年完成《C 小调第一交响曲》，1877 年完成《D 大调第二交响曲》，1883 年完成《F 大调第三交响曲》，1885 年完成《E 小调第四交响曲》。在爱好音乐的维也纳人中，他为自己赢得了令人羡慕的声誉，担任了维也纳合唱团的指挥。他还在维也纳的贵族人家教授音乐，并赢得女学生伊丽莎白·冯·施托克豪森的芳心。伊丽莎白对他一往情深，然而她美丽的容貌、温柔的性格、高贵的出身，没能改变勃拉姆斯独身的决心。伊丽莎白失望了，不得已与别人结了婚，婚后她仍关心着勃拉姆斯，愿做他忠贞不渝的挚友。勃拉姆斯中年时，伊丽莎白被心脏病夺去性命。她为他留下一大笔钱财，以免他因经济困顿而分心。勃拉姆斯怕伊丽莎白的丈夫多心，产生不必要的误会，把送给他的藏在一盒乐谱中的现金，原封不动地送了回去，并且一再解释一定是有人把钱放错了地方，这也体现出勃拉姆斯高贵的品格。

勃拉姆斯的父亲在58岁时，对75岁的妻子感到厌倦，于是提出分居。勃拉姆斯出面尽力劝解，也无法让父亲回心转意。不久，母亲告别人世，这使勃拉姆斯深受触动。他曾说过，他一生与不少女人有过交往，但只对母亲和克拉拉献出过自己的心。为了纪念母亲，勃拉姆斯创作了《德意志安魂曲》，在这部作品中表现出他对人类善良的信念和对德国人民的爱。

人们普遍认为，一个人在自己的国家里成不了倡导者。勃拉姆斯想把这个概念驳倒，他渴望被任命为汉堡交响乐团的指挥，但他的希望落空了。母亲去世后，勃拉姆斯便结束了在维也纳和汉堡之间的穿梭往来，在维也纳定居下来，把这个欧洲的音乐中心作为他的第二故乡。他生活不拘小节，不修边幅，多亏情人安卫赫尔明的照顾，才得以温饱，但安卫赫尔明在风华正茂之年就离开了人世。这之后，勃拉姆斯更加不控制自己的举止，变得缺乏教养、言行粗鲁，这其实是为了掩盖包在坚强躯体中的柔弱的心。但他的听众并不了解这些原因，人们开始回避他、远离他。

勃拉姆斯感到了孤独。伊丽莎白、安卫赫尔明先后离开人世，给勃拉姆斯很大的打击，她们不仅是深爱他的情人，也是他最忠诚的朋友，给过他温情和友谊。更大的打击是1896年克拉拉辞世。在勃拉姆斯一生的女人中，克拉拉的地位是无人能取代的。当时，63岁的勃拉姆斯正在瑞士度假，听到克拉拉逝世的消息，他极度悲痛和伤心，从瑞士急匆匆地赶往法兰克福，准备去参加克拉拉的葬礼，由于行色匆匆，踏上了相反方向的列车，火车将他拉得距法兰克福越来越远，等他发现坐错车再倒车时，时间已经来不及了。经过两天两夜的颠簸，他才颤巍巍地走到克拉拉的墓地，那场葬礼早已经结束。十字架后面睡着他永远无法再看到的人。他在圣洁的墓旁撒下一把泥土，一个人孤独地把小提琴架在肩上，拉着一首无人知晓的小提琴曲，倾诉着他43年的情愫与40年的思念。如果克拉拉在地下听到这熟悉的乐曲，她会感到欣慰的。

勃拉姆斯的晚年是无限风光的，他赢得了音乐界同行的尊重。因为他继承贝多芬交响乐的传统，以深刻的人道主义和热烈的爱国主义精神，着力表现出时代精神风貌和斗争生活，使他作品成为贝多芬之后西欧交响音乐的杰出典范。人们把他的《第一交响曲》誉为“贝多芬第十交响曲”。为了感谢他为世界音乐作出的贡献，人们根据他的相貌制成一种奖章，把他的肖像和贝多芬、莫扎特以及其他不朽的音乐大师的肖像并列挂在一起。奥地利国王授予他利奥波德勋位，他的故乡汉堡市接纳他为一个荣誉团体的会员。

到了1897年春天，原本精力充沛的勃拉姆斯身体一下子垮了，医生诊断他得了癌症，还没等他恢复平静，4月3日，病魔就夺去了他的生命。临终时，他发出了“我还没有开始自己表达自己的思想”的呐喊，他是多么想再为喜爱他的听众献上自己新的作品呀！

家庭门槛挡住科学巨人——诺贝尔

瑞典科学巨人诺贝尔，一生为人类作出了巨大贡献，他取得的发明专利多达355项。尽管他在事业上取得了非凡的成就，尽管他拥有巨额财富，但未能征服一位女士。他先后深深爱过3个女人，却都无缘结成伴侣。这个繁忙世界里的孤独行路人，病危时身边只有仆人相伴。

闻名于世的诺贝尔奖金设立者——阿尔弗里德·诺贝尔（1833—1896年），是瑞典著名的化学家、工程师、发明家、军工装备制造商和炸药的发明者，一生为人类作出了巨大的贡献。他从事的研究涉及化学、电学、生物学、纤维、医学、生理学等多个学科，仅取得的发明专利就多达355项，包括人造橡胶、人造皮革、煤气表等许多与人们生活有关的东西。其中他发明的诺贝尔专利雷管、硝化甘油炸药、达纳炸药、胶质炸药等，为人类改造地球提供了利器。然而，诺贝尔虽然取得了卓越的科学成就，在爱情方面却是个失意者，是一个终身未娶的单身汉。

诺贝尔不是个禁欲主义者，也不是超脱凡尘的圣人。他将没有建立美满的家庭视为人生的最大缺憾。诺贝尔曾先后深深地爱过3个女人，可是由于种种原因，她们都没能成为他的妻子。爱情上的挫折和失败，对他精神上的打击着实不小，但他凭借坚强的意志、不屈的精神，克服了人生中的各种困难。这种意志和精神来源于家庭的影响。

1833年10月21日，诺贝尔诞生在瑞典首都斯德哥尔摩。他的父亲当过海员，学过建筑，头脑聪明，性格顽强，酷爱发明，不肯安于现状。一场火灾毁了他的家产，跑到俄国圣彼得堡开小工厂，后来成为才华横溢的发明家。母亲卡罗琳是一个贤良的农村女子，意志坚强，心地善良，讲求实际，谦虚有礼。诺贝尔从小体弱多病，由于母亲的精心照料才得以存活。童年时健康状况的不佳，使得他不像其他孩子们那样无忧无虑，欢乐顽皮，因而形成了孤僻、内向、富于幻想、善良宽容的性格。这种性格致使他不爱与人交往，所以朋友很少。

1841 年，8 岁的诺贝尔到了上学的年龄。他进了当地的约台小学，这是他一生中唯一一所接受正规教育的学校。诺贝尔由于生病，上课出勤率最低，但是在学校里，他学习努力，成绩经常名列前茅。在父亲的影响下，他从小就热爱科学，有一种不达目的誓不罢休的精神。在功成名就之后，他在给助手写的信中写道："我从不借用的两件东西是金钱和方案。"这两样东西对他来说，是绰绰有余的。他缺少的是家庭的温暖和妻子的爱抚。

诺贝尔与玛丽安娜的初恋，既是甜蜜幸福的，又是刻骨铭心的。初吻是那样纯洁、纯真，仿佛一股暖流荡漾在心间。"美而又好"的玛丽安娜，因病故"嫁"给了坟墓，将无穷的苦涩留在了诺贝尔的心里。

1850 年，17 岁的诺贝尔以工程师的名义只身一人远渡重洋，到美国有名的艾利逊工程师的工厂里实习。实习期满后，他先后到德国、法国、意大利等地学习、考察及旅行。外面的世界很精彩，但他总想远离人群，对女人也是这样。他认为自己长得丑陋，对女人没有吸引力。然而没有想到的是，他迷失在巴黎的夜色中。一个高大丰满的妓女在香榭丽舍街头，双眼放射着动人心魂的电波，激发了他年轻躁动的欲望。他用诗一样的内省语言对自己严厉自责：

沉沦者用姿色做资本，
终日拿羞耻换取面包，
她能煽起欲火吞没理智，

使兽性的欲望不再饥渴。
当那股激情终于消退，
就感到心头被什么东西撕咬，
原来是悔恨——因为他辱没了自己的荣光。

很快，诺贝尔从最初的躁动中沉静下来，一头扎进巴黎近郊的一间实验室里。这个实验室由他的同胞——瑞典人约翰·埃里克森主持。这是个赫赫有名的发明家，而且是诺贝尔父亲的好朋友，父亲把诺贝尔送到他的实验室学习，目的不只是让诺贝尔学到有用的知识，更是为了让诺贝尔获得企业设计的理念。与同龄人相比，诺贝尔已经是一位经过严格科学训练的化学家，他周游各国，精通德语、英语、法语以及瑞典语、俄语，有着广泛的兴趣爱好，对英国文学有格外的偏好，对英国浪漫派诗人雪莱的诗有很深的理解力。他本人也经常动笔写诗，在他写的一篇抒情诗中，有过这样的句子："我只知道专心读书探索大自然，汲取渊博而浩瀚的知识宝泉。"

1851 年春天，他在巴黎遇到了一个好姑娘，这位名叫玛丽安娜的姑娘在药店工作。诺贝尔觉得她简直就是雪莱诗中的爱米丽，是母爱和性爱的完美结合。两个年轻人有着聊不完的话题，爱意在他们心头升腾。两人并没有浓烈的肌肤之亲，只是在树林中有过深深的一吻。他感觉这一吻是那么纯洁、纯真，像一股暖流荡漾在自己的心间，使他干起工作来感到有无穷的力量。

诺贝尔无法遏制心中的激情，向姑娘表白了自己的心愿，并写下了这样的诗句：

我怀着从未有过的喜悦感，
又一次同她见面了。
从那以后多次幽会，
我们谁也离不开谁。

玛丽安娜回报了他的爱情，给了他直到那个时候“一直像枯燥的沙漠一样”的生活以前所未有过的幸福。就这样在塞纳河畔，在长满七叶树的林荫道旁，他们常常见面倾诉心曲，成为“彼此的至爱”。就在他们热恋得难分难舍之际，玛丽安娜在一次伤寒病的袭击下，并发肺病，香消玉殒。当时，诺贝尔正有事到英国去，回来时已是人去屋空。美丽的玛丽安娜就像春天过后的花儿，凋谢了。

恋人的去世，使诺贝尔的心灵遭受到沉重的打击。他变得不愿出门，也不愿见人，与女友在一起时的短暂而幸福的回忆，一幕幕反复地浮现在他的脑海里。于是，他写下了这首自传式的诗：

我满怀自信地，在幼年离家，
到海外的异乡去；
但是，说来真奇怪，虽然海洋伟大而壮丽，
我看来并不新奇。
我曾经幻想的海洋，更加伟大，
我来到巴黎——那也是海洋啊！
在那里情欲如惊涛骇浪，
所沉没的船只，比海洋还多。
无论是谁，要到罪恶和愚妄的深渊里探险，
他必须看出她的假面具，
错认为容光焕发的“自然”，
那些堕落的景象，使他憎恶，
为修养心思而寻觅清净的场合。
唉！当青年失去对爱情的信仰，
当我们认识了破碎的灵魂和破碎的心，
女人的美貌永远消失了，
我们才学嘲笑“纯洁”。
我认识一位年轻的女郎，她是“美而又好”的女子。
她向我求爱——她只来求我，

我们并不是由自私的动机而结合，
那么她为什么要爱呢？因为这是她的天性，
就好像香味是玫瑰花的天性。
我的生命，在以前似一片凄凉的沙漠，
如今找到幸福和希望。
我有一志愿，这是神圣的志愿——
得到那可爱的女郎，
替她争口气……
在极度的欢愉里，我俩得重逢，
并得常聚首，
我俩是这样地不可分离！
我晓得在她的爱里，
含有甜蜜的同情，
我用一吻将这同情封住，
这是由纯爱发出的贞洁而神圣的吻，
虽说除了上帝，并没有眼睛看着我俩。
这样本可以相安无事，
只准备共尝婚后的甘苦；
然而命里不曾这样注定，
另一新郎得到胜利——
她到底嫁了坟墓。
虽然，我们渐渐纠缠，
或为这浊世里的隐士，
联想到那些不能泯灭的悲哀。
那我们应希望能邂逅在苦念中的人，
虽说不过是一番甜蜜的梦。
至少是谎。但是由弱者的意识看来，
有趣的谎，可掩盖丑恶的真实；
强者需要坚实的地基，

来建筑他们的希望。
我的希望不多。我的爱是属于那位死去的。
当她临终时，我未得一诀，
我来时她仅留腐尸一具，
这唯有愚人才能抚吊。
我看见这情景，不由耸肩而去，
我有发狂的痛苦，
那不是流泪可以消除的。
后来泪流下了，在流得痛快的时候，
我的精神由是镇定。
……

失去恋人的悲痛使得诺贝尔这个“在繁忙世界里的孤独行路人，决心把生命献给高贵的事业。从那个时候起，我就不曾享受到人间的欢乐……但是，我已经懂得去研究大自然的知识，去领悟它的篇章，并从它的深邃里，来为我的忧伤汲取一种安慰。”与玛丽安娜刻骨铭心的初恋，对诺贝尔的一生都有着重大的影响。

诺贝尔对伯莎一见倾心，他渴望这个漂亮的秘书兼管家，能成为自己的终生伴侣。但是，伯莎早已心有所属，很快便离开了诺贝尔。两个人无缘结为连理，却建立了永恒的友谊。伯莎在诺贝尔生命中发挥着重要的作用。

此后二十多年里，诺贝尔将全部精力投入到发明创造之中。但是事业上的成功难以掩盖生活中的孤独。直到43岁那年，他的爱情之火重新被点燃。1876年春天，诺贝尔雇用伯莎·金斯基女伯爵做他的秘书兼管家，并立刻对她产生了浓厚的兴趣。

伯莎是奥地利大元帅弗兰兹·金斯基伯爵之女。出身贵族之家的她，漂亮、迷人、聪明。诺贝尔见她第一面，就对她十分倾心：伯莎微微扬起的鹅蛋脸上，秀气而挺直的鼻梁是那样匀称，深褐色的头发遮掩起稍稍隆起的前额，红润的双唇露出两排洁白的细齿，嘴角挂着好奇而友好的微笑。伯莎在自己的回忆录中是这样描写当时的诺贝尔的：

他那时才43岁，身材中等偏低，满腮胡子，相貌不难看也不漂亮；一双碧蓝的眼睛温和而善良，使他的表情不显得过于惆怅；讲话的语气里交织着抑郁和讽刺。

伯莎那时仅33岁，能弹会唱，有文化及良好的教养，游遍及欧洲。可以说，她完全具备诺贝尔心目中女主人的一切条件。懦弱的诺贝尔通过诗向伯莎打开自己多愁善感的心扉：

你说我是一个谜——也许是，
我们全都是不可解的谜，
从痛苦开始，以深重的磨难终结，
人们啊，为什么要来到这尘世？
渺小的欲望把我们拘禁在地球上，
崇高的思想把我们举上天际，
还骗我们说
就像灵魂永不灭……

诺贝尔一反常态，想窥探女秘书的灵魂深处。他对伯莎还没有结婚感到纳闷。原来伯莎有一段伤心的往事，曾经有几个人向她求婚，最初的几个人因为年龄太大都被她拒绝了。后来，她爱上了格鲁吉亚亲王赫尔克利斯，但这位亲王中途不辞而别了。其后，伯莎接受了奥地利贵族阿道夫·冯·塞恩的求婚，不幸的是阿道夫不久就病故了。当伯莎30岁时，她做了苏特纳男爵四个女儿的家庭教师，并爱上了小她7岁的男爵次子阿瑟，但遭到了男爵夫妇的坚决反对。当时阿瑟的经济还没有独立，相爱中的情人只得暂时分手了。

当诺贝尔得知女秘书这段辛酸往事后，很长时间没有开口。他觉得伯莎和阿瑟是不会有结果的，如果不赶紧一刀两断的话，带给伯莎的只能是更大的痛苦。诺贝尔适时地向伯莎提出这一建议，当然在这背后还隐藏着他个人的愿望。

不久，诺贝尔去斯德哥尔摩参加一个会议，这期间，伯莎收到了阿瑟的一封电报："没有你我无法生活。"伯莎当即作出决定，回到维也纳与阿瑟私奔了，并在一个乡下的小教堂里举行了婚礼。

诺贝尔没有想到等待他的竟是这样的结果，他深深地为自己感到惋惜，如果他再主动一点，把想说的话全都说出来，也许他可以得到一个漂亮的、有教养的终生伴侣。此后，诺贝尔和伯莎还有联系，每逢新年都会互相祝福。

诺贝尔没有想到的是，在他以后的生活中还受到伯莎的影响，而且是决定性的影响。两人虽无缘结为连理，却建立了永恒的友谊。

伯莎离开后，孤独的魔鬼再次走进诺贝尔的心里。他在二十多个国家拥有公司，在全世界拥有几百个工厂。他大部分时间是在实验室里，或是在被他称之为"我的活动牢房"——列车里度过的。尽管他每天忙忙碌碌，却时常感到孤寂；尽管他拥有巨额的财富，却未能征服一个心仪的女人。诺贝尔深切地感到自己的身边需要一个年轻聪明的女人，与他同甘共苦并给予他温暖和爱情。他曾写道："我像别人一样，也许比别人更强烈地感到孤独的沉重压力；在多少个漫长的岁月里，我一直在寻求一个能够与我心心相印的人。"

诺贝尔一向喜欢有知识、有文化的女性，这种女人能引起他浓厚的兴趣。经常与他通信的女人中，的确有几个女子符合他的要求，可诺贝尔与这些人均无缘结成伴侣。令他万万没有想到的是，他生命中所爱的最后一个女人，却是个毫无知识和教养的女性。

诺贝尔生命中的第三个女人索菲，是个年轻、貌美、粗俗的姑娘。他始终处于矛盾之中，既对她的没有教养失去信心，随时准备中断恋爱关系，又始终走不出爱情的旋涡。索菲亚年轻漂亮，对他具有足够的杀伤力。

1876 年的一天，诺贝尔在返回巴黎的途中，在维也纳停下来过周末。一位企业界的朋友请诺贝尔赴宴，诺贝尔信步跨进一家卖花的小店，想为女主人买一束鲜花。他做梦也想不到多跨了这一步，就有了短暂甜蜜而长期苦涩的爱情，这次的爱情生活竟然持续了 18 个年头。

诺贝尔被眼前的卖花姑娘迷住了：黑黝黝的秀发，优美的身姿，弯弯的细眉下，闪烁着一双浅蓝色的眼睛，顾盼自如像是会说话，诱人的红唇微微张开，露出雪白的牙齿。诺贝尔久久地端详着卖花少女，直到接过花束才意识到自己失态了。

他仿佛回到了青年时代的巴黎，索菲的美与玛丽安娜竟是如此相像。他不想错过机会，鼓起勇气邀请少女与他一起散步，她爽快地答应了。一切都顺理成章，好像是上帝故意安排的。

卖花少女名叫索菲（1856—1919 年），具有犹太血统，出生于维也纳一个中下层家庭。她的父亲生性古怪，视谈话为精神负担，也讨厌与家人聊天。她的母亲是个聪明的、颇有心计的女人。当索菲出落成一个大美人，她的家人便让她做了一个卖花女，一心希望她被哪个阔佬看中，好使他们家从此交上好运。诺贝尔被索菲的故事感动了，为她的美丽而惋惜，也对这个家庭这样对待她深表同情。他带索菲去了一家珠宝店，要送她一件礼物。姑娘毫不犹疑地选中一件店里最漂亮、最贵重的手镯。诺贝尔既为她有如此好眼力而高兴，又对她的贪心而惶恐不安。

虽然，诺贝尔答应索菲两周后来看她，但在前往巴黎的途中，一想到她那粗俗的话语，就厌恶得不寒而栗。对于这个萍水相逢的新欢，诺贝尔有一种矛盾的心理，一方面对她的粗俗和贪心有些反感；另一方面她的别具魅力的诱惑，总是在心头挥之不去，时常激起一种异样的柔情。

感情的牵挂还是占了上风，诺贝尔开始频繁地去见索菲，心里越来越离不开她了。他爱她那迷人的眼睛，那一泓汪汪的秋水里，总是映着一个童话般的世界，只要他们的目光一接触，他就不由自主地被吸引；他爱她那姣好的神态，柔软苗条的身材，浑身洋溢着的精致的美；他爱她说话的声音，那声音仿佛蒙着一层轻纱，又仿佛发自梦境里。诺贝尔迷恋索菲已不能自拔。

索菲辞去了工作。诺贝尔给了她一笔巨额银行存款。对于索菲来说，幻想中的奇迹已经成为现实，灰姑娘遇到了一个白马王子，把她从贫困的境地拯救出来，带进只有少数幸运的人才能进入的崭新天地。索菲希望得到诺贝尔全部的爱，诺贝尔的缄默又使她感到害怕，这会不会是富翁的逢场作戏？他还有没有别的情人？当她发现诺贝尔虽然到处受到尊重，却过着孤独没有女人的生活时，她越来越喜欢这个可爱的人了。

但是，诺贝尔却害怕索菲的家庭，担心她的家人在背后操纵一切，于是前去拜访了索菲的家人。索菲的父亲个子瘦高，眼睛又黑又小，流露出困惑的样子；索菲的母亲脸色苍白，性情忧郁，嘴角挂着虚伪的微笑，诺贝尔无法从心里喜欢他们。所以，当索菲决定脱离家庭时，诺贝尔毫不犹疑地伸开双臂，将她拥入自己的怀抱。

诺贝尔开始了对索菲的“改造”工程，安排她专心地学习。然而索菲对学习丝毫不感兴趣，她十分任性，时而高兴，时而忧伤，这使得诺贝尔忧心忡忡。短暂的甜蜜过后，他又回到过去那种闷闷不乐的心境中。他从苏格兰阿岱尔厂给索菲写信道：

亲爱的小索菲：

我坐在这个四下透风的角落里，回忆着我们在巴黎度过的那愉快的时刻。你的“熊”（索菲因为他劝她干这干那而给他起的绰号）现在离你很远，你好吗，亲爱的小宝贝？你是以丰富的想象在憧憬未来，还是让年轻的心灵在往事中流连？也许目前的欢洽仍使你沉醉于它的魅力？我想解开这个谜，结果却是枉费心机。我只能默默地、衷心地祝愿你健康。

晚安！

阿尔费里德

诺贝尔的激情已经开始消退。母亲来信让他带索菲回家里团聚，他心里头却犹疑不决，索菲没有一点符合母亲的标准，把这样一个未婚妻介绍给母亲，她老人家会十分伤心的。索菲也害怕去见诺贝尔的母亲。于是诺贝尔一人回到了斯德哥尔摩。两个哥哥都带着自己的妻子儿女。他们同老人形影不离，尽享家庭的温暖和欢乐。

看到两个兄长婚后生活美满幸福，诺贝尔心头不禁一震。他意识到如果把索菲放在他们中间，她那毫无修养的作风，将是多么不协调。而他如果与索菲正式结婚，只怕会毁了母亲晚年的幸福。诺贝尔决定中断与索菲的关系，开始找出种种的理由，又翻来覆去地考虑了许多遍。可是他在1878 年9 月27 日的信中却是这样写的：

我心爱的索菲：

昨天没有收到你的信。我离开你这么远，目前的季节对你脆弱的身体又十分不利，这更使我焦虑不安。在我们北方，阳光充足，气候温和，但愿你那里的天气也能如此。

亲爱的宝贝，你埋怨说，我的信只是三言两语、欲言又止。除非我违背自己的意志明白地告诉你，否则你是不会知道其中原因的。我不得不这样做，因为人们尤其是妇女，都是利己主义者，只为自己着想。但是我一开始就意识到，并越来越遗憾。因此，我强迫自己对你冷淡，经常向你发脾气，不让你对我的感情深深地扎下根来。你也许以为你爱我，但你真正感到的是感激，或许是尊重，这样的感情远远满足不了一颗年轻心灵对爱情的渴求。

将来有一天——这一天也许不会太远——你会真正地爱上另一个男子。如果我把你牢牢地束缚在情网之中，到那时你又会怎样地责备我呢？想到这些，我不得不用理智来控制感情。我并不像你经常责备的那样心如铁石，也许我比别人更感到寂寞的重压。许多年来。我一直在寻求着一条通向另一个心灵的道路，但那颗心绝不是一个21 岁的女子的心，它对生活的感受同我的全无联系。你的星宿正在天空升起，而我却在降落。青春使你的希望变得绚丽多彩，而我的希望之光只不过是夕阳的一点余晖。所以我们不配相爱，但我们依然可以成为很好的朋友。

我忧虑的是你的前途。如果你爱上一个青年，他也爱上了你，我们之间现在的这种不适当的关系就要成为你幸福道路的障碍。我知道，别人怎样看你，你是一点不在乎的，这是你的福气，可以减少许多烦恼，别人却不能对此置若罔闻。如果只有自尊心，而得不到别人的尊重，那么这种自尊心就好像经受不住阳光考验的珍宝一样。

每当我想到这些问题，我就感到心烦意乱。见到你就会生气，离开了你又感到闷闷不乐。但是，即使你给我带来并还将给我带来许多烦恼，我知道你始终是一个温柔善良的姑娘。我喜欢你，对你的幸福我比对我自己的还要关心。说起我的幸福，我不禁哑然失笑，我一降生痛苦就接踵而至。但是我的小宝贝，生活正向你发出微笑，没有几个人能得到这种幸运，如果你有时感到不很如意的话，那只是暂时的，你很快又会感到称心如意。但要获得真正的幸福，你受的教育必须与你的地位相称。因此，你最好找一位老伯伯来监督你。

看来诺贝尔还是真心喜欢索菲，处处为她的未来着想，毕竟他比索菲大了23岁。然而内心孤独的诺贝尔，当接到索菲的来信后，却激动得失去了理智。索菲有了更多的男朋友，疯狂的忌妒心使他痛苦万分，在回信中他无法控制自己的情感：

你23日的来信刚刚收到。你不说我也知道，你过得很愉快，一边给我写着信，一边想着别的事情，叫人看了半页下来，也不知道你究竟说了些什么。B小姐也许看见你新结识太多的男朋友而有点儿不安，这也许就是你和她合不来的原因吧。别以为这是对你的责备。我只是想对你的来信作一个合理的解释。

这就免得你发牢骚了。要注意，尤其在这样的季节不要因贪玩而无节制地散步，晚上也不要睡得太迟。不要强迫你自己给我写许多长信，就像你最近写给我的那封信一样。

现在我嫂嫂带着孩子来了，我必须就此搁笔。轻轻地吻你。

一个一直爱你的人

诺贝尔刚刚把信寄出便后悔了，害怕索菲因此生他的气，于是又马上发出电报，请她不要理会这封信，因为他是在苦闷的心情中写出的，并表示将在下一封信中，再次表达对她的爱始终不渝。事实也是这样，当诺贝尔回到索菲的身边，两人又和好如初了。诺贝尔始终走不出爱情的旋涡，索菲年轻美貌，对他具有足够的杀伤力。

诺贝尔与索菲的爱情故事，从一开始可能就是个悲剧。诺贝尔想改造索菲，索菲却依然故我。两个人时好时坏，时合时分，不仅文化教养有着差异，而且也存在着23岁的年龄差异，此外诺贝尔也无法满足索菲的情感需求。

在诺贝尔与索菲的爱情故事中，男方是一位有着高度文化修养的人，也是一个经常患病、神经过敏、爱猜疑、妒忌心强的有钱人，他所追求的是建立一个气氛轻松、整洁舒适、温暖如春的家庭；女方则是个既不聪明又无教养的美女，刚开始还企图装装样子，以求得诺贝尔的欢心，可她贪婪的本性很快就暴露出来了。索菲以自己的漂亮为本钱，是个只想恋爱而不愿结婚，只要男人爱抚而不愿受家庭约束的女人。再加上年龄上的差距，两个人始终无法协调。

在生活态度方面，诺贝尔对人对己要求都很严格。他要求一个女人应该具备良好的品德和教养，在这方面他从不降低标准。他满怀希望地试图改造索菲，将她从一个懒惰和贪玩的姑娘培养成一个聪明有事业心的女人，带她进入上流社会，启发她读书陪她看戏。然而事实证明他的改造是失败的，他付出的心血和代价全是一种无益的浪费。

在诺贝尔埋头于实验的时候，索菲忍受不了寂寞冷清的生活，开始在威斯巴登、梅兰、博岑等地方游玩，大手大脚地花钱。她没有固定的地址，诺贝尔的信她无法收到；或者诺贝尔去看她时，她已经离开了。这种情况成为猜疑和误解的根源。诺贝尔不得不每隔一段时间，就跟在她后面跑一阵儿。他写信给她说：

当我想到你不得不一个人在世界上到处漂泊的时候，我的心都要碎了。但对此你只能责怪你自己。几年来，我一直提醒你，你应该找一个女伴。你不听我的劝告，使我们两人都吃尽了苦头。如果你有一个女伴——为人要善良可靠——我就不必像一个护士那样跟在你后面在欧洲到处转悠，我和你在一起的时间也许就可以更多了。

诺贝尔此时的精力已大不如前，解决问题变得迟疑不决。1879 年至 1884 年，诺贝尔在实验方面没有取得任何进展。索菲经常不在他身边，弄得他一直心神不宁。他常常将工作的失败归咎于索菲，他在信中不止一次地写道：

……不幸由于我对你的同情心，在这一生中我的智力再也不可能活跃起来了……你不知道，这些年来，我损害了我的智力，滥用我的怜悯和钟情，对我造成了多么严重的后果。

一个非常忙碌的人，让一个姑娘拖累着，这个姑娘根本不了解别人，却来干预他的正常工作，你难道不能理解这是一个多么可怕的负担吗？

诺贝尔深切地感到他们之间对于“人生的理解、对人生目的的理解，对精神境界的重要性的理解，对作为有较高的文化修养和社会地位的人的职责的理解”，分歧是如此之大，看法是如此迥异，以致影响了他们之间的相互了解。他一次又一次地试图使她明白，他不可能和她在一起生活。因为她要占有他的所有时间，这是他自由的精神无法容忍的。在给索菲的一封信中他写道：

……请设法从一个朴实正派的男人那里取得真诚、持久和深厚的爱情，并同他建立一种纯洁的真正结合的家庭关系。这种家庭关系与那种不正当的关系毫不相关。你的病（一种初期贫血症）可能更多的是由于一种空虚的感情以及心中的渴望没有得到满足而引起的。

诺贝尔看透了索菲的本质，但真要与她一刀两断，他又舍不得放不下。天真、任性的索菲对他有一种神奇的魔力。在诺贝尔痛苦孤独、心乱如麻的时候，他一想到索菲，心中便涌起一种柔情，索菲对他来说是多么可贵和亲切。他给索菲买高档衣服、华贵马车、豪华别墅，为她提供车马首饰费，支付旅馆费，将索菲看作是精神上的慰藉，常在信中倾诉心中的烦恼。而索菲除了对金钱感兴趣外，对诺贝尔的痛苦和烦恼视而不见，她的回信总是泪汪汪地且夹杂着一些金钱的数字。

诺贝尔经常想，像他这种年纪的人，身边需要有一个他为之生活并热爱着的人，但是索菲不可能成为这样的人。同时索菲无休止地占用了他太多的工作时间，那么是什么力量使他迷恋上这个性情浮躁的年轻姑娘呢？他一厢情愿地认为是恻隐之心所致，因为以她的美貌应该过上优越的生活。由于偶然的机缘，他闯进了她的生活，来纠正不公平的命运。他要看到奇迹怎样实现，这项工作显然十分诱人；虽然奇迹没有实现，但其诱惑力依然存在。诺贝尔一向深信人力能够改变一切，承认改造索菲失败，就会使自己的信念破灭。现在他深陷其中不能自拔了。这与情欲的因素绝对无关。

但索菲的欲望是无止境的。她要买伊斯基尔的别墅，诺贝尔答应了。附近的居民个个自命不凡，如果诺贝尔与索菲同居，势必引起流言蜚语，甚至还会损害索菲的名誉。诺贝尔于是决定同她假装成夫妻，写信、打电话、发电报都称索菲·诺贝尔太太，索菲也以同样的名义回信。不久，诺贝尔就自食其果了。

原来索菲很喜欢这个新的大名鼎鼎的姓氏，与他人交往或通信时开始滥用这个称呼。不知内情的人大吃一惊，像诺贝尔这样有教养的绅士，这样有杰出贡献的人士，怎么会找一个粗俗女子做妻子呢。索菲甚至给诺贝尔的哥哥路德维格写信，在信中胡说八道。路德维格本来对索菲并无恶感，现在却惊恐不安了，力劝弟弟赶快结束这段关系。诺贝尔为此给索菲写信道：

即使一个人处于热恋阶段，你的信也会使他感到好比头上浇了一盆冰水。如果一个人写信时乱涂乱画，却用另一个人的姓氏把这些文理不通的信到处乱寄，无论是谁都要感到羞愧。亲爱的宝贝，如果你没有文化，你就要安分守己，自得其乐，少出头露面。你经常说我不能够爱任何人，这是错误的。你虽缺少文化素养，但只要不让我的心灵受到创伤，我仍然可以爱你。

我来给你举一个例子：一个妻子非常爱她的丈夫，但他如果染有这种恶习，时时刻刻都要发疯似的戳她心灵上的伤疤，你想一想，这样的爱情能够持续下去吗？自尊心——至少对我来说是这样——要比一个人心灵上的伤疤敏感一千倍。但是我反复解释总好像“对牛弹琴”。你甚至不知道每一个人都有自己的尊严。否则，我想我们在这个问题上，很早就取得一致意见了。

诺贝尔苦口婆心地想劝索菲改弦易辙，索菲却无意改变自己的生活方式，这使得诺贝尔十分伤心。可他还是下不了决心离开索菲，因为他的内心深处依然迷恋着她。与此同时，诺贝尔以前的秘书伯莎在误听他结婚的消息后，特地写来一封短信贺喜。诺贝尔在回信中否认了结婚一事，但避而不谈真实情况：

亲爱的伯爵夫人和朋友：

好一个忘恩负义的老诺贝尔。但这只不过是表面现象而已，因为他对您的友谊只是增强了。他越是临近“虚无世界”越是珍惜那些对他表示过一点真诚的关心的朋友的友谊。

难道您真的相信我已经结婚了，而且竟不通知您一声吗？那样会失礼的，而且会损害我们的友谊。

花店老板说我结了婚，他是在卖弄花言巧语。至于尼斯的那位诺贝尔太太，很有可能是我的嫂子。所谓神秘的婚姻只好做这种解释。在尘世，任何事物最终都将得到解释，唯独爱情的魅力无法解释，然而正是由于爱情的魅力，我们这个世界才得以生存。我所缺少的想必正是这种魅力，因为根本不存在什么诺贝尔太太，因为蒙住我眼睛的不是爱情而是炸药。

虽然诺贝尔极力掩饰事实的真相，但还是感到羞愧不已。他只得将满腔怒火发泄到索菲身上，但索菲根本就不买他的账，依旧使用诺贝尔太太这个称呼。尽管两个人之间偶尔和好恩爱过一阵子，可他们的关系已越来越恶化了。

索菲怀孕与匈牙利军官结婚，诺贝尔结束了18年的苦痛爱情。这位火药发明家，始终没有办法爆破自己婚姻的“堡垒”。他在去世时身边没有亲人，也没有一个女人。他把巨额遗产留下来建立了“诺贝尔奖”。

1891年，诺贝尔迁居圣雷莫后，就很少去看索菲了，但仍时常写信给她，信中的内容无非是训诫、抱怨和责备，甚至在妒忌猜疑时发一顿火表示不满。没有了诺贝尔的约束管教，索菲越发没有了顾忌，时常出没于放荡淫乱的生活圈子。就在这年春天，索菲以悲伤和绝望的语气，给诺贝尔写来一封信，透露了一个令人震惊的消息：她很快就要做母亲了，孩子的父亲是个匈牙利贵族出身的年轻军官。

此时的诺贝尔没有震怒反而如释重负，他寄去了索菲需要的30万法郎，劝她与那位军官结婚好好过日子，并保证不再去看望打搅她。至此，18年漫长痛苦的恋爱才算告一段落。此后诺贝尔仍定期给索菲津贴，一直没有停止过。1894年3月，诺贝尔见到了索菲和她的女儿，并向索菲与那位军官表示祝贺。

索菲离开了诺贝尔，这时另一个女人回来了，这就是他以前的秘书伯莎。在经历了一段困难时期后，伯莎夫妇过得十分幸福。伯莎体验了各种生活，增长了不少见识，对改造人类的信念坚定不移，并成为国际和平仲裁联盟的成员。在她的眼里诺贝尔的变化并不大，只是深褐色的头发和胡须上，增添了几绺灰白色的银丝。

伯莎的归来对诺贝尔有很大的影响。这位举止庄重的太太，尽管已成为著名女作家、世界和平运动先驱之一，但胸中永远充满了母爱，简直要把全人类团结在一起，用自己的身体保护它，为它引航指明方向。以前诺贝尔一直对人生抱以失望悲观的态度，现在他开始相信国际和平运动有利于反对民族主义，有利于排除民族主义对政府的有害影响。这种思想认识上的巨大变化，直接导致了诺贝尔将自己的部分遗产奖给那些“以最有效的方法为实现欧洲和平做过贡献的男人和妇女”。

诺贝尔一生都渴望建立一个幸福的安乐窝，但他失败了。尽管他整天忙忙碌碌，在经济和社会事务方面完全独立，但他仍然处于无法治愈的孤寂状态。他在给嫂子埃德拉·诺贝尔的信中写道：

我们之间的对比是多么悬殊啊！在您周围，环绕着爱情、欢乐、喧嚣和跳动的生活，关怀别人和被人关怀，爱抚别人和被人爱抚；因此，您是在心满意足中安定地生活着。而我则好像一只被命运撞坏的无用的破船，在没有罗盘和舵轮的情况下到处漂流，没有对过去的甜蜜回忆，没有对未来的虚幻但美妙的憧憬，没有尽管粗俗但有助于自我美化的狂想，没有作为我们未来生活源泉的家庭，没有自然陶冶心灵的朋友，也没有为之愤怒的敌人；与此相反的是，只有一种在黯淡的光线中揭示那些没有洗净的污点和失败的自我批评。以这种轮廓画成一幅肖像，对于一个欢乐幸福的家庭来说，是很不适宜的，只配把它扔进废纸篓里。

诺贝尔在信中流露出的是孤独、苦涩，吞食的是生活的苦果。在《我是否曾经爱过……》一诗中，诺贝尔写道：

我是否爱过?
啊！你的质问，
从我记忆的旋涡，
唤醒了一幅甜蜜的轮廓。
那梦寐以求的幸福啊，
生活不肯将它赐给我，
那满腔热忱的爱情啊，
不待成长就已经凋落。

你不会懂得，
一个年轻心灵的理想世界，
是怎样遭到现实的折磨
挫折，幻灭与忧思，
是怎样捉弄那欢乐的生活，
使一切都丧失灿烂的光泽。

诺贝尔一生曾深深爱过3个女人，但只有第一个女伴给予过他真正的爱恋；对于伯莎他只是单相思；而与索菲的交往，带给他的只是无尽的烦恼。他付出了数不清的金钱，付出了炽热的感情，得到的只是豪华别墅里的空寂和冷漠。

诺贝尔一生辛勤地工作，睡眠不足让他感到巨大的痛苦。他一生和炸药打交道，药物中毒使他得了“硝化甘油头痛症”，还患上了慢性支气管炎、慢性伤风、轻度坏血症，心脏病也不时发作。1896年12月7日，诺贝尔给年轻的助手索尔曼写了他的最后一封信，谈的是新的硝化甘油炸药，结尾的几句话是：“不幸的是，我的健康状况再次恶化，连写这几行字都有困难；但是，一旦当我能够的时候，我将回到这个使我感兴趣的题目上。”从他那像往常一样清楚易懂、端正的字迹中，看不出他正处于崩溃的边缘。然而写完信的几个小时后，脑溢血突发击倒了诺贝尔。

在诺贝尔病危的几天里，他的身边没有一个亲人，只有雇用的仆人。他失去了部分说话的能力，除了儿童时代的语言外，他什么都记不住了。仆人只听懂了“电报”这个词。当他的两个侄子及索尔曼赶到之前，诺贝尔于1896年12月10日凌晨2点，在意大利的桑利玛孤独地离开了人世，终年63岁。

诺贝尔希望自己的亲人靠自己的能力生活，故而他在1895年11月27日，立下了永垂不朽的“诺贝尔奖”遗嘱，将全部财产920万美元作为基金，以其利息作为奖金，授予每年在各个方面为人类作出重大贡献的人。这项遗嘱遭到他亲属的非议，此时索菲也跳了出来，威胁说如果不给她比遗嘱规定还要多的东西，她就将诺贝尔给她的216封信的原件出版权拍卖。

为了避免可能出现的丑闻，遗嘱执行人有条件地买下了这些信件。这使得诺贝尔生前对她“不会是完全没有良心”的希望，彻底地破灭了。经过遗嘱执行人索尔曼等人的不懈努力，1898 年 5 月 21 日，瑞典国王宣布诺贝尔遗嘱生效。1900 年 6 月 29 日，瑞典国会通过了诺贝尔基金会章程。1901 年 12 月 10 日，即诺贝尔逝世 5 周年的纪念日，颁发了首次诺贝尔奖。

诺贝尔一生在死神的威胁下，为人类向大自然索取动力。他从来没有进过高等学府，一直致力于应用化学的研究，生平所发明的炸药有：猛炸药、无烟火药、“巴立斯梯”或称 C89 号等。诺贝尔 1884 年加入瑞典皇家科学会、伦敦的皇家学会和巴黎的土木工程师学会，1880 年获得瑞典国王创议颁发的科学勋章，又得到法国大勋章。作为一位伟大的科学家，他不仅把毕生精力贡献给了科学事业，而且还把全部遗产捐献给科学事业，用以奖励后人向科学的高峰努力攀登。今天，以他的名字命名的科学奖，已经成为举世瞩目的最高科学大奖。他的名字和在科学探索中取得的成就，永远地留在了人类社会发展的文明史册上。

求婚遭拒从此远离女人——尼采

德国著名哲学家尼采，童年生活在女性周围，但他并不真正了解女人，要么对爱慕的意中人不敢当面表白，要么刚刚相识就粗暴地写信求婚。他屡遭失恋的打击，妹妹的专横使他想结婚的计划终成泡影。这个受疾病困扰的精神错乱者，只好把燃烧的热情转化成强烈的创作欲。

弗里德里希·威廉·尼采（1844—1900 年）是德国著名哲学家、西方现代哲学的开创者，同时也是卓越的诗人和散文家。他的主要著作有《悲剧的诞生》《人性的、过于人性的》《查拉图斯特拉如是说》《善恶的彼岸》《道德的系谱》等。然而他的学说在当时并没有引起人们重视，直到 20 世纪，才获得了褒贬不一的评价。后来的生命哲学、存在主义、弗洛伊德主义、后现代主义都以各自的形式回应尼采的哲学思想。作为先驱者，他远远超越了自己的时代。毫不夸张地说，尼采的哲学著作对后世的影响，完全可以和黑格尔、叔本华等人相媲美。不幸的是，他经常受到疾病的困扰，晚年精神发生错乱，孤独和不被人理解时常伴随着他。

1844 年 10 月 15 日，尼采出生于普鲁士萨克森州勒肯镇附近洛肯村的一个乡村牧师家庭。他的父亲卡尔·尼采是威廉四世的宫廷教师，曾执教过四位公主，深得国王的信任。后来遵照普鲁士国王的命令，到勒肯镇担任牧师。1843 年娶了普布勒斯的乡村牧师奥埃勒尔的幼女。不幸的是，1848 年 8 月，尼采的父亲死于脑软化症。数月后，年仅 2 岁的弟弟又夭折。当时尼采才 4 岁，亲人接连的死亡，使这个天性敏感沉默的孩子过早地看到了人生的阴暗面，养成了他忧郁内向的性格。尼采的祖父是一位虔诚的基督徒，写过神学著作。

父亲死后第二年，尼采随母亲和妹妹迁居瑙姆堡。此后，尼采在一个由妇女支配的家庭长大：祖母、两个姑母、年轻的母亲及妹妹决定着一切。她们把他娇惯得脆弱而敏感。尼采从小就喜欢独处和深思，很少参加伙伴们的游戏，显得十分忧郁和孤僻。在尼采的成长过程中，虔诚的清教徒母亲的影响是不容忽视的，他终生保持着清教徒的本色。

10 岁时，尼采就读于瑙姆堡文科中学，对文学与音乐极感兴趣，开始写诗，创作歌曲。14 岁时，他进入普夫达中学。这所学校管理十分严格，尼采很少玩耍，也不愿意接近陌生人，音乐和诗歌已经成为他感情生活的寄托。尼采幼年受教于普鲁士当时最好的女钢琴家。1861 年，17 岁的尼采患有严重疾病，首次出现健康恶化的征兆，被送回家休养。

童年的尼采和妹妹有过性游戏。他暗恋女演员赫德维希·拉伯，却不敢当面去说。初恋失败了。尼采对科西玛有了爱慕之情，始终没有正式表白。他给科西玛写过一张“我爱您”的纸条，科西玛对此毫无表示。

1864 年 10 月，尼采进入波恩大学学习神学和古典语文学。他一度想改变自己的性格，加入了喝酒打斗的团体，但不久便厌恶了这种堕落的生活，认为抽烟喝酒的人不具备清晰的认识能力和敏锐的思想。这时，发生了一件偶然的事情，他到科伦城游玩，请一个仆人带路，原本想找一家饭馆，但领路人误把他领进了妓院。他的朋友和同学保尔·杜森在《尼采的回忆》中，记录了这件意外的事件：

我突然发觉自己被半打浓妆艳抹的“动物”包围了，她们都以期待的眼神凝视着我；在这刹那间，我完全惊呆地站在她们面前，后来，好像本能的驱使，我走到钢琴旁边，那是在这一群中唯一有灵魂的东西。我弹了一两个和弦。音乐恢复了我四肢的活动能力，在这瞬间，我跑出户外。

这件事给尼采的印象很深。羞怯、孤僻的他从此知道了还有妓院这种场所。其实，尼采早在童年就有过性的萌动。弟弟去世的晚上，两岁的妹妹钻进四岁的哥哥的被窝，像往常一样逗弄他的生殖器官。在那段岁月里，只有妹妹的手指和眼神才是他欢乐的源泉。兄妹俩本以为这事神不知鬼不觉，不料姑母罗莎莉临终前，把他们叫到床前，对他们严加斥责，羞愧的兄妹这才停止了游戏。他在晚年写的私生活自白书——《妹妹与我》中，坦白了与妹妹伊丽莎白的这段故事。

尼采在波恩大学第一学期结束，便不再学习神学了。他有自己的喜好，他热爱希腊诗人，热爱巴赫、贝多芬及瓦格纳。1865 年，尼采随老师来到莱比锡大学继续求学。当时，他已经开始喜欢哲学，经常拜读叔本华、朗格、施皮尔、泰希米勒、杜林、哈特曼等人的著作。

1866 年夏天，他爱上了在莱比锡演出的女演员赫德维希·拉伯。尼采很钦佩她的才华，被这个可爱的女艺术家迷住了。但是，这个不善交际的青年只是从远处默默地注视着拉伯小姐，不敢近距离地接触她。颇有点儿音乐天赋的他将自己的热情融入他谱写的几首乐曲中，连同狂热的、矫揉造作的题词一起寄给了心上人。他的爱情如同石沉大海。初恋失败，是因为尼采缺乏勇气，不敢当面向姑娘表白。后来，他颇有感触地说："在你的爱情中应该表现英勇！凭着你的爱，你该走近那使你恐惧的人。"

1868 年秋天，尼采在莱比锡瓦格纳姐姐的家里，结识了仰慕已久的音乐大师查德·瓦格纳，两人久久地谈论他们都喜爱的叔本华哲学。1869 年 5 月，尼采到瑞士卢塞恩城郊的特里伯辛拜访了瓦格纳，并结识了科西玛·冯·比洛夫。科西玛是著名音乐家李斯特的女儿，有一个当乐队指挥的丈夫。因爱上了瓦格纳，她抛弃了丈夫，与情人私奔，并一直同居。直到丈夫死后，她才得以与瓦格纳正式结婚。

瓦格纳和科西玛对尼采这位年轻的学者颇有好感，双方很快就亲近起来。不久，尼采便成为这个家庭最受欢迎的客人，可以任意出入，并长期使用两个房间。他第一次有了一种家的感觉。瓦格纳和科西玛成为尼采在艺术和理智方面的良师益友。频繁地接触使他对科西玛产生了爱慕之情，却始终没有正式表白。1872 年 4 月，瓦格纳一家搬往拜罗依特，尼采也经常去拜访。此时，他与瓦格纳因思想见解不同而产生了隔阂。1873 年 4 月 18 日，他在写给瓦格纳的信中说道：

最尊敬的大师，我在不断回想拜罗依特的日子，许多在很短时间内新学到的和经历的东西越来越多地在我面前展现。如果当我在场时，您对我不满，那么我理解这一点，但对此不能有所改变。因为我学习很慢，在您那里的那个时刻，感受了我从未想过的事物，我想牢牢记住它。我清楚地知道，最亲爱的大师，这样一种访问对您不可能是一种休养，有时一定是难以忍受的。我常常希望至少在表现上有较大的自由和独立，但是无济于事。好了，我请求您，仅仅把我当作学生……我多么乐意用种种方法帮助您，对您有益，而我完全不能这样做，以致我甚至不能为您的消遣和愉快提供什么东西。

敏感的尼采以为瓦格纳发现了他对科西玛的恋情，这封信可谓是不打自招，读来宛如一个不能很好地隐藏自己忌妒的情人的傻乎乎的表白。他们的友谊并没有因此受到伤害。瓦格纳面对情绪忧郁低沉的尼采，写信劝他改变自己的生活：“我认为您必须结婚或者给一个歌剧作曲，两者之一好歹能对您有所帮助。但我认为结婚更好。”瓦格纳建议他娶一个富家女子，这样他可以在经济上无后顾之忧。

尼采虽然爱慕科西玛，可又不敢说出来，也不愿因此伤害朋友的感情。只有一次在摔伤后，他给科西玛送上一张纸条，写着“我爱您”。科西玛对此毫无表示。虽然尼采与瓦格纳的友谊后来中断，但他依旧念念不忘科西玛。住进医院时，他甚至告诉医生说：“是我太太科西玛带我来的。”

1878 年 1 月，瓦格纳给尼采寄去了《帕西法尔》的剧本，尼采没有一字回音。5 月，尼采把《人性的，过于人性的》（该书包含有明显批判瓦格纳的内容）一书寄给瓦格纳夫妇。从此，双方不再来往。

1869 年 2 月，年仅 25 岁的尼采被聘为瑞士巴塞尔大学古典语言学教授，4 月获得了瑞士国籍，从此成为瑞士人。此后的 10 年，是尼采一生中相对愉快的时期。这段时间他潜心著书，1872 年，发表了第一部专著《悲剧的诞生》。在这部哲学著作中，他一生的主要哲学思想已经形成。尼采的哲学主题是生命的意义问题。1873 年至 1876 年，尼采先后发表 4 篇长文，结集为《不合时宜的考察》一书，书的主题仍是文化批评。

尼采在日内瓦邂逅了荷兰少女玛蒂尔德·特拉培达赫，顿感狂飙卷走了云翳，阳光重新普照大地。在短短的相识之后，他就写信给对方让她做他的伴侣。面对冒昧粗鲁的求婚，对方以已经订婚为由拒绝了。

虽然在学术上开始有了成就，但尼采内心还是极度孤独的。为使动荡不安的生活安定下来，有个温暖的后方港湾，1876 年 3 月，他去日内瓦疗养旅行。这次旅行使他邂逅了一个名叫玛蒂尔德·特拉培达赫的荷兰少女。他约她到日内瓦郊外散步，停留了达 4 小时之久。尼采顿感狂飙卷走了云翳，阳光重新普照大地。他急于攫取这一美好的刹那，于是在短短的相识之后，他就写信要求对方做他的伴侣：

我的小姐！

您今晚给我写了一点东西，我也想给您写点东西。

请您集中您心中的全部勇气，以免因我在此向您提出的问题而大吃一惊。您愿做我的妻子吗？我爱您，我觉得，您仿佛已经属于我似的。别提我爱得突然！至少这不是什么过错，因此也不需要原谅。但是我想知道的是，您是不是同我有相同的感觉　　我们彼此绝不陌生，任何时刻也不！我们生活在一起，岂不比各自单独逗留着要好些吗？您愿意同我，一个诚心诚意地追求解放和改善的人一起前进吗？在生活和思考的每条小路上？请您直言不讳，不要有任何保留！除了我们共同的朋友冯·森格尔先生以外，谁也不知道这封信和我的询问。我明天十一点钟乘快车返回巴塞尔，我必须回去。我附上我在巴塞尔的通信处。如果您能对我的问题给予肯定的答复，那我将马上给您的母亲大人写信，并请您告诉我她的地址。请您克制自己，迅速作出决定。同意或者反对——这样到明天十点在德·拉·

波斯特旅馆我就可以看到您的书面答复。祝您永远万事如意，一切顺利！

弗里德里希·尼采

1876年4月11日于日内瓦

这是一次突然的没有热情的追求。上面那封措辞恭敬但显得既笨拙又粗鲁的信，没有真正表达出尼采的爱恋，更多地反映了他的压抑心情：预先通知自己就要起程并要求书面答复。纤弱的少女哪敢接受这种鲁莽的要求，她以已经订婚为由拒绝了尼采的求婚。后来尼采了解到，她并不是一个纯情少女，而是流落他乡的荡妇。在《妹妹与我》中，他说："幸亏她没有接受我的感情，否则我就惨了！"

查拉图斯特拉曾说："当心你的爱情被偷袭，孤独者对于他遇上的人总是手伸得太快了。"这一次尼采的确是过急了一点。与特拉培达赫结婚的愿望破灭，使尼采的心灵深受打击。"一朝被蛇咬，十年怕井绳"。他不愿再谈论婚姻了，而是想品味孤独，将精力投入创作。就在同一年，他的好朋友格尔斯多夫写信告诉他：有一个年轻美貌的富家小姐喜欢尼采的作品，还因他拒绝了许多求婚者！这个好消息也无法使尼采心动，他回信谢绝了这宗美好的姻缘：

我不想结婚了。事实上我是如此地讨厌任何的约束……实在也找不出一个女人有明智的头脑来追随我的思想。我开始感到希腊哲学家和他们的生活方式越来越适合于我。

尼采决定摒弃一切不可抗拒的诱惑与享乐，专心从事哲学上的研究。1876年10月，由于病情加重，尼采向他任教的巴塞尔大学请病假，同新结识的心理学家保罗·雷埃及玛尔维达·冯·迈森贝克小姐在索伦特过冬。冯·迈森贝克又劝尼采结婚，认为只有这样尼采才能获得幸福，才能从忧郁和孤独中解脱，才能使健康状况好转。关于这件事，尼采在1877年4月25日写给妹妹的信中说：

我不能长期在巴塞尔的大学里任教，在那里工作严重妨碍了我所有比较重要的计划而且大大损害了我的健康。当然我还必须在这种情况下在那里度过今年冬天，但如果别的结合成功，也就是同一个与我相配的但必须富有的女子结婚的话，到了1878年复活节，这种状况就要结束了，正如冯·迈森贝克小姐所说“好而富”，对这个“而”字我们大笑不已。今后几年我将同这样一个女子在罗马生活，那地方对我的健康、社交和研究都同样合适。今年夏天在瑞士将促成这个计划的实现，以便我在秋天结婚后来到巴塞尔。各种不同的人将被邀请来到瑞士，其中有一些人的名字你还没有听过，例如柏林的艾丽丝·比洛夫、汉诺威的埃尔斯贝特·布朗德斯。按照精神质量，我总认为娜·赫尔岑是最合适的。为了美化日内瓦的小克克特，你做了许多事情！赞扬、荣誉和称颂！但这是需要考虑的，那么财产呢？

尼采在不得已的情况下，赞同一种纯粹有目的的婚姻。然而这个孤僻者又说：“结婚虽然是很值得向往的，却是不大可能的事情，这一点我知道得很清楚！”结婚计划终成泡影，尼采又陷入孤独之中。

1879年，尼采辞去了巴塞尔大学的教职。作为对他工作的报答，校方给了他3000法郎的退休金。从此，尼采开始了10年的漫游生涯，也进入了创作的黄金时期。孤独者的岁月悠悠过去。1882年3月底，尼采在意大利心血来潮，从热那亚乘船到墨西拿去，当地的美景和西西里岛的气候使他欢欣鼓舞。他的好友保罗·雷埃从罗马给他来信，向他描述了在罗马迈森贝克的沙龙里，有一个俄国血统的姑娘露·莎乐美。她只有20岁，出身于将军家庭，曾就读苏黎世大学。4月，尼采应好友邀请到了罗马，在圣彼得大教堂见到莎乐美。从流行的观点来看，莎乐美并不漂亮，但很有吸引力，而且才思敏捷，非常聪慧，富有魅力。她曾经是里尔克的入幕之宾，崇拜弗洛伊德的性哲学，并与弗洛伊德有过一段不明不白的关系。尼采对莎乐美的历史并不清楚，可是通过与莎乐美的接触，他感到这就是他在等待的人，他们的思想是相通的。

好友介绍莎乐美做尼采的学生。尼采深深坠入情网，莎乐美也被尼采的独特个性所吸引。尼采爱上了这个姑娘，这一次他是真的无法自拔了。两人结伴到卢塞恩旅行，沿途尼采向莎乐美娓娓叙述往事，回忆童年，讲授哲学。后来，莎乐美细致地描述了尼采给她的印象：

孤僻——这是使尼采的外表引人注目的第一个强烈印象。粗略打量一下，他的外貌没有什么惊人之处。这个中等身材的人衣着非常朴素，但也非常仔细。安详的容貌，简单地向后梳的棕色头发，使他很容易被人忽略……当他情绪不佳时，从这双眼中，如同从令人恐惧的深渊里，阴郁地几乎急迫地表露出孤独。

尼采的举动也给人以类似隐退者和沉默寡言者的印象。在平常的生活中他很讲礼貌，似乎有女性的温柔，经常保持着亲切的沉着镇静……

莎乐美既为尼采所倾倒，也珍视与保罗·雷埃的友谊，三个人因此建立了亲密的关系。对于尼采来说，他觉得遇到了一个恋人，这个恋人给了他生活希望。孤独的漫游者尼采陷入了热恋之中，并且制订了一个已在恋爱的人所能作出的一切计划。他向女友热情地诉说他在瓦格纳家中度过的明朗的幸福日子，吐露正在形成的最秘密的哲学思想。他的羞怯性格阻碍了他直接向莎乐美倾诉衷肠，于是请保罗·雷埃代他求婚。但是他不知道保罗·雷埃也暗恋上了莎乐美。对于两位追求者的求爱，莎乐美都拒绝了。她对尼采的好感和对他的思想感兴趣，并不说明愿意把尼采作为她的终生伴侣。莎乐美诚恳地保证他们的友谊绝不发生变化。这多少给了尼采一些希望。

尼采将莎乐美介绍给了妹妹伊丽莎白，不料却惹来了一场麻烦。伊丽莎白是个专横的女人，对哥哥有强烈的占有欲。尼采邀请两人到特坦堡来看望自己。路上，莎乐美和伊丽莎白之间发生了冲突。因为妹妹的挑唆，尼采一度对莎乐美感到不快。但仍向莎乐美表示："我相信我们之间唯一的差别就是年龄的差别……我们的生活经历相似，对问题的看法也相同。"尼采感到莎乐美是唯一能真正了解他思想的女人，是他心目中的理想女人。

1882年8月14日，尼采与莎乐美在特坦堡乡间的松林进行了10个小时的关于宗教的长谈，并得到了女友的理解。他在给佛郎兹·奥佛贝克的信中，谈到这次长谈："在思想与情趣方面，我们之间有强烈的互相吸引力以及很大的共同之处，但是也存在能对彼此都产生启发的不同见解，也许像我们之间的这种开诚布公的哲理探讨过去从来未曾有过。"对莎乐美来说，同这位孤独者的相遇恐怕不过是一次深刻的精神感受。它能使一个年轻姑娘留下深刻的印象并对之产生友谊、钦佩和尊敬，但不能产生爱情。

伊丽莎白对哥哥同一个比她年轻、聪慧的女子的友谊早已产生忌妒，并逐步发展成恶意的愤怒。她四处散布流言蜚语，恶意中伤莎乐美，进行挑拨离间。短短的5个月，尼采与莎乐美的关系开始恶化。伊丽莎白在给克拉拉·盖尔泽的信中说："我不能否认她（莎乐美）使我哥哥的哲学带上了她的色彩。这种唯我主义的哲学践踏了一切挡路的东西。"

面对伊丽莎白的阴谋诡计，尼采试图置之不理，却没有完全做到。他和莎乐美暂时分开了，这使得他创作音乐的热情再度被激发。他为莎乐美临行前送给他的诗《寄苦恼》谱曲，标题为《生之颂歌》：

就像朋友爱朋友，
我就这样地爱你，生活真奇异！
我为你欢乐，为你哭泣，
也把我的欢乐或痛苦给你，
我爱你，带着苦痛与欢欣。
假如你必须将我毁灭，
我将忍着哀痛离开你，
就像朋友，从其朋友的拥抱中逃离。
我抚爱你，用我所有的强力：
难道你给我的没有其他欢愉？
尽管如此，我依然拥有——你的哀郁。

尼采非常喜欢莎乐美写给他的这首情诗，于是将它谱写成了一支令人感伤的赞美曲。这部作品费尽了他的心力，谱写得哀婉动人，也给他带来了极大的痛苦——神经痛、疑虑症，使他不得不躺在床上。

由于伊丽莎白的饶舌，尼采渐渐对莎乐美改变了看法，也不能容忍保罗·雷埃这个潜在的情敌。1882 年 9 月底，当他最后一次在莱比锡同保罗·雷埃和莎乐美聚会时，他在莎乐美的耳边说保罗的坏话，使得莎乐美颇感厌烦。11 月，保罗·雷埃与莎乐美同去柏林，两人关系十分亲密。至此尼采陷入的三角恋爱关系结束了，他与妹妹的关系也产生了裂痕。

与莎乐美分手后，尼采从此远离异性，对女性失望到极点。他把失恋的痛苦转化为强烈的创作欲。尼采最后的 10 年是在精神病痛中度过的。他生前没有赢得世界声誉。死后却成为世界哲学史上不朽的思想家。

1882 年 11 月中旬，尼采来到了巴塞尔。他告诉欧佛贝克：“事情已经结束了。”心情孤独凄凉的尼采独自前往意大利的热那亚，随后迁居到离热那亚 20 英里的拉帕洛，打算在那里过冬。11 月 23 日，他给在盖斯特的信中说：“即使在这里，我也未能完全摆脱今年这场噩梦给我带来的打击。我感到寒冷、疼痛，我在经受着折磨。”后来，莎乐美嫁给了一个神学家。尼采给同样失恋的保罗写信说：

我以为我已经找到了一个能帮助我的人；当然，这不仅需要高超的智力，而且还要有一流的道德。但是相反的，我们却发现了一个只想娱乐自己的人物，她还不害臊地梦想把地球上最伟大的天才作为她玩弄的对象。

与莎乐美的交往是尼采恋爱过程中的最后一次打击，从此他远离异性，对女性失望到极点，认为女人是没有智慧来欣赏天才的，女人对于男人，只是无思想地施以美色的诱惑。在尼采的著作中，出现了反女性的语句：“掉到谋杀者手上，岂不比坠入女人的梦幻中要好些吗?”1885 年 4 月，尼采在给母亲的信中说：“您的儿子不适合结婚，我所需要的是保持独身直到生命的最后一刻。”他身受性病的折磨。当他无法控制自己的性本能时，曾与妓女有过接触，结果留下了病根。这使他更加痛恨女性。

结束与莎乐美的恋情后，尼采把失恋的痛苦转化为强烈的创作欲。1883 年，他完成了《查拉图斯特拉如是说》的第一、第二部分，1884 年完成了第三部分，1885 年完成最后一部分。尼采如此评价自己的这部作品：“在我的著作中，《查拉图斯特拉如是说》占有特殊的地位。它是我给予人类的前所未有的最伟大的馈赠。这部著作发出的声音将响彻千年……”1886 年至 1887 年，他把浪迹天涯时写下的箴言、警句、词条汇集起来，组成了两个集子：《善恶的彼岸》（1886 年）和《道德的系谱》（1887 年）。

虽然痛苦和孤独激发了尼采的创作欲，但对性生活的恐惧并没有解除。这又使他对婚姻生活十分羡慕。1886 年 3 月，他写信给欧佛贝克：“由于你有妻子，你的生活比我的现状要强一百倍，你到底是有了一个窝，而我有的仅是一个山洞。”没有朋友，得不到一点安慰，一点爱情也没有的生活，使尼采陷入深深的孤独中。

1887 年春天，尼采和某位夫人关系亲密，他们一起去圣莱蒙和蒙特卡罗。后人不知道这位夫人的姓名，也没发现他们有往来信件，只知道她是尼采在参加音乐演奏会时的伙伴。

健康不断地受到损害，精神上的孤独，终于使尼采彻底崩溃了。1888 年是他神志清醒的最后一年。1889 年 1 月初，灾难降临到尼采头上。他在托里诺患了严重的中风，出现精神分裂现象，被送进耶拿大学精神病院，母亲赶来照顾他。1890 年 5 月，母亲把他接到南堡的家中照料。尼采进入了他生命的最后 10 年。头几年他的病势很猛，后来病情得到缓解，有时意识得到恢复，有时又失去意识。

1897 年 4 月，尼采母亲去世，他迁居到位于魏玛的妹妹伊丽莎白的家中居住。在他精神错乱时，结婚并移居国外的伊丽莎白回国将他的书、手稿和笔记收集起来，准备整理出版，并将已出版的一部分稿费划归自己名下。

1900 年 8 月 25 日，尼采在魏玛去世，结束了孤寂的一生，8 月 28 日葬于故乡洛肯镇。这个苦行僧注定还要漂泊游荡：“银白的，轻捷地，像一条鱼，我的小舟驶向远方。”

尼采生前没有赢得世界声誉，死后与柏拉图、亚里士多德、斯宾诺莎、康德、叔本华、黑格尔并列为世界哲学史上不朽的思想家。他献给人类的不只是一种新的哲学，一首诗或一段警句，还是一种新的信仰、新的希望、新的宗教。尼采思想成为现代思想的一座巍然耸立的里程碑。

放浪形骸终生鲜有真情——莫泊桑

法国批判现实主义大师莫泊桑，在文学创作上登上了世界的顶峰。他在生活中终生未娶，没有品尝过婚姻的滋味。他玩世不恭，风流成性，一生追逐过几百个女人。女人给他带来情感慰藉，也给他带来精神苦恼，就是没有带来真情。唯有与埃尔米娜恋人般的友谊，让他感到珍贵和甜蜜。

居伊·德·莫泊桑（1850—1893 年）是 19 世纪后半期法国优秀的批判现实主义作家。他虽然英年早逝，但在十几年的创作高峰中，就奠定了世界短篇小说巨匠的美称。他一生创作了 6 部长篇小说、356 篇中短篇小说和 3 部游记。长篇小说有《一生》（1883 年）、《漂亮朋友》（又译《俊友》，1885 年）、《温泉》（1886 年）、《皮埃尔和若望》（又名《两兄弟》，1887 年）、《像死一般坚强》（1889 年）和《我们的心》（1890 年）；短篇小说代表作有《羊脂球》（1880 年）、《一家人》（1881 年）、《我的叔叔于勒》（1883 年）、《米隆老爷》（1883 年）、《两个朋友》（1883 年）、《项链》（1884 年）等。他的一大批作品都体现了思想性和艺术性的完美结合，对后世产生了极大的影响。

莫泊桑在文学事业上攀上了高峰，但在爱情生活方面经常失意。虽然他不乏情人，但始终没有迈进婚姻的殿堂；传说他有 3 个孩子，但他生前从未承认。

1850 年 8 月 5 日，莫泊桑出生于法国诺曼底省都尔絮阿格镇的一个没落的贵族家庭。他的父亲没有固定职业，经常外出风流，家中事务全由母亲操持。1860年父母协议分居，从此他和弟弟与母亲洛拉·勒·普瓦特万一起生活。1859年10月，莫泊桑进入巴黎拿破仑公学读书；1863年至1869年，先后在伊夫托教会学校和鲁昂公立中学就读。1869年10月，莫泊桑进入巴黎法律学院。

莫泊桑少年时代就展露出文学天赋。在他的成长过程中，慈父般的恩师福楼拜功不可没。他对莫泊桑要求严格，指导有方，为他打下扎实的文学基础。《羊脂球》的问世引起了轰动，奠定了莫泊桑短篇小说之王的地位。

莫泊桑从小就喜爱文学，13岁开始尝试写诗。母亲是一个具有深厚文学底蕴的妇女，自然而然地成为他的第一位启蒙老师。莫泊桑的舅舅阿尔弗雷德·普瓦特万是位诗人，是作家福楼拜和诗人路易·布耶的同窗好友，这使莫泊桑有着得天独厚的条件。他在18岁时结识诗人布耶，并在其指导下习作诗歌，布耶想把莫泊桑培养成一位诗人，可惜一年后布耶就离开了人世。此后，莫泊桑又在福楼拜的亲自指导下，刻苦磨炼、勤奋写作。

莫泊桑家和福楼拜家有通家之好。福楼拜既是严师也是慈父，对莫泊桑不仅在写作上严格要求，在生活上也给予照顾，还帮他调动工作，摆平诉讼上的麻烦。他们之间的友谊堪称文坛一段佳话。“最吸引我的地方，我最喜欢的地方，我最常去的地方，还是福楼拜先生的家。”莫泊桑给母亲的每一封信中，都要重复上述这些话。而福楼拜在给莫泊桑母亲的信中，也时常这样表达自己的心情：“亲爱的夫人，我无法对您说，您儿子的来访使我感到多么的愉快。”莫泊桑把福楼拜称作“我衷心挚爱的杰出的慈父般的朋友，我最最敬慕的无可挑剔的导师”。莫泊桑在文学上之所以成功，这两位恩师功不可没。

莫泊桑的成功还得益于他的经历和生活。他在农村与城镇度过了童年，故乡的农民生活与优美的大自然，给他留下了刻骨铭心的印象，成为他日后文学创作的一个重要源泉。1870年7月，普法战争爆发了，莫泊桑从大学被征入伍，在军队里担任过文书与通信工作。这场战争虽然时间短暂，但对他的影响则是永生难忘的，他的不少小说都是以普法战争为题材的。从1872年起，莫泊桑先后在海军部和公共教育部担任了十几年的小职员，这段经历使他对资产阶级世俗生活有了真切的认识，这也成为他日后小说的重要主题。这三种环境下的生活经历，为他的小说创作提供了极为丰富的原始素材。

莫泊桑的文学之路起步较早，少年时代就热衷于写诗，在同学和伙伴中有“诗人”的雅号，这是母亲熏陶的结果。虽然，他写过很多诗歌并出版过诗集，但最终没能以诗歌饮誉文坛。从1874年起，莫泊桑又尝试戏剧创作，他写过韵文剧、独幕剧、自然主义闹剧及大型诗歌体历史剧等，有些剧本还在剧院上演过，但他没能成为优秀的剧作家。可以说，整个19世纪70年代，是莫泊桑的文学准备期，诗歌和戏剧是他创作小说成功的前奏。

1876年至1877年，莫泊桑接连发表了《从文学论巴尔扎克》《16世纪法国诗人》《福楼拜研究》几篇研究文章，得到了福楼拜的赞赏。但这位严师一再告诫他，不要急于发表小说作品，要沉下心来，用心观察周围的事物，要找到那些具有独创性的东西，在写作时精心锤炼语言。莫泊桑听从老师的教诲，一直在为写出优秀的小说做准备。

1874年，在福楼拜的巴黎住所聚会时，莫泊桑结识了自然主义作家左拉。一些志同道合者时常在左拉巴黎的梅塘别墅聚会，被人称为“梅塘集团”，莫泊桑经常参加“梅塘集团”的活动，视左拉为老师和朋友，是左拉家颇受欢迎的常客。1880年4月15日，“梅塘集团”的6名作家，出版了以普法战争为题材的小说集《梅塘晚会》。书中收有左拉的《磨坊之役》、莫泊桑的《羊脂球》、于斯曼的《背袋》、塞亚尔的《放血》、埃尼克的《“六七”事件》和亚历克西的《战役之后》。让他们始料未及的是，《羊脂球》一炮打响，引起了轰动。莫泊桑出手不凡，《羊脂球》成为短篇小说中的珍品，真实的细节、精练的语言、完美的现实主义写作手法，奠定了莫泊桑优秀短篇小说大师的地位。

福楼拜是《羊脂球》的第一位读者，也是首席评论家。1880年1月初，他读过校样后就洞悉了它的非凡价值。他在随即给莫泊桑的信中说：“我迫不及待地要告诉你，我认为《羊脂球》是一部杰作。是的，年轻人，它正是出自一位大师之手。文章构思很新颖，通篇浑然一体，而且风格卓越。景物和人物如在眼前，心理描写很有功力……你可以深信，这篇短短的小说将留传后世。”同年2月1日，福楼拜在给外甥女科芒维尔夫人的信中又写道：“《羊脂球》，我的弟子的这篇小说，是一部杰作。这是一部结构精妙、富于喜剧性和观察力的杰作。”这是老师对弟子十余个寒暑春秋刻苦磨砺的褒奖。

令莫泊桑心碎的是，在《羊脂球》问世二十多天后，1880年5月8日，慈父般的恩师福楼拜就离开了人世。莫泊桑强忍内心的痛苦，亲手给恩师清洗了身体，周身擦了浓郁的香水，穿上全套服装，又梳好髭须和头发，这才给老师合上双眼。莫泊桑始终伴随着恩师的遗体，直到福楼拜的遗体下葬。作为弟子，莫泊桑是有情有义的，后来出版《福楼拜全集》，建造福楼拜纪念碑，莫泊桑都参与并出了力，他没有辜负恩师的苦心栽培。

福楼拜的去世，对莫泊桑打击巨大，纪念老师最好的方式，就是源源不断地写出优秀的作品。处女作《羊脂球》的问世，证明了莫泊桑的文学才气，此后他的创作如喷泉般爆发。1881年至1884年，在短短的四年时间里，他发表的优秀中短篇小说就有：《泰利埃公馆》《戴家楼》《一个女雇工的故事》《西孟的爸爸》《一家人》《在河上》《一次郊游》《春天》《保尔的妻子》《菲菲小姐》《一个儿子》《米隆老爹》《两个朋友》《勋章到手了》《我的叔叔于勒》《蛮子大妈》《俘虏》《项链》《珠宝》《雨伞》《遗嘱》《遗产》《乞丐》《一场决斗》《女疯子》《瞎子》《穷鬼》《港口》《衣橱》《流浪汉》《散步》《归来》《绳子》《骑马》《保护人》《我的舅舅索斯邦纳》《怪胎之母》《修软垫椅的女人》等。

在1885年前的几年间，莫泊桑的中短篇小说出手之快、数量之多、质量之高，为文学史上的一大奇观。他的作品写的都是自己熟悉的生活，但在艺术上各有特色，并不雷同，犹如宝石上的各个侧面，共同折射出灿烂的光芒。莫泊桑的创作方法和艺术技巧，也达到了空前的高峰。他擅长以小见大地概括生活的真实，摹写人情世态真相毕露，构思布局别出心裁，细节描写绝妙传神、人物语言和小说结尾均有独到之处，作品的思想性和艺术性皆令人赞叹。莫泊桑一时名噪欧洲，年方35岁就登上了短篇小说之王的宝座，可以说这是福楼拜生前就已经预料到的。

莫泊桑真心爱恋法妮姑娘，遭到对方戏弄后，他对女人有了成见。工作后他玩世不恭，常跟几个伙伴与女孩子寻欢作乐，还经常与妓女一起厮混。成名后，他在上流社会如鱼得水，成为贵族太太们追逐的新宠。

莫泊桑一生有三大爱好，这就是划船、游泳和追逐女人，直到生命结束时他都乐此不疲。这些爱好给他带来过快乐，也为此吃过不少苦头。1868年5月，莫泊桑在伊夫托教会学校读书时，听说自己的表姐要出嫁了，回想起自己和表姐的暧昧关系以及两人在一起时的快乐日子，而眼下自己却过着苦修般的生活，他心中感触颇深，像“打翻了五味瓶”，于是给表姐写了一首情诗。这首诗没有来得及寄出，他随手夹在案头的《圣经》里，结果被学监发现了，遭到开除学籍的处分。但他没有后悔，因为那是他真实感情的流露。

18岁时，莫泊桑在家乡海滩上结识了巴黎姑娘法妮·德·克尔，他被迷住了。法妮美丽开朗，妩媚动人，风度优雅，身上散发出异样的香味。莫泊桑毫不犹豫地给法妮写了不少情诗，真心表达自己对她的爱恋。过了几天，他去看望法妮，想单独与她幽会，没想到法妮和几个男青年一起，正大声地念着他写的情诗，嘲弄的口吻让莫泊桑十分气愤。在他眼中，法妮不再美丽优雅，而是虚假轻浮和令人鄙视。真心真情换来亵渎，从此他对女人有了成见。莫泊桑成人之后，迷恋过女歌唱家德拉格利埃尔夫人，经常陪伴在她周围，给她写过情诗，但那一开始就注定是没有结局的幼稚行为。

普法战争结束后，莫泊桑到海军部做了个小职员。烦琐刻板的工作，没有自由的痛苦，让他感到厌烦和恼火。他年轻健壮的身体需要发泄，于是常去塞纳河游泳，并和几个伙伴购买了一艘游艇，取名“玫瑰之叶号”。莫泊桑在海边长大，13 岁时就是个划船的好手。“玫瑰之叶号”不算大，船体却很沉重。他能轻松自如地驾驭它，自然成为这群年轻人中的“领袖”。

年轻人聚在一起，除了水上运动锻炼体魄外，就是吃喝无度与女人鬼混。莫泊桑与 4 个好伙伴过着群居的生活，经常寻欢作乐交换性伴侣，互相之间攀比情爱“业绩”。莫泊桑喜欢乡间漂亮姑娘，她们头脑单纯，打扮朴素，体态丰满。他的小说《绳子姑娘》和《苍蝇》，就是当时这段荒唐经历的写照。绳子姑娘毫不动情地与 5 个小伙子上床，怀了孩子也不知道是谁的；“苍蝇”怀孕后，5 个伙伴决定共同承担起父亲的责任……

莫泊桑放浪形骸的生活，何止在塞纳河上发生过。他到巴黎后染上了嫖妓的恶习，他与几个妓女厮混在一起，有时索性以妓院为家，一连多日不回自己的住所。这种放荡行为让他染上了性病，使得莫泊桑日后屡受折磨。也许我们会说莫泊桑自甘堕落，其实这就是他年轻时的一个侧面。经历过战争的苦难，工作上不得志，旺盛的精力无法发泄，为了寻求痛苦的解脱，他投入到女人的怀抱，这也是对人生的一种叛逆。关于 19 世纪 70 年代这段放纵经历，后来直接或间接地成为他中短篇小说的原始素材。

如果说莫泊桑在 30 岁以前，交往的多是平民女子和妓女，那么他在成名之后便成为沙龙贵妇和小姐的宠儿。《羊脂球》等小说的发表，使莫泊桑在国内外声名鹊起，他开始购买别墅和游艇，同时扩大社交圈子。莫泊桑体魄健壮，风流潇洒，一表人才，两端略微卷翘的上髭修剪得十分整齐，西装也总是熨得笔挺，他成为贵妇和小姐追逐的新宠。从 1883 年开始，他经常被邀请光临上流社会的沙龙，太太小姐们的目光都聚焦在他的身上，没话和他找话说，用眼神传递对他的爱慕，甚至卖弄起风情，以博取他的青睐。

才华横溢、相貌出众，很讨女人欢心的莫泊桑，再也无需去妓院与妓女厮混，因为这时他的身边不再缺少女人。狂热追求他的贵妇淑女大有人在，有的写信表示景仰和爱慕，有的在街上围追堵截，有的亲自登门拜访。他走到哪里都有女人追随，更多的是通过信件来同他约会。每次接到陌生女人的来信，莫泊桑都要煞费苦心地推敲。他虽然渴望与这些女士赴约，但有些是男人的恶作剧，有些女人对他没有真情，不过是在戏谑玩耍。他受过骗、上过当。1883 年 11 月，莫泊桑雇用了一个 27 岁的男仆，这个男仆是比利时人，名叫弗朗索瓦·塔萨尔。弗朗索瓦做事勤快，为人心细，对莫泊桑忠心耿耿，经常帮助他辨别来信的真假。

虽然莫泊桑和男仆两个人把关，但也有看走眼的时候，给真心喜欢他的女子造成了伤害。1884 年 3 月的一天，莫泊桑收到一封化名海斯汀（一说化名 R. G. D. 夫人）的来信，这位陌生的小姐在信中说道，读他的作品有心心相印的感觉，以至于从心底里喜爱上了他，希望能够做他的知心人。信里海斯汀流露出一种矛盾心情，一方面永远不让莫泊桑认识她；另一方面又期待他的回信，因为莫泊桑没有结过婚，她也是个未婚待嫁的淑女。

对于海斯汀的求爱信，莫泊桑不以为然，因为这种信他收到过很多。莫泊桑还是给海斯汀写了回信，由于海斯汀表示不愿见面，莫泊桑信中措辞有失恭敬。海斯汀的失望是意料之中的，她的回信还是充满了矛盾，既表示遗憾不想再发展下去这种关系，并批评了他的一篇作品；又自我介绍出生时间，告知自己的身材和相貌。莫泊桑可能是看惯了这种来信，回信更加出言不逊，把对方说成是爱慕虚荣的人，是拿他寻找开心的人，甚至想象她是一个教书匠、老学监、老蛀书虫，一定是长得奇丑才把自己装扮成妩媚的女人。

接连几封信互相打起嘴仗，莫泊桑信里的语气更加不客气，严重地伤害了海斯汀小姐。莫泊桑发现了不妥，写信为失礼道歉，请求她原谅自己。但海斯汀小姐的心被深深地刺伤了，道歉信无法挽回她真挚的感情。4 月底，她中断了与莫泊桑持续一个多月的通信联系。

海斯汀小姐的真名叫玛丽娅·巴施季切夫。她是一个 24 岁的俄国姑娘，身患肺病自知死之将至，希望莫泊桑成为她生命中的知音。由于没有说出真实身份，被莫泊桑误解以致受到伤害。在与莫泊桑中断通信联系半年后，即 1884 年 10 月 31 日，肺病夺去了她年轻的生命。

莫泊桑错过了巴施季切夫的深情，也错过了纯洁的爱情。在他一生认识的女人中，包括主动投怀送抱的贵妇人，只要是能够占有对方，他是轻易不会错过的，但那只是肉体的纵欲，不是情感的融合。肉体上的片刻满足，只是瞬间的快活，摆脱不了精神的空虚，也无法填充心灵的寥寂。像巴施季切夫这种发自内心对他的爱恋，实在是少之又少。

年轻纯洁的姑娘克蕾芒丝，本可以成为莫泊桑的贤妻，他却辜负了姑娘的情意，错失了这段美好的姻缘。莫泊桑爱恋上埃尔米娜，作为有夫之妇，她不愿背叛丈夫。两人结下了恋人般的友谊，世人却不肯相信。

莫泊桑的身边缺少不了女人，但他又不爱这些女人。他不断地变换不同国籍的性伴侣，不断地变换不同类型的女人，因为她们能让他风流快乐，给予他精神上的慰藉。莫泊桑风流快活了一辈子，有没有他真心喜爱过的女人呢？有没有女人真心喜爱过他呢？

据说莫泊桑真心爱过一个女人，他在给她的信中写道：“我想马上见到您，无论是在茫茫的大海上，无论是穿过崇山峻岭，或是漫步在城市或乡村，我只希望您依偎在我身旁，闻着您头发散发的芬芳。我特别想看到您的眼睛，您那充满柔情蜜意的眼睛……几个星期后，我将离开非洲，我们又将见面，我们又将在一起，不是吗？我的宝贝。”被莫泊桑称作“宝贝”的女人是谁呢？莫泊桑从未透露过这个女人的姓名。这也许会成为永远无法揭晓的谜。

不过，在莫泊桑的一生中，有几个女人与他有过不寻常的关系。1880年4月，《羊脂球》一炮打响以后，不仅在读者中引起了巨大反响，就连他任职的教育部，也开始对他另眼相看，把他的工作调整为一个闲职，以便让他能安心写作，并批准给他3个月的假期。

1880年8月，莫泊桑回到海滨胜地埃特尔塔。这里的维尔吉别墅是母亲1860年买下的，他曾在这里度过了美好的时光。莫泊桑来到家中，空无一人，原来母亲到尼斯休养去了。清静的环境正是他创作所需要的。没过几天，他结识了一个叫克蕾芒丝的姑娘。这个姑娘认识莫泊桑的母亲，常来他们家陪伴她，并向她学习写诗，对莫泊桑也是敬慕已久。

克蕾芒丝给莫泊桑带来了一缕清风。她才20岁出头，身材娇小，面孔白皙，相貌清丽，衣着朴素，充满青春的活力。两个年轻人无拘无束，在一起相处有一种愉悦感。此后，克蕾芒丝承担起莫泊桑的家务，陪他说话和散步，为他拆阅信函、回复信件、抄稿子、看校样，俨然成为莫泊桑的贤内助。有克蕾芒丝这样的助手帮忙，莫泊桑没有了后顾之忧，把时间全用到潜心创作上面。

青年男女天天在一起，日久生情是顺理成章的事，更何况克蕾芒丝早就倾慕莫泊桑。克蕾芒丝每天都忙于家务和琐事，莫泊桑则埋头赶写报刊催要的稿子。午饭后在花园里的漫步，是他们接触的最好时机。克蕾芒丝快乐得像只小鸟，叽叽喳喳地回忆着有趣的往事，莫泊桑则饶有兴趣地洗耳恭听。他逐渐发现克蕾芒丝有颗纯洁的心灵，会是一个贤妻良母。

莫泊桑感到与克蕾芒丝在一起，心灵是那么的愉悦和快乐，克蕾芒丝凝视他的目光充满着柔情，他注视克蕾芒丝时眼睛则充满了激情。两颗年轻的心渐渐靠拢在一起。一天晚上，在海边散步时，伴随着滔滔的海浪声，他们终于紧紧地拥抱在一起。两个渴望爱情的年轻人，心灵深处燃起了一团火，他们陶醉于甜蜜的热吻中。

莫泊桑的假期很快就到了，他托付克蕾芒丝照看这里的家，然后就返回巴黎的工作岗位。克蕾芒丝是个痴情的姑娘，她任劳任怨地为莫泊桑料理家里的一切，并用书信追随着莫泊桑的行踪，还写诗表达她的一片深情："如果我的生命枯竭，我也要卧在你的足下，助你生长，助你高大。"

几个月后，莫泊桑又回到埃特尔塔，母亲向往清静的生活，莫泊桑决定为自己造一座新的别墅。他做好一切准备工作后，就把建造别墅的事交给了克蕾芒丝，自己回到巴黎又过起了风流快活的日子。一个月后，克蕾芒丝借买材料的机会，去巴黎看望自己的心上人，没想到莫泊桑正和福尼克夫人缠绵在一起。福尼克夫人是一个大财阀的妻子，人到中年却被莫泊桑猎获。

克蕾芒丝当即明白了一切。她是个对爱情专一的姑娘，不能和其他女人分享爱情。于是，她主动割断了与莫泊桑的爱情关系，但仍继续在埃特尔塔做莫泊桑的义务秘书和管家，直到1882年春天，为与父亲团聚她才离开埃特尔塔。就这样，莫泊桑失去了一生中真心爱过他的女人。克蕾芒丝的做法是明智的，即使她做了莫泊桑的妻子，也不会有好的结果，因为莫泊桑不属于任何一个女人，终生注定要追求一个又一个女人，他不会结婚更不会建立家庭。在这一点上，他和老师福楼拜如出一辙。

莫泊桑一生中最重要的女人，当属埃尔米娜·勒孔特·杜努伊夫人。1883 年年初，莫泊桑在埃特尔塔小住期间，在母亲家结识了埃尔米娜。她大约 30 岁年纪，金发披肩、皮肤洁白、眼睛湛蓝、笑容可掬，是一个聪明可爱、性格刚毅、富有胆识的美丽女子，她的丈夫是法国有名的建筑师，长期在罗马尼亚致力于宫廷建筑。埃尔米娜生性活泼，富于幻想，带着儿子住在埃特尔塔。由于她从小爱好文学，所以常来向莫泊桑母亲请教。这次她带来一篇小说的初稿，想念给莫泊桑母亲听，恰好莫泊桑在场，自然也发表了自己看法。两个人一见如故，有着很多共同语言，第一次接触就十分投缘。

莫泊桑喜欢埃尔米娜的气质和风度，那是巴黎很多贵妇人身上所没有的，同时也欣赏埃尔米娜细腻的文笔。随着两个人交往的频繁，莫泊桑又想攻克这个“堡垒”。埃尔米娜哪能不清楚他的心思，虽然分居的生活寂寞孤苦，需要男人的抚爱和慰藉，但她深爱着自己的丈夫，不愿做任何对不起丈夫的事情。所以，每当莫泊桑向她大献殷勤的时候，她都会落落大方地说声“谢谢”；一旦发现莫泊桑的举动出格越轨的话，她也会得体地让莫泊桑自重。

尽管如此，两个人的关系却十分密切，经常一起谈论文学，切磋彼此的作品。如同克蕾芒丝一样，埃尔米娜也成为莫泊桑的助手，甚至给他制定工作进度表，并督促他严格执行。而通过莫泊桑的推荐，埃尔米娜的小说也开始在报刊发表。1883 年夏天，莫泊桑新别墅落成之时，别墅的名字“吉莱特”是由埃尔米娜起的，好像她就是别墅的女主人。自从莫泊桑的别墅建成以后，埃尔米娜与他的关系又进了一层，他们来往更加频繁，几乎天天在一起，莫泊桑的吉莱特别墅，埃尔米娜的“小要塞”，成为他们不变的相聚地点，两人之间变得更加亲密和默契。

1884 年 6 月，恰好吉莱特别墅落成一周年，莫泊桑又回到埃特尔塔，这次他住了整整 5 个月。埃尔米娜频频造访。吉莱特别墅除了主人莫泊桑，只有男仆弗朗索瓦常住，埃尔米娜成为常在这里的第三人。莫泊桑健康状况大不如前，疾病缠身，眼睛疼痛。埃尔米娜每天上午给他读报，晚上则给他读一些文学作品。莫泊桑除了偶尔与埃尔米娜交流一下，就是闭上眼睛静静地享受她轻柔的声音，那轻柔的声音仿佛在抚慰着他的心灵。两个孤寂的心在一起碰撞着，互相充满了爱慕之意，埃尔米娜既渴望诱惑，又紧紧守住底线，她在肉体上不愿背叛丈夫，在精神上则愿意尝试柏拉图式的恋爱。

莫泊桑一生交往的女人数不胜数，绝大多数是肉体上的各取所需，事后如过眼烟云各自散去，真正的友谊并不多见。自 1883 年他与埃尔米娜相识，到 1893 年莫泊桑在精神病院去世，他们之间的亲密关系保持了 10 年之久，可以说埃尔米娜是他最亲近的“友谊守护神”。莫泊桑风流成性，放浪形骸，为什么与埃尔米娜的关系不同于其他女人，主要还是他们之间志同道合，在文学上有共同的语言；还有就是互相倾慕，两颗孤寂的心需要互相慰藉；他们不仅是文学上的知音，也是生活上的知音。所以，莫泊桑许多有价值的资料，都是由埃尔米娜保存下来的。

莫泊桑逝世以后，埃尔米娜先后写了 3 本书，其中最重要的一本书名为《恋人般的友谊》，书中叙述了她和莫泊桑 10 年的机缘友谊，以及亲密而又纯洁的感情关系。对于莫泊桑和埃尔米娜的这段关系，有人怀疑不可能仅仅是纯精神上的友谊，两个互相倾慕的孤男寡女经常同处一室，怎么可能仅仅是恋人般的友谊呢？有人怀疑他们在 1883 年年初相识后就是情人关系，埃尔米娜在当年 12 月出世的儿子，可能是埃尔米娜和莫泊桑的私生子。

还有就是莫泊桑给埃尔米娜的 54 封信为证，埃尔米娜的儿媳一直珍藏着这些信。从最初给埃尔米娜的信可以看出，莫泊桑对她的爱慕是热切而不加掩饰的。信的落款是“您的谦恭的仆人”，信中总是先问候一下埃尔米娜的丈夫。后来，落款再也不写“您的谦恭的仆人”，也不再问候埃尔米娜的丈夫，信里的口吻变得亲切而自然，好像两人不是一般的男女关系。保留下来的这些信件，埃尔米娜肯定经过精心的过滤。不管莫泊桑和埃尔米娜发生了什么，他们恋人般的友谊还是十分珍贵的。

波托卡伯爵夫人是条“美人鱼”，莫泊桑拜倒在她的石榴裙下，被她时常戏弄也心甘情愿。利泽尔曼三兄妹的生父是否是莫泊桑，绝色美艳的灰衣女人是谁，与莫泊桑有纠葛的这些问题，也许永远是个解不开的谜。

莫泊桑与埃尔米娜保持亲密关系的同时，他的身边还不时有其他女人出现，波托卡伯爵夫人就是其中之一。她的祖母是英国人，父亲是意大利的一个显贵，丈夫是奥匈帝国驻法国大使馆的随员。波托卡伯爵夫人长着古希腊人的容貌——狭长的额，修长的眉毛，挺直的鼻梁，健美的脖子，浑身散发出一种独特的魅力，有着“美人鱼”的绰号。

她的巴黎豪华公馆里经常举行聚会，来者不是社会名流，就是她的追求者。她身体丰满，极具性感，风骚妖艳，引得巴黎各界名流神魂颠倒，他们簇拥在她的周围，为了得到她的美色，几乎对她唯命是从。这位出身贵族世家的任性少妇，并不轻易让这些男人得手。她只是利用自己的美色捉弄爱慕者，那些爱慕者则心甘情愿地任她摆布，无一不是招之即来、挥之即去。波托卡伯爵夫人不仅美色迷人，还具有较高的文化素养和艺术鉴赏力。莫泊桑也不例外，被她的姿色和才华迷住，加入到爱慕者的行列，向波托卡伯爵夫人大献殷勤。

莫泊桑又是赠物又是献诗，拜倒在波托卡伯爵夫人的石榴裙下，把这条“美人鱼”当成自己的圣母。波托卡伯爵夫人照样作弄莫泊桑，一会儿对莫泊桑冷若冰霜，爱搭不理；一会儿又热情似火，卖弄风骚；有时单独约莫泊桑见面，见面时她身边却围着一群爱慕者，让莫泊桑哭笑不得。莫泊桑明知道她在戏弄自己，但就是抵挡不住她的诱惑，仍然坚持不懈地和她交往。就是离开巴黎在别的城市，他们也会时时相聚。莫泊桑即使出国游览，也与波托卡伯爵夫人频繁通信，莫泊桑请求她给予自己“名誉丈夫”的爱情，波托卡伯爵夫人先是拒绝而后答应，莫泊桑得到了心理的满足。与波托卡伯爵夫人这场爱情游戏，莫泊桑在创作上是有所收获的。据他的男仆弗朗索瓦说，长篇小说《温泉》的主人公，原型就是波托卡伯爵夫人。

莫泊桑喜欢征服巴黎上流社会的贵妇，除了“美人鱼”波托卡伯爵夫人，他的另一个目标就是热纳维雅芙·斯特劳斯。这是个犹太上流社会的年轻女人，已经有过两次婚姻，很多文学青年喜欢围在这个“玉女”身旁。热纳维雅芙并不是个美人，但她眼睛有股迷人的神韵，她有着深厚的知识底蕴，在评论界有一定的影响力。莫泊桑在追求者行列里格外卖力，热纳维雅芙对他也格外动情，那些忌妒者认为莫泊桑已追求得手。莫泊桑不管到了什么地方，总是给热纳维雅芙写信述说当地的风土人情。无论是波托卡伯爵夫人，还是年轻的热纳维雅芙，之所以让莫泊桑长期迷恋，除了她们是卖弄风骚的贵妇外，还因为她们是知识女性，有着不一般的文学修养。

莫泊桑一生潇洒风流，除了写作和女人，他还经常四处出游。他终身未婚没有建立家庭，竟传说有 3 个子女。与他有关的这个女人叫约瑟芬·利泽尔曼，她是个平民女子，是莫泊桑无数情人中的一个。利泽尔曼在 1883 年 2 月 27 生下一个男孩，名叫吕西安；1884 年生下一个女孩，名叫吕西安娜；1887 年 7 月 29 日，又生下一个女孩，名叫玛格丽特。这 3 个孩子都随母亲的姓。他们的父亲是谁呢？在出生登记簿上“父名不详”。

在莫泊桑逝世 10 年后，即 1903 年 12 月 1 日，《闪电报》一篇未署名文章声称，利泽尔曼三兄妹的生父是莫泊桑，他们的母亲曾是莫泊桑的情人。这犹如一枚重磅炮弹引起震动。但没有利泽尔曼三兄妹出面证实，便不了了之。

24 年后，即 1927 年，又重翻旧账。《法兰西信使》刊登一篇署名的报道文章说，记者找到了利泽尔曼三兄妹下落，吕西安的五官面貌与莫泊桑十分相似。吕西安说莫泊桑在经济上接济他们母子，并让他们经常搬家躲避熟人；在莫泊桑死后，还有人定期给他们经济补贴，在其他方面也有人关照。由于约瑟芬·利泽尔曼已在 1920 年去世，吕西安说不出这些人的名字，也就无从核实此言的真伪。

虽然记者的报道有鼻子有眼，利泽尔曼三兄妹也提出了很多证据，以证实自己是莫泊桑的孩子，但莫泊桑已不在人世，谁又能给他们的话以佐证呢？没有任何人能够确认这些。跟随莫泊桑多年的男仆弗朗索瓦，应该是最具权威的见证人，莫泊桑的任何事都不会瞒着他。弗朗索瓦在一位记者的帮助下著有《回忆录》（1911 年出版）和《新回忆录》（1962 年出版），与莫泊桑在一起的点滴他都记录在案，他从未谈起过约瑟芬·利泽尔曼这个人，也从未记载莫泊桑有自己的孩子。

莫泊桑十分喜欢孩子，这在他的作品中随处可见，在生活中也可以找到例证。他对埃尔米娜的儿子皮埃尔就特别喜爱，以至于有人怀疑那是他的私生子。他怎么会抛弃有血缘关系的亲骨肉呢？如果他有自己的孩子，为什么在遗嘱里却没有提到呢？难道他要抛弃自己的孩子，让他们露宿街头饿死吗？莫泊桑作为一代文学大师，不可能作出这种泯灭良知的事。这些记者写报道时按照自己的思路推断，向有利于利泽尔曼三兄妹倾斜，但任何推断都无法用事实证明。

在莫泊桑生命的最后几年，还出现过一个神秘的灰衣女人。据说她以美色诱惑加速了莫泊桑的死亡。弗朗索瓦 1890 年 5 月 18 日的日记中，第一次记载了这个神秘的灰衣女人，说她是以美为工具的恶魔。这时的莫泊桑已经重病在身，她对莫泊桑是一而再、再而三地纠缠，勾引他到外面与她共度良宵，有时一连多日不放莫泊桑回家。重病在身的莫泊桑哪里经得住她的折腾？

这是一个什么样的女人呢？她怎么会有如此大的诱惑力呢？据莫泊桑和弗朗索瓦的描述，她美艳惊人，淡妆浓抹，表情冷漠，她身体的芬芳气息令人迷醉，总是穿着浅灰色或珠灰色的衣裳，束一条真金丝织成的腰带……可见这是一个绝顶妖艳的美女。美艳是女人征服男人的一大法宝，这个灰衣女人还有另一件法宝，那就是她有莫泊桑疼痛难忍时所需的麻醉药。

莫泊桑从 30 岁起，就饱受病痛的折磨。为了减轻痛苦，他开始吸食麻醉药，而且很快嗜毒成瘾，这对他的健康造成了很大的危害。从 1890 年开始，他的病情越来越重，医生严禁他再吸食麻醉药，否则会危及生命。但这个灰衣女人不顾医生的禁令，以麻醉药诱惑莫泊桑与她欢愉，无疑是置莫泊桑的生死于不顾。弗朗索瓦对莫泊桑忠心不二，对伤害他主人的灰衣女人恨之入骨，但又无能为力，无可奈何，因为莫泊桑心甘情愿地受她引诱。

这个灰衣女人到底是谁呢？为什么在莫泊桑重病时，她还要与他寻欢作乐呢？是欲火烧身还是刻意报复呢？没有留下这方面的任何记载，弗朗索瓦也不愿披露她的姓名。灰衣女人如同利泽尔曼三兄妹一样，也是一个难解的谜。可以肯定不是埃尔米娜，她与莫泊桑“恋人般的友谊”是段佳话；肯定不是波托卡伯爵夫人，波托卡伯爵夫人虽然也很美艳，但没有那么轻贱……进入莫泊桑研究者视线的灰衣女人，应该是绝顶美艳淫荡，而且1890年前后与莫泊桑交往甚密。按照这个标准，有两个女人与此标准相差不远。

吉赛尔·德·埃斯托克是其中之一。这个女人是法国东北部的南锡人，漂亮迷人、姿色娇艳、体态匀称，身上有一种骚动人心的诱惑力。她是个多才多艺的女人，不仅擅长绘画和雕刻，还是个学者和作家，出版过历史著作和小说集。莫泊桑与她热恋过，对她的魅力无法抵挡。

吉赛尔写过关于回忆莫泊桑的手稿《爱情笔记》，这部手稿几经辗转于1944年公之于世。《爱情笔记》记述了莫泊桑与吉赛尔的“爱情”经历，从莫泊桑致吉赛尔的一些书信中可以看出，他们结识在1884年以前，是吉赛尔写信毛遂自荐，他们一见如故，立即打得火热。吉赛尔虽然不是绝代佳人，但有很高的学识和才华，在性爱方面淫荡至极，像是一个勾魂的魔鬼，莫泊桑与她相见恨晚，完全陷入到糜烂的生活中。他还要坚持写作，身体开始吃不消，于是在热恋过后就尽量躲避她的斯缠。莫泊桑不是找种种借口不见面，就是去国外四处旅游观光。吉赛尔当然知道他的用意。他们的关系终于在1887年破裂，原因是外界知道了他们的一些隐私。莫泊桑怀疑是吉赛尔透露出去的，吉赛尔则觉得冤枉，大发脾气，责备莫泊桑是可怜虫、胆小鬼，并取回放在莫泊桑处的东西。吉赛尔有灰衣女人的特征，但她不可能是灰衣女人，以她的性格在绝交后，不会再去重修旧好，因为莫泊桑最不缺少的就是女人。

莫泊桑研究者视线中的灰衣女人，还有一个嫌疑者是玛丽·坎。她是个犹太血统的俄国寡妇，她的妹夫是个音乐家，与莫泊桑交往甚密。因此，她和妹妹露丽亚也与莫泊桑相熟。在莫泊桑交往的女人中，玛丽·坎的美貌堪称绝顶，她有着俄罗斯女人独特的魅力，皮肤白嫩，脸庞精致，黑黑的大眼睛充满诱惑力，一边颧颊上长着一颗黑色美人痣，嘴角翘起带着几分性感，任何男人见了都会想入非非。

玛丽·坎还有一点与灰衣女人相同，那就是她也沉迷于麻醉药。再就是时间上比较吻合。莫泊桑与玛丽·坎相识时，她是莫泊桑好友——作家保尔·布尔热的情妇。莫泊桑不会去夺朋友所爱，当时与玛丽·坎只是一般关系。1890 年年初，玛丽·坎离开了保尔·布尔热，莫泊桑就没有任何顾忌了，两个倾慕已久的人，立刻就掉进爱的旋涡。1890 年 3 月，莫泊桑的游记《漂泊生涯》出版，他赠给玛丽·坎一个中国宣纸印的孤本，扉页印着“为玛丽·坎而印刷”的字样；6 月，莫泊桑的长篇小说《我们的心》问世，他又同样为玛丽·坎印了一个孤本。由此可见，莫泊桑是多么看重他们的爱情。

莫泊桑与玛丽·坎的情人关系，至少保持了两年多时间。从记载看，1891 年 12 月 24 日，也就是圣诞节的前一天，莫泊桑就与玛丽·坎姐妹在一起，他们三人共同过的圣诞节。为此，莫泊桑的母亲十分恼火，因为按照惯例，儿子圣诞节总是回家过的。这之后，玛丽·坎再也没有出现过。从几个条件看，玛丽·坎符合灰衣女人的特征。

但是，这些怀疑被弗朗索瓦否决了。他在《新回忆录》里说：“米歇尔·德·比恩同伯爵夫人一样，与我第一部《回忆录》中所厌恶的穿灰色连衫裙的女人毫无共同之处。”米歇尔·德·比恩是长篇小说《我们的心》的女主人公，她的生活原型就是玛丽·坎；伯爵夫人则指的是波托卡伯爵夫人。弗朗索瓦是莫泊桑的忠仆，莫泊桑任何事都不会避着他，包括同各种女人的热恋交往，这些女人在弗朗索瓦的日记中都出现过，他记载的权威性不容置疑。莫泊桑爱恋过玛丽·坎，她没必要为了满足一己情欲，加害深爱自己的男人，再说这个男人还有无数的情妇。

莫泊桑研究家皮埃尔·波莱尔在他的《真实的莫泊桑》一书中，认为“致莫泊桑于死地的”灰衣女人，是一个叫梅尼埃的夫人，说这个女人“非常狂热，富于挑逗性，让人难以忍受”等。在莫泊桑交往过的几百个女人中，确实有个梅尼埃夫人，并与莫泊桑常相厮混，但缺乏证据说她是那个灰衣女人。不管谁是灰衣女人，莫泊桑的死亡与她关系不大，他的健康早已每况愈下，疾病缠身也有二十余年。莫泊桑风流了一辈子，在生命的最后时刻，还能有一个绝色美女相伴，这也许会让他死而无憾。

莫泊桑风流了一辈子，也被病魔折磨了一生。他在健康每况愈下时，忍着病痛写下了传世杰作。他坚强的意志没有阻挡住死神的来临，英年早逝也是一种解脱，毕竟他享受过人生的快乐，也为后人留下了不朽的作品。

在莫泊桑二十多岁时，病魔就找上门来。那时他在塞纳河上挥桨弄舟，极尽荒唐之时，经常感到头痛。开始以为是饮酒过量，或是纵欲过度所致。从1876年开始，他就严重地脱发，偏头痛发作更是频繁，医生诊断为梅毒感染。1878年，病情恶化到头痛剧烈而摔倒在地。经过医学院权威诊断，是风湿病损害胃及心脏，最后影响到皮肤所致，与梅毒没有任何关系。

1880年2月，在《羊脂球》引起轰动不久，他又患上了眼疾，一会儿右眼，一会儿左眼，有时竟模糊地看不清东西。偏头痛和眼疾两大顽疾，让莫泊桑感到痛苦不堪。1883年，他又出现精神系统的疾病，不是出现幻觉就是进入梦境，有时幻觉严重时竟能看见另一个自己。从1883年起，他的偏头痛、神经痛、失眠、幻觉、视觉障碍、肢体麻木、消化不良等症状已全面加重。莫泊桑热爱运动，是游泳和划船的高手，身体应该是很棒的，为什么会有这么多的疾病呢？这与遗传基因有一定的关联。莫泊桑母亲就患有偏头痛、眼疾和神经性错乱的病症，他的弟弟埃尔维33岁就死在精神病院，莫泊桑最后的归宿也是精神病院。这应该不是某种巧合。

就在莫泊桑病痛逐渐严重的时候，却迎来了他创作上的高峰期。他仅用了几年的时间，就成为短篇小说的巨匠，他并不以此为满足而止步，而是要在长篇小说上再次证明自己。福楼拜还在世的时候，莫泊桑在恩师的敦促和关怀下，就开始第一部长篇小说的准备，它日后被定名为《一生》。后来，因《羊脂球》的问世，各种应酬约稿增多，还有很多事务缠身，他一度中途搁笔。1881 年 11 月，莫泊桑从北非回到巴黎后，与外界断绝一切交往，埋头写作半年多，《一生》终于完稿。《一生》是莫泊桑第一部长篇小说，也是他的呕心沥血之作，光手稿就有 4 份。小说前后历时 5 年，虽然是断断续续写成的，但经过精心打磨，看不出隼接的痕迹。

1883 年 2 月，《一生》开始在报刊连载，在读者中立刻引起如潮的好评，紧接着在 4 月出了单行本，25000 册销售一空。事实证明，莫泊桑不仅是短篇小说的巨匠，也是长篇小说的高手。在法国文学史上，莫泊桑的短篇、中篇、长篇小说都有杰作传世，这是很多作家可望而不可即的。

《一生》的成功，加快了莫泊桑长篇写作的步伐。1884 年 10 月 26 日，莫泊桑的第二部长篇小说《漂亮朋友》完稿。1885 年 5 月 11 日，小说单行本问世，不到 2 个月便印刷了 27 次，4 个月竟印刷到了 37 次。《一生》和《漂亮朋友》的成功，显示出莫泊桑精湛的艺术才能，它们是世界文学宝库中难得的珍品。《漂亮朋友》与《一生》相比，它的社会画面更广阔，暴露更深刻，批判更有力，它是莫泊桑创作成熟时期的代表作。

在《一生》和《漂亮朋友》写作期间，莫泊桑始终保持着舒畅的心情，这对他的写作成功也起着间接的正面作用。在《一生》成型的那段日子里，莫泊桑正和克蕾芒丝热恋着，姑娘全心全意地为莫泊桑服务，莫泊桑享受着爱情的滋润，心无旁骛地专心写作，一鼓作气，最后在 6 个月里完稿。莫泊桑在埃特尔塔的吉莱特别墅写作《漂亮朋友》时，整整 5 个月埃尔米娜在他的左右呵护，他们之间恋人般的友谊，使莫泊桑的心田感到温暖和甜蜜，所以《漂亮朋友》能在短时间里一气呵成。在《漂亮朋友》单行本印出后，他送给埃尔米娜一本书，扉页的献词写着："夫人，我是您最谦恭的朋友——漂亮朋友莫泊桑"。可见，爱情稳定又甜蜜时，对莫泊桑的创作有着助推器作用。后来，《漂亮朋友》成了莫泊桑的一张名片，他的两条游船分别命名为"漂亮朋友"和"漂亮朋友 2 号"。

《温泉》是莫泊桑的第三部长篇小说，整体构思完成于 1885 年 8 月中旬。巴黎无休止的应酬，女人对他的疯狂追求，使他无法安心写作。1885 年年底，莫泊桑在南部地中海过冬时，才开始集中精力写作《温泉》。1886 年 3 月，《温泉》基本脱稿。当年 12 月下旬，小说开始在报刊连载。

1887 年 1 月，《温泉》单行本出版面世，同样受到读者的欢迎和好评。

如果把《一生》和《漂亮朋友》称为杰作的话，《温泉》也够得上一部优秀的长篇小说。此后，《皮埃尔和若望》（又名《两兄弟》，1887 年）、《像死一般坚强》（1889 年）和《我们的心》（1890 年）又先后问世，这几部长篇小说也都产生了很大的社会反响。在近 10 年的创作生涯中，莫泊桑共出版 27 部中短篇小说集和 6 部长篇小说，他是个名副其实的高产作家，而且作品整体有着高水准，其中不乏精品甚至是珍品。

殊不知莫泊桑的这些名篇佳作，都是与病魔搏击换来的成果。拼命地创作及放荡地生活，使他的健康更加恶化，他的性情也随着病入膏肓而暴躁起来。1890 年，莫泊桑的健康状况急转直下，幻觉越来越严重地损害他的身体，他觉得生命可能快走到尽头了。1892 年 1 月 1 日深夜 1 点 45 分，莫泊桑先是想用手枪结束生命，万幸的是，弗朗索瓦听从医生的话，把手枪里装上了假弹头，才没让莫泊桑自杀得逞；接着他又用刀割破了喉咙，弄得鲜血淋淋，好在弗朗索瓦发现及时，赶忙给主人包扎好伤口，又叫来一位医生帮忙。

1892 年 1 月 2 日至 5 日，莫泊桑始终处于昏昏沉沉的状态。1 月 7 日，他被护士和弗朗索瓦护送到巴黎，住进了勃朗什医生的精神病院。经过医生集体会诊，确定莫泊桑是危重精神病。莫泊桑自杀的新闻，引起巴黎各界的反响。为杜绝外界不必要的干扰和刺激，院方决定对探视严加限制，除了极个别的例外，所有来访者都不得进入院区。

吉赛尔·德·埃斯托克在《爱情笔记》中有过记载，她曾前去探望昔日的情人莫泊桑，但被拒之门外，只得怀着遗憾怆然离去。莫泊桑在医院里的常态是精神错乱，偶尔清醒时才去花园散步，癫痫不断发作让他痛苦万分，但他还在顽强地抗击着病魔。1893 年年初，他出现了全面瘫痪的迹象，3 月 25 日，癫痫性痉挛持续了 6 小时，面部肌肉歪扭了，左腿和两臂的肌肉大受损伤。4 月 25 日和 5 月 25 日，又两度发作长时间癫痫性痉挛。1893 年 7 月 6 日上午 9 时，在最后一次剧烈的癫痫发作时，一代文学大师——莫泊桑病逝于精神病院。

1893 年 7 月 6 日中午，举行了莫泊桑的葬礼。圣保罗教堂为莫泊桑办了“临终圣事”，他被安葬在巴黎市内蒙帕那斯墓地第26区。莫泊桑的父母没有前来给儿子送行，他交往过的几百个女人也不见踪影，只有弗朗索瓦陪他走完最后一程。这个忠心耿耿的仆人，成为莫泊桑家里的唯一代表。

一代文学泰斗左拉在墓地作了长篇演说，他“以法兰西文学的名义讲话”，“作为战友、兄长、朋友，向莫泊桑致以‘最崇高的敬意。’”左拉回顾了20年前与莫泊桑相识的印象以及“梅塘集团”聚会的情景。《梅塘晚会》合集中的《羊脂球》，使莫泊桑一鸣惊人，跻身于大师行列。左拉赞叹莫泊桑他的短篇、中篇以及长篇小说，无不精湛绝妙，有着感人至深的力量。

莫泊桑去世后，为了纪念这位世界瞩目的文学大师，先后在巴黎的蒙梭公园及鲁昂的索尔弗利诺公园，树立起两尊莫泊桑的雕像，他留给后世的是不朽的精神食粮。

莫泊桑43岁便离开了人世，对世界文学界是个损失，也令他的友人和读者感到惋惜。莫泊桑一生离不开女人，也离不开爱情，爱情是他作品的永恒主题，女人是他作品不可或缺的主角。试想，如果没有了爱情和女人，他还能写出《漂亮朋友》这样的杰作吗？在资本主义制度下，尤其在所谓的上流社会，爱情是虚伪和丑恶的，莫泊桑对此有着清醒的洞察和彻悟，他也在作品里无情地揭露和批判。但他自己又深陷其中，无力自拔。他的父亲和早逝的舅舅都喜欢寻花问柳，生活放荡，风流成性，对他是不是也有着一定的影响呢？

莫泊桑身边有过那么多的女人，为什么没有找到婚姻的归宿呢？父母婚姻破裂的不幸，对他的心灵有着某种伤害，他对婚姻对女人有着某种成见，母亲不愿意他与平民女子联姻，他追求的名门闺秀又可望而不可即。而那些上流社会的贵妇，莫泊桑一方面为之倾倒；另一方面又认为她们都是“加了奶油的面粉团”，没有一个女人值得终身相许。女人给过他快乐，也给过他苦恼，他从女人身上获得过情感慰藉，也从女人身上获得过创作灵感，他虽然终身未娶，但也没什么可遗憾的。

在对待生活和女人上，莫泊桑是嬉戏荒唐的一生。但在文学事业上，他却是辉煌而值得欣慰的一生。他继承了司汤达、巴尔扎克、福楼拜等现实主义大师的写实传统，同时又追随左拉等自然主义先驱人物，找到了一条属于自己的文学之路，并耗尽毕生心血攀上了创作的顶峰，他是法国文学也是世界文学的骄傲。

单相思破灭与妓女同居——梵高

荷兰印象派画家梵高，生前几百幅作品无人赏识，死后却成为举世公认的伟大画家。这位癫痫病患者，手中始终只能抓住画笔，却抓不住女人。几次痴情的单相思的破灭，使他选择了与妓女同居。疯狂地作画，扑灭不了他内心深处对爱情的渴望。疾病的困扰，迫使他走上了自杀的绝路。

文森特·威廉·梵高（1853—1890 年）是后期印象画派三大巨匠之一，19 世纪人类最杰出的艺术家之一。他热爱生活，献身艺术，大胆创新，在广泛学习前辈画家伦勃朗等人的基础上，吸收印象派画家在色彩方面的经验，并受到东方艺术特别是日本版画的影响，形成了自己独特的艺术风格，创作出许多洋溢着生活激情、富于人道主义精神的作品。他笔下的那种有力而扭曲的线条和愤懑不平的画面，令人看了震撼万分。他曾说过："伟人的历史，依我看就是悲剧。"而他的一生不能说不是悲剧。在生前，他画了几百张油画、水彩画和素描，却不为人欣赏，只售出一幅《红色葡萄园》（此画是梵高生前唯一卖出去的画）。他的主要代表作是《向日葵》《手拿康乃馨的女人》《自画像》等。

梵高一生渴望婚姻，却一直与爱情无缘。他的手中始终只抓得住画笔，却抓不住女人。几次无功而返的恋爱使他变得有点儿神经质，疯狂地作画掩盖不了他内心的孤独，不能扑灭他内心深处对爱情的渴望。没有女人，他的生活显得更加落寞和狼狈。

1853年3月30日，梵高出生在荷兰南部布拉邦特地区的格鲁特·曾德特。他的父亲泰奥多勒斯·梵高是荷兰新教牧师，母亲叫安娜·科妮莉娅·卡本特期。梵高是这个牧师家庭的长子，下面有两个弟弟和三个妹妹。大弟提奥·梵高是他一生的知己，也是他的经济支柱。

梵高从少年时代起性格就有点儿怪僻，不大合群。人们认为他有点儿古怪，也有点儿偏执。虽然他的叔叔们或腰缠万贯，或地位显赫，梵高的父母却是安贫乐道。1866年，13岁的梵高进入曾德特乡村的泽文伯根寄宿学校读书，画最早的图画，后来又进入蒂尔勃格的文法学校学习。1868年3月，他离开蒂尔勃格的文法学校。1869年3月，他到古皮尔艺术公司海牙分店当店员，后又去布鲁塞尔分店工作。

20岁的梵高在伦敦爱上了18岁的厄休拉，他把少女的热情照顾错当成爱情，被人家赶出家门。初恋失败后，他又爱上了表姐凯·沃斯，遭到表姐的坚决拒绝。这两次爱情的打击，使他感到心灵的剧痛。

1873年，梵高去了古皮尔公司的伦敦分店。他爱上了房东的女儿——18岁的厄休拉·洛耶。厄休拉娇小可爱，有着一张秀美的鸭蛋脸，一双水灵灵的大眼睛像是会说话。她身材苗条，聪明活泼，为人热情，笑起来时，那张十分俊俏的脸庞犹如一把色泽明丽的阳伞，显得光艳照人。她对梵高的生活细心照顾，使得梵高不由得想入非非。他将姑娘的关心照料当作是对他痴情的表示。从没恋爱过的他深深地爱上了厄休拉，认为与厄休拉结婚能使他成为世界上最幸福的人。他根本不知道这位姑娘已与一个青年订了婚。1874年的一天，梵高终于鼓起勇气向少女表白，他的热情和唐突举动把姑娘吓得花容失色。她一明白发生了什么事，立刻声明她已经订婚。可梵高仍痴迷不悔。厄休拉一气之下夺门而出，骂他是“红头发的傻瓜”。

梵高不能接受这个结果。他不相信失败，自信能将情敌从厄休拉的心中赶走，但一次次的努力都成了泡影，反而遭到更大的嘲笑。厄休拉一家无法忍受梵高的纠缠，将租给他的房子收回了。梵高内心深受创伤，神经受到严重创伤，他更加离群索居，郁郁寡欢，对周围一切廉价的、哗众取宠的东西变得无法忍耐。

1874 年的圣诞节，梵高再次来到厄休拉家。他按响了门铃，是厄休拉开的门。她穿着一件绿色无袖的波兰式衣服，衣上饰有大蝴蝶结，还有荷叶花边。梵高从未见过她这样美丽。厄休拉一看是梵高，只赐给了他两个字：“走开”，然后砰地一声把门关上了。梵高的自尊心受到伤害，第二天一早便乘船回到了荷兰，不管不顾地擅自离开了工作岗位。

自从收到厄休拉那份令人痛苦的“圣诞礼物”后，梵高就感到被世人抛弃了，尊严、幸福与他无缘了。他的一个叔叔答应资助他去阿姆斯特丹的大学学习，可梵高无法决断。因为厄休拉在英国还未成婚。1874 年 10 月至 12 月，他到巴黎古皮尔总公司。这段期间，他给几家英国报纸写信应聘工作，最后挑了一个在拉姆斯盖特的教员职位。那是个海港城市，离伦敦只有 4 个小时的路程。1876 年 3 月，梵高被古皮尔公司解雇。4 月，他到英国拉姆斯盖特当了名教师。梵高回英国的目的就是为了厄休拉，他认为只要他人在英国，厄休拉就是他的。因为他可以感觉到她。几乎每个周末，他都去伦敦，在厄休拉家的门外，想象着厄休拉将是他——一个福音传道者的忠实妻子，任劳任怨，和他一起为贫民窟里的穷人奉献爱心。

几个月后，梵高在艾尔沃思的琼斯管理的监理会学校中谋得了一个较好的职位，被聘用为教师，还兼任一份助理牧师的工作。梵高的憧憬再次发生变化：厄休拉将是一个乡村助理牧师的妻子。但是，随着厄休拉的婚期临近，梵高强迫自己不去想这一事实。在他的心目中，厄休拉要嫁的那个男人根本不存在。他始终认为自己有某种缺点，才招致厄休拉拒绝。他一定要克服弱点或弥补缺憾。年底，他来到厄休拉家，正好赶上厄休拉结婚。他的心一下变得空荡荡，对厄休拉的痴情破灭了，她的魅力消失了。只是他没料到这一切来得这样突然。梵高伤心透了，回去收拾行李，告别了英国，从此再也没来过这个国家。

为了生存，梵高在 1877 年 1 月至 4 月到多德雷赫特书店任职。当年 5 月，梵高决定去阿姆斯特丹复习功课，准备报考神学院，将来毕业当牧师。他的叔叔海军中将约翰尼斯·梵高为了使他能够更好地学习，让他暂住在姨父斯特里克牧师家。在那里，梵高第一次遇到26岁的表姐凯·沃斯。他被表姐的魅力所吸引，凯·沃斯长得纤巧娇艳，头发不像其他人是谷黄或通红，而是这两种颜色的奇妙混合，暗蓝的眼睛闪烁着对人生的愉悦，丰润的嘴唇像是随时准备接受他人的亲吻。而且，她还具有荷兰女子吃苦耐劳的特征。

通过与凯·沃斯的交往，梵高认为他碰到了一个真正了解他、理解他的女人。可是表姐已经结婚，而且十分幸福，有个2岁的儿子。过去那种因厄休拉而产生的痛苦，又一次从他心底深处冒出来。他明白了在他烦恼不堪的岁月里，一直极度渴望的东西就是爱情，而对爱情的渴望是不能轻易消除的。

1878年7月，梵高放弃在阿姆斯特丹的学习，在埃顿作短期逗留后，于8月进入布鲁塞尔一个为期3个月的福音传道学校，但未能取得牧师的任命。他自费赴蒙斯附近的博里纳日矿区，做过非正式福音传教士。梵高跟矿工一起吃最差的伙食，一起睡在地板上。矿坑爆炸时，他曾冒死救出一个重伤的矿工。1879年，他和主管闹翻，被教会解雇。贫穷和信念的破灭，使梵高一度陷入绝望。在百无聊赖中，他终于发现他真正的职业就是当个画家，这才决定回到绘画事业上来。

1880年，梵高正式走上绘画道路，开始临摹米勒的作品。10月，他赴布鲁塞尔学习透视学和解剖学，与布鲁塞尔的荷兰籍画家凡·拉帕德来往。1881年4月，他离开布鲁塞尔，去埃顿与父母同住。表姐凯·沃斯也来到梵高父母家散心。深爱的丈夫去世，使凯·沃斯承受着巨大悲痛。她已经失去了青春的活力，她的勇气、热情也随之消失了，甚至她那令人感到温暖的秀发也失去了光泽，秀美的脸蛋消瘦得像一个心如枯井的修女的脸，那双湛蓝的眼睛由于忧思而变成了深陷的两个黑洞，冰肌玉肤变得苍白，不过，取而代之的是一种更加成熟的美。

在28岁的梵高眼中，悲哀使凯·沃斯的美变得深沉。他看出表姐在承受着巨大痛苦的折磨。从前，她是那样一个快乐幸福的姑娘，现在却成了一个心都碎了的妇人。梵高多么希望能减轻表姐心中的痛苦啊！他建议表姐带着儿子跟他一起去田野写生。凯·沃斯欣然答应了。

表姐的陪伴使梵高感到莫大的快乐，他从未觉得像现在这样精力充沛。他的创作也迈上了一个新台阶，这全是因为他深深地爱着表姐。凯·沃斯也因为梵高的做伴而对生活重新有了兴趣。她赞赏梵高的画，梵高觉得遇上了知音，觉得表姐是世界上唯一能了解他的人。他开始急不可耐、前言不搭后语地向表姐倾诉心里的话，越说越激动，越激动说得越快，简直无法控制住自己，把埋藏在心底、从不向人吐露的对画的感受全部倾诉了出来。他又恢复了往日那种激动不安、癫狂可笑的举止，暴躁激烈的本色暴露了出来，一下子从一个文质彬彬的绅士变成了鲁莽的乡下佬。

在凯·沃斯的眼里，梵高的举动毫无教养，幼稚可笑。凯·沃斯对他的兴奋困惑不解，还生活在过去的影子里，还在思念死去的丈夫，一旦发觉别人兴致勃勃地憧憬未来的生活，她便觉得乏味、扫兴。她不知道这是梵高在向她献出男人所给予女人的最为难得、最为珍贵的东西。

梵高却浑然不知这一切。他深深地爱上了表姐，爱她的一切。

现在他明白了，这么多年一直过着的单身汉的生活，其实是一种不完整的生活，蕴藏在他心中的万千柔情，正在一点点变得干涸。在失去厄休拉的漫长 7 年里，自己是何等的孤单寂寞。只有与表姐在一起，他才能获得快乐，才能有一种幸福感。只要表姐在他身边，他就觉得是在她的怀抱里。有表姐和他在田野里，他就画得飞快。他爱的不只是她的美貌，他爱的是她整个人，爱她的风度，爱她娴静的步态，爱她完美的淑女风范，爱她举手投足间表现出的良好教养，爱她的一切。

梵高觉得没有被女人爱过的生活就犹如死亡，身边有个女人相伴，才像个堂堂的男子汉。他需要凯·沃斯，他渴望得到她。爱她爱得发狂而不能自已，也同样爱她的孩子，因为孩子是他心爱的女人的一部分。他恨表姐的丈夫沃斯，因为他没有办法把这个死去的人从表姐的心里驱逐出去。不过，他深信通过努力能够让表姐把死去的丈夫忘掉。他可以点燃表姐心中的爱情火焰，让它燃烧得更加炽热，从而把过去的一切烧为灰烬，忘得干干净净。

梵高心中憧憬着美好的未来——他应该和表姐与她的孩子有个共同的家，他应该结束游来荡去的生活。有了爱情，生活会变得有滋有味。梵高开始庆幸厄休拉没有接受他，那时的爱是多么的浅薄，而现在的爱是多么的深厚而丰富。感情易于冲动的梵高没能控制住自己的激情，当他用力搂住表姐，向她热烈表白爱情时，恐惧和反感使凯·沃斯一时说不出话来。她从梵高怀里挣脱出来后，冷冷地瞪着梵高，斩钉截铁地回答说："不，绝不，绝不！"这时，惊恐的目光在凯·沃斯的眼中变成了憎恶。没想到，梵高的父亲也坚决反对此事，因为凯·沃斯是梵高的表姐；好心的母亲也劝他再等几年，因为凯·沃斯丧夫才一年多时间，还未从悲痛中解脱出来。梵高不满意父母的说法。在梵高求爱的第二天早晨，受了惊吓的凯·沃斯便离开了，回到自己的家里。

梵高向表姐求婚不成，与家人产生了矛盾，于是在1881年12月离家赴海牙。梵高虽然知道自己对绘画的爱远远超过对表姐的爱，但是他认为表姐能使他的生活更加丰富，能使他更加珍惜生活，能使他的绘画更充满生气。他的爱是认真、严肃、热烈的，多少个"不，绝不，绝不"也不能使这爱冷却。他要去融化表姐心中的那块冰。梵高在房间里，埋头给表姐写了一封封热情的求爱信。好几个星期后，他才知道表姐甚至连这些信都没看一眼。梵高给姨父写信，没想到被拒绝得更坚决，称即使凯·沃斯爱他，他也不会答应这门婚事，因为梵高的前途没有保障。并说女儿已爱上个有钱人，让他停止对女儿的纠缠。多情的梵高绝不罢休，认为只要能再见到表姐，他会让她了解自己的心，会将"不，绝不，绝不"变成"是，永远，永远"。他跟大弟提奥借了20法郎，来到了姨父家。

梵高在姨父家遭到了冷遇，被视作野蛮、忘恩负义、不道德的人。无论梵高怎么表白、怎么乞求，姨父都不让他见凯·沃斯。为了见到表姐，梵高把手放到蜡烛旁，扬言说："什么时候让我跟她说话，我才把手从火上拿开。"他把手翻过来，把手背烤在烛火上。蜡烛上的烟立刻把他的肉熏成黑色。几秒钟过去，他的手背肤色变成了通红。梵高手背上的皮开始发胀了，但毫不畏缩，眼睛一眨不眨地盯着姨父。他的姨父惊恐地瞪大眼睛，被梵高那直刺进他内心深处的冷酷无情的目光吓得目瞪口呆。15秒过去了，冒烟的皮肤爆裂开来，但梵高的手臂连抖都没抖一下。他的姨父终于清醒过来，扯着嗓子尖叫道："你这个疯子，你这个呆傻的家伙。"姨父用力把蜡烛扑灭了，吼道："你疯了！凯·沃斯从心底就看不上你！滚出这所房子，永远别想再来！"

梵高木呆呆地走出房门，他终于相信"不，绝不，绝不"是发自表姐灵魂深处的喊声。这喊声在他的脑海中反复轰鸣着："不，你永远，永远见不到她了。你将永远不知道爱情的滋味，因为爱情压根就不存在。是的，爱情的生命非常短暂，甚至还不如你的皮肉在火烧的痛苦中经受考验的时间长！"巨大的、无言的悲痛涌上了心头。梵高抬起左手捂住嘴，不让自己哭出声来。他断定自己今生得不到爱了。梵高对爱情彻底失望了，他的自尊心、自信心被摧毁了。从此，他一心作画，过起了流浪的生活。

两次爱情的失败，使梵高把精力转到作画上。在贫困交加中，他渴望有个女人做伴，便与妓女克拉西娜同居。他的善良和同情没能挽救克拉西娜。梵高31岁时打算和39岁的玛戈特结婚，双方的家长成了拦路虎。

1881年12月31日，怀着对凯·沃斯的思念，梵高来到海牙学习作画。他年轻时在画店里当过店员，然后又做过画的鉴定商，这算是他最早接受的"艺术熏陶"。他没有接受过任何系统性的绘画训练。在海牙，他跟表姐夫安东·莫夫学画，第一幅画就是在莫夫的指导下完成的。同时，他还接受荷兰一些画家短时间的指导。后来到巴黎，他和印象派画家相交，在色彩方面受到启发和熏陶。从此，人们称他为"后印象派"。

在贫困交加中，为了画模特，他认识了已经怀孕的妓女——克拉西娜·玛丽亚·霍尔尼克。她已经32岁，是5个孩子的母亲，既不年轻，也不漂亮，红颜已逝，从忧郁的目光和粗糙的皮肤看，她是个经历过生活磨难的女人。她生着一个鹰钩鼻，上唇有点儿模模糊糊的小胡子，远没有厄休拉和凯·沃斯漂亮，嘴里还常说着脏话。梵高同情她的遭遇，他们坦诚地交谈，两颗心灵都没有戴着假面具，等级的界限被打破了。克拉西娜为他做饭、洗衣服，当他生病时，悉心地照顾他，使梵高感到有个女人在一起，生活是多么的有意思。

克拉西娜因为难产，需要住院。贫困不堪的梵高想办法为她凑足了手术费。克拉西娜从医院出来后，他们便同居了，并商量着过些日子结婚。生活中得不到爱情，确实给梵高带来了无穷尽的痛苦，情欲的不满足能扼杀他的艺术生命，使他的艺术泉源枯竭。克拉西娜的出现填补了这一切。他觉得世界变得亲切了，觉得痛苦和孤独已经远离他，他不再是只身一人。克拉西娜也被梵高深深地感动了，还从来没有一个男人对她这么好。可是好景不长，当地人知道梵高有着一个当过妓女的情妇，便开始远离他。他的一个叔叔停止了对他的帮助，表姐夫莫夫也与他决裂，朋友们纷纷讥讽他。他被上流社会抛弃了。

如果仅仅是这些，梵高也许还能忍受，可是克拉西娜也变了。原来生着病、怀着孕的克拉西娜及分娩后正在恢复的克拉西娜，是这样一种人：她是个被人遗弃的、濒临死亡边缘的绝望中的女人；她是个为一句亲切的话语或一点点帮助就会感激不尽的女人；她是个深知人世间的苦痛，而且为了能有一刻不受苦什么都愿意干的女人；她是个愿意为自己为生活，作出种种慷慨而大胆允诺的女人。

克拉西娜完全恢复后，变成了另外一种女人：她对痛苦的记忆淡薄了，决心做贤妻良母的愿望动摇了，早年的想法和恶习也慢慢地回来了。她曾经14年沦落街头，生活放荡不羁，天天与酗酒、吸黑雪茄和污言秽语的粗野男人在一起。这14年的习惯又逐渐占了上风，加上她那当过妓女的母亲和当过掮客的弟弟的引诱，克拉西娜再也不能忍受与梵高在一起生活，家里经常连一口吃的都没有，这种贫苦生活还不如当妓女好。

梵高感觉到克拉西娜的前后变化。本来他一直靠弟弟提奥每月寄来的100法郎生活，以前是一个人花，还要常常饿几天，现在他要负担克拉西娜及她两个儿子的费用，花销实在是太大了。他觉得这个家是个填不满的无底洞。最后，双方冷静下来，平静地、痛苦地分了手。克拉西娜向梵高保证不再去做妓女，除非万不得已。梵高明知她这是在撒谎，可是没有经济能力的他对此毫无办法。不久，生病、挨饿、神经极度衰弱的梵高，收到母亲寄来的一包烟草和乳酪饼，突然间感受到家的温暖。是的，该回到母亲身边去了，好让身体和精神尽快得到恢复。同时，他也想到乡村去描绘那里的精神生活。

1883年9月，梵高与西恩赴荷兰北部的德伦特作画，开始学画油画。12月，他回到荷兰南部埃因霍温附近的纽南，起初与父母同住，后来离家独住。1884年，他开始画水彩和“织工”习作，与凡·拉凰德兴趣相投。

这一年，梵高已经31岁。他天天去田野画画，总感觉到有人在跟着他。后来他发现，是他的邻居比奇曼家的玛戈特小姐。这个家庭是由6位女性构成的，母亲加上5个已过了婚嫁年龄的老姑娘。玛戈特已经39岁，长得并不美丽，右边脸有一条细细的纹路延伸下去，几乎到了下巴，眼睛下面发青的眼圈上有细小的肉斑，皮肤已开始出现了皱纹。她曾经爱上一个男孩，但被专制的母亲和姐姐破坏了。此后她一直渴望爱情的来临，失落的她每天晚上都是形影相吊、孤苦伶仃地度过。她开始厌倦这种生活，并暗下决心，如果到40岁还不能出现一个值得她爱的男人，她就自杀。就在这时，梵高出现了。梵高虽然贫穷，没有职业，也不英俊，但她认定梵高就是自己苦苦等待的人。

玛戈特十分清楚梵高并不爱她，但她绝不强求，认为那对梵高来说太过分了。她只祈求上帝让她去爱，因为重要的是爱，而不是被爱。

梵高开始把玛戈特深情的爱当作一件自己并未参与的荒谬的事情。在与玛戈特的交往中，他逐渐享受到被一个好女人以全部身心爱恋着的那种淋漓尽致的欢乐。

玛戈特非常了解梵高。她从不用挑剔的目光看他，他的所作所为在她看来都是正确的、合理的。她没有斥责过他举止缺乏教养，也不批评他嗓门粗哑，更不议论他脸上触目的皱纹。她从不责备他挣不到钱，也不怂恿他去做与绘画无关的事。她在经济上给予梵高帮助，也非常理解他与克拉西娜的关系。她爱他的一切。爱情使玛戈特变得年轻而又美丽，嘴唇开始红润丰满，皮肤也光滑柔软起来，眼睛变得大而有神，步履也变得稳健有力。爱情的源泉在他们的心头被凿开，爱情的甘露终日沐浴着他们。

梵高对这种关系并没把握，时刻准备着哪一天会破裂，准备着玛戈特会变心。可是，随着时间的推移，玛戈特的爱情有增无减。梵高故意丑化自己，她却毫不在意，这使梵高感到这个温顺的女人十分亲切。梵高对玛戈特的爱情，不像对厄休拉、凯·沃斯和克拉西娜，他的爱里有一种深切的同情。回忆起厄休拉和凯·沃斯拒绝了他的求爱，使他经受了巨大的痛苦，想到眼前这唯一痴心爱他的女人，他给予她的是那么少，他的内心常常隐隐作痛。他虽然尊重玛戈特对自己毫无保留的爱，然而无法解释的是他发觉这竟有点儿让他不舒服。他因此也明白了厄休拉和凯·沃斯从他身边逃开的原因。

梵高决定和玛戈特结婚，却遭到父亲的反对。没有自食其力的能力，还依靠弟弟的供养，怎么能娶妻生子呢？父亲要他先挣钱并把生活都安顿妥当之后，再谈结婚的问题。他和父亲的关系因婚事而闹僵了。

在玛戈特家里，此事也引起了轩然大波。这是由于梵高的名声实在太差了，不仅一文不名，不谙生财之道，还与妓女同居过。为了证明自己的爱，梵高来到这个“女儿国”，以为自己能说服那顽固的母亲和那 4 个妒忌的姐妹，没想到遭到惨败。在她们的眼里，梵高是个不可救药的、被原来的阶级所抛弃的人，是个游手好闲的流浪汉。她们认定他迟早会抛弃玛戈特，他结婚的目的只是为了钱。

面对如此巨大的压力，玛戈特不知如何是好。这么多年来，她从来没有反抗过家庭，一直听从家人的意见。然而此时，她憎恨她的姐妹们，认为她们毁了她的美好生活，可是她又不愿斗争。因为她知道梵高爱她并没有自己爱他那么深，如果梵高真的很爱她，那她可以与整个世界作对。因此她拒绝了梵高提出私奔的要求。年近 40 的玛戈特被彻底击溃了，她的脸上出现了皱纹，两眼充满了昔日的忧伤，皮肤蜡黄而粗糙。梵高从来没有真正地爱过她，但面对姑娘的情爱和渴望，他为自己的淡漠感到羞惭，企图用热烈的表白来弥补。聪明的玛戈特明白了一切。她终于第一次做了自己的主人。一天，她在服毒后，来与梵高告别。幸亏抢救及时，玛戈特被救活了。村里人都认为是梵高毁了这个好姑娘。他不得已在 1885 年 11 月 27 日离开家乡。

梵高生命的最后几年，得了严重的癫痫病，但其富有独创性的作品，都是在这期间完成的。16 岁的妓女拉舍尔是他的最后一个女人。贫穷和病痛的折磨，使 37 岁的梵高选择了自杀。精神病毁掉了他，却成就了他的艺术。

1885年11月28日，梵高来到安特卫普，为《吃土豆的人》绘制了约50幅农民头像，并为埃米尔·左拉之《萌芽》及其他现实主义作家的作品所深深打动。1886年3月26日，梵高父亲突然去世，他只得赶回到家里，10月又赴安特卫普，参观博物馆。鲁本斯的光与色彩，日本葛饰北斋的“浮世绘”的大胆构图，使他陶醉。这时，他得到一些日本版画，东方艺术中线条的表现力，画板明亮的色调，使他的心胸变得开阔了。他安下心在安特卫普美术学院学画。

1886年2月底，梵高来到巴黎，与弟弟提奥同住。他先后结识了特雷克、西涅克和高更及其他印象派画家，同毕沙罗、德加、修拉、塞尚相识并交往，并与埃米尔·贝尔纳过从甚密。这段时间，他深受印象派技法和后期印象派理论的影响，在乎尔芒工作室习画数月，在德拉克洛瓦和蒙蒂塞利的影响下描绘花卉，并且发现了“光明的绘画”。梵高的创作进入了高峰期。

不久，梵高厌倦巴黎的生活。为了找一个安静的地方作画，他向往阳光更为明亮灼热、色彩更加强烈瑰丽的法兰西南部。1888年2月21日，梵高到达普罗旺斯地区的阿尔，住在阿尔加萨咖啡馆，5月迁入拉马丁广场上的“黄房子”。10月20日，高更搬来与他同住。

一天，他雇了一个肤色很深的女郎做模特。她长着一双灰眼睛，头发是浅褐色的，穿一件紧身衣，衣衫下两个小而坚实的乳房突起，形态美极了。晚上，梵高一人独卧在床，心里老想着那个女郎。他已经几个月没有跟女人说过话了。这时，他想起了玛戈特的绵绵情话，想起她从他脸上惊慌轻滑过的手指，还有她那热情的亲吻。

梵高的情欲一下子爆发了，他知道阿尔有妓院，一定要找个女人做伴，否则自己会变成冰冷的石头。他跳下了床，来到了妓院，结识了仅有16岁已工作一年的妓女拉舍尔。拉舍尔矮小、健壮，长着一张丰满的圆脸，一双大却目光茫然的蓝眼睛，还有肉感的下巴和脖子。梵高虽然从拉舍尔那里得到了性欲的满足，但精神上仍然感到十分空虚。

在阿尔期间，梵高与高更经常一起作画。两位大师对艺术有着不同的见解，几乎从一开始就陷入激烈的争吵。在性格方面，梵高有着癫痫病人所特有的偏执，而高更则有着超乎常人的冷酷。这两位志同道合的好朋友，由于年少气盛，就像把两匹烈马放在一起，两人始终意见相左，天天争吵，时时酝酿着冲突，并发展到水火不容的境地。由于阿尔炽热阳光的影响，由于与妓女在一起的躁动不安，由于同朋友高更的激烈争论，梵高变得焦躁不安，有害的烟草、苦艾酒充斥了他的身心。

梵高经常处于过度兴奋中，幻觉开始在脑际中出现了。1886 年 12 月 23 日，他拉着高更来到妓院，两人又发生了激烈的争吵。梵高身上没带钱，拉舍尔又旧话重提："你能不能用你的耳朵代替呢？我很喜欢你的耳朵。"他们以前常开这个玩笑，但她丝毫不知道梵高已经精神不正常了。

梵高回到家里，拿起那画过许多次自画像的镜子，看到自己那双布满血丝的眼睛，他感到末日已经来临，生命即将结束。他举起剃刀——这时，有个声音在他耳边絮絮低语，讲着莫名其妙的故事。在恍惚中，他割下了自己的一只耳朵，用速写纸包起来，又来到妓院，送给了拉舍尔。他平静地说道："仔细保存好，这是我给你的一件纪念品。"拉舍尔打开后，立刻晕倒了。梵高独自回到了家。高更返回巴黎（对于这段经历，近来学术界又有新的说法。德国艺术历史学家汉斯·考夫曼和丽塔·维尔德甘斯宣称，其实是两人发生了激烈的争吵，梵高的一只耳朵是被高更用剑割掉的，梵高编造谎言大概是为了保护这位难以割舍的朋友。这种说法的依据是高更擅长击剑，梵高此前曾向他扔了一个玻璃杯，于是高更忐忑不安地紧跟在梵高身后，快到那家妓院时，两个人的争吵越发激烈，高更举剑割下梵高的右耳——也许是因为愤怒，也许是出于自卫。不过，这种考证没有确凿证据）。

梵高在阿尔得了癫痫病，隔段时间就会发作。他在患病期间，作画的数量大得惊人。一年多时间，他画了两百多幅作品。然而这奇迹的代价是一个灵魂的自焚。1889 年 5 月 3 日，他不得已住进了离阿尔一公里的圣雷米精神病院，成了彻头彻尾的精神病患者。就在这时，奇迹发生了。梵高的绘画技巧竟然突飞猛进，风格迅速形成。奇怪的是，精神病带来的改变竟是一场艺术上的革命——印象主义一下子跨进它光芒四射的后期。这位精神病患者的画非但没有任何病态，反而迸发出巨大的生命热情与健康的力量。精神病毁掉了梵高本人，却成就了他的艺术。这究竟是一种幸运，还是残酷的毁灭？

由于弟弟提奥的帮助，梵高的3幅油画和几幅素描在独立沙龙展出。在布鲁塞尔的“二十人展览会”上，他的《红色的葡萄园》得以出售，这是他在世时卖出的唯一一幅作品。

1890年5月21日，梵高来到巴黎北郊的奥维尔，临摹德拉克洛瓦、米勒、伦勃朗和居斯塔夫·多雷的作品。在他生命的最后两个月里，他贫病交加，开始走向彻底的混乱与绝望。在这期间，他所画的《奥维尔的教堂》《有杉树的道路》《蒙塞尔茅屋》等，已经完全是神经病患者眼中的世界，一切都在裂变、躁动、飞旋与不宁。这种听凭病魔的放肆，却使他的绘画达到绝对的主观和任性。他绝世的才华，刚烈的性格，艺术的天分，得到最淋漓尽致的宣泄。这是一个真正的疯子的作品，也是旷古罕见的天才的杰作。

梵高又回到了弟弟的身边，接受保罗·加歇医生的监护。虽然他说过，可以没有妻子、家庭、子女，可以没有爱情，只要他能作画就行，因为作画可以使他精神上免受太多的痛苦，使他内心感到轻松，但没有家庭的温暖，没有子孙满堂的欢乐，这是多么不幸呀！每当梵高清醒时，他就会痛苦地回忆起往事。

1890年7月，梵高间歇性精神错乱经常发作，病发之时陷于狂乱，病过之后则更加痛苦。他感到不安，又产生了幻觉，不相信那些画是他的作品。以前一直是弟弟提奥在经济上照顾他的生活，但提奥此时已经结婚生子，儿子又得了重病，这使得梵高感到更加恐惧。他不愿再加重弟弟提奥的负担。

以前他作画，是为了把内心燃烧的东西表达出来，可现在他成了一个空壳，没有精力去画了。他对于癫痫病最终产生的后果，感到极度的恐慌。趁现在精神正常且有理智的时候，他可以按照自己的愿望结束自己的生命。假如他的头脑由于发病极度紧张而垮掉了，假如他变成一个白痴，那弟弟提奥可怎么办呢？

到了该结束一切的时候了。梵高要告别这个世界，他要向厄休拉告别，她的轻视使他挣脱了世俗的生活，变成一个流浪汉；他要向凯·沃斯告别，她的“绝不”辛酸地铭刻在他心头；他要向克拉西娜告别，她是他生活中唯一的情妇；他要向玛戈特告别，她是为了爱他而自杀的好女人；他要向拉舍尔告别，她是他生命中的最后一个女人。

梵高对于死亡并不惧怕。他曾说过：“农人们的生与死正如在墓地上生长的花草一样，春来萌芽，秋来凋谢，因循天地不变的规律。一个画家即使死后也能借着自己的作品向后来的新时代谈论自己的见解。画家的使命是否只限于此，还是有其他更高的意义？我无法作答。我想画家的一生当中，死还不能算是最苦的事。”

1890 年 7 月 27 日，梵高走到奥维尔的田野里。几天前，他画了最后一幅油画《麦田群鸦》，寓意着他的绝境。大片乌云的倾压下，恐惧、压抑、惊栗，预示着灾难的风暴即将来临。三条道路通往三个方向，道路的尽头是一片迷茫与阴森。这是他生命中最后一幅逼真而可怕的写照，也是他留给世人一份刺目的图像的遗书。他站在麦田中，把手枪压在自己的腹部，扣动了扳机。被枪声惊起的鸦群“扑棱棱”地飞舞起来，他倒了下去。4 小时后，他又苏醒了，带着满身血迹摇摇晃晃地回到住处。随后，他在奥维尔的旅店内，忍受了整整两天的流血与疼痛。

1890 年 7 月 29 日凌晨 1 时许，梵高在弟弟提奥和加歇医生的守护下停止了呼吸，享年 37 岁。在他死后，提奥为哥哥举办了一次小型画展。在重压下，提奥也崩溃了，被妻子送去了疗养院。6 个月后，几乎就在梵高去世的同一个日子，提奥也离开了世界。好兄弟一场至死也不分离。

梵高的一生，充满世俗意义上的“失败”。他名利皆空，情爱亦无，贫困交加，受尽冷遇与摧残。在生命最后的两年里，他与病魔苦苦搏斗，拼死为人间换来了艺术的崇高与辉煌。如果说梵高的奇迹，是天才加上精神病；那么，梵高至高无上的价值，是他无与伦比的艺术和为艺术而殉道的伟大的一生。

梵高是非常超前的画家，一生留下了丰富的作品。他的作品中所包含着深刻的悲剧意识，其强烈的个性和在形式上的独特追求，远远走在时代的前列，所以难以被当时的人们所接受。他的全部杰出的、富有独创性的作品，都是在生命的最后6年中完成的。他最初的作品，情调常是低沉的，后来，他大量的作品一改低沉而转为响亮和明朗，好像要用欢快的歌声来慰藉人世的苦难，以表达他强烈的理想和希望。

一位英国评论家说："他用全部精力追求了一件世界上最简单、最普通的东西，这就是太阳。"他的画面上不仅充满了阳光下的鲜艳色彩，而且不止一次地去描绘令人逼视的太阳本身，并且多次描绘向日葵。他在阿尔画的多幅《向日葵》（经典代表作，流传至今仅有四幅，分别在伦敦国家画廊、慕尼黑巴伐利亚美术馆、东京安田·葛西艺术博物馆、阿姆斯特丹梵高美术馆），笔触粗厚有力，色彩对比强烈，充满了智慧和灵气。向日葵在梵高笔下不仅仅是植物，而且是带有原始冲动和热情的生命体。

屡次悔婚彰显精神阳萎——卡夫卡

奥地利著名作家卡夫卡，被称为西方现代主义文学的开山鼻祖。他在个人生活上反复无常，曾3次订婚，又3次解除婚约。当需要在生活与创作两者之间进行抉择时，他总是选择后者。他对爱情始终有着强烈的向往，婚姻却是他一生最大的恐惧。不过，这并不妨碍他与心爱的女人同居。

奥地利著名作家弗兰茨·卡夫卡（1883—1924年）是20世纪德语小说家。他生前是位无意戴上作家桂冠的业余作者，死后多年被20世纪各个写作流派纷纷追认为先驱，被尊为西方现代主义文学的开山鼻祖。世界文坛上这种奇妙的现象，使众多的评论家对卡夫卡的长篇小说《美国》《审判》《城堡》及短篇小说《变形记》《判决》《在流放地》《地洞》《饥饿的艺术家》等一批优秀作品不得不重新加以审视，给予应有的评价。如果说卡夫卡艺术才华的神秘色彩是死后才得以揭开的，那么他的婚恋风波在生前就被传得沸沸扬扬了。

卡夫卡至死都是独身，他曾3次订婚，3次退婚；他认为性生活是令人生厌的事情，却与多个女子发生过性行为，就是在临去世的前一年，他还和最后一个女友同居；他与未婚妻的女友有染，这个女人曾生下他的私生子，但卡夫卡一生都不知道自己还有一个亲生儿子。在爱情和婚姻问题上，卡夫卡本身就是一个复杂的矛盾体，这与他的家庭不无关系。

1883年7月3日，卡夫卡出生于奥匈帝国统治下的布拉格，父母都是犹太人。他的父亲赫尔曼·卡夫卡是个白手起家的商人，为人傲慢、专横粗暴，嘲笑、辱骂、大发雷霆是他教育孩子的惯用手法。他的母亲朱莉·卡夫卡虽贤惠善良，但多愁善感、神经过敏、木讷寡言。卡夫卡是家中长子，还有三个妹妹和两个弟弟，在他2岁多到4岁多的时间里，两个弟弟的相继出世与夭折，给他的心理留下了“死亡恐惧”和生存性不安。

卡夫卡自幼爱好文学、戏剧，小学至中学在德语学校读书，后学会捷克语。他在中学时代就对法国自然主义文学，对斯宾诺莎、尼采、达尔文等人产生了极大兴趣。1901年他进入布拉格大学，起初学习化学及德国文学，不久迫于父命改修法律，1906年获法学博士学位。由于家庭环境的影响，他养成了自怨自艾、优柔寡断、悲观厌世、寂寞孤独的矛盾性格和习性。他害怕与人交往，又渴望同别人一起生活；他不拒绝爱情和婚姻，又认为这会束缚他写作的手脚；虽然他在个人生活问题上反复无常，却又艳遇不断。

卡夫卡生命中的两次艳遇，给了他莫大的快乐和满足。为了信守对女友的诺言，他始终没有透露对方的姓名，却以艳遇为素材写出作品，为他们的爱情树起了一座纪念碑。他与菲丽丝的爱情长跑，既不浪漫又充满痛苦。

卡夫卡身材瘦削，长得仪表堂堂，生性十分洒脱。1903年夏，20岁的卡夫卡有了性的萌动。他在临街的楼上房间窗户前，向对面一家服装店门口的年轻女店员作出暧昧的手势，这个娇小的女店员给了他爱的回应。当天晚上他们在一家客店度过了一夜，但情欲的渴望并没给卡夫卡带来快乐。

1905年8月，卡夫卡因精神过度疲劳住进楚克曼特尔疗养院，遇到一个不太年轻的漂亮妇女。年轻的卡夫卡被她的成熟所吸引。两个人一起交谈，一起散步，一起度过漆黑的夜晚，他第一次享受到情欲上的满足和快乐。事后，他对自己的风流韵事守口如瓶。两年后，他以这次艳遇为素材，创作了小说《乡村的婚事准备》，胆怯地为自己的第一次爱情树起了一座纪念碑。

卡夫卡在大学毕业前，经历了一次甜蜜痛苦的单相思。对方是一位维也纳大学的19岁学生黑德维希·瓦尔勒。她比卡夫卡小5岁，但像大姐姐一样给他以帮助和安慰。卡夫卡对她十分痴情，为了表达自己的感情，一个月内给她写了8封信，并想办法让她毕业后到布拉格工作。最终她决定留在维也纳，卡夫卡才结束了这段恋情。

此后卡夫卡一直离群索居，几乎把自己封闭起来。他渴望过集体生活，但又有所恐惧，曾先后与几个妓女接触。从内心来讲，他不希望与妓女厮混，只想得到她们的爱抚，但总是事与愿违。1908年，卡夫卡曾写信告诉好友马克斯·勃洛特："我如此急切地需要有一个人，希望她来爱抚我。所以，我昨天和一个妓女在旅馆里相会了。可惜那个妓女年龄太大了，她再也不会有丰富细腻的感情了。我不能像对待一个偷情的女子一样对待她。我即使没有让她吃惊，也至少让她感到遗憾了。她没有抚慰我，所以我也没有抚慰她。"卡夫卡为此感到悔恨。后来，他的一些小说中出现过专以出卖肉体为生的职业娼妓以及把卖淫作为业余爱好的女人，这与他的经历和体验不无关系。

菲丽丝·鲍尔称得上是卡夫卡第一个真正的情人。1912年8月13日，他们在卡夫卡的好友马克斯·勃洛特的家里相识。卡夫卡在日记中将菲丽丝描述成脸庞清瘦、骨骼宽大、塌鼻梁、下颚结实，缺少魅力的女子。虽然菲丽丝不漂亮，但卡夫卡仍决定与她交朋友。9月20日，在小说《判决》问世的第二天，卡夫卡写信给在柏林一家公司工作的菲丽丝。菲丽丝觉得卡夫卡的行为举止有些异常，所以迟迟没有回信。勃洛特这时写信给她，称卡夫卡是"不平凡、出众的人物，人们应该特殊对待他，应该对他表示谅解和亲善，帮助他避免一切冲突"。他恳求菲丽丝给卡夫卡那近乎病态的多愁善感的状态多些安慰和体贴。在好友的帮助下，10月23日，卡夫卡终于接到了菲丽丝的回信。这以后他们书信来往，每月通信达两至三封，有时甚至四封，一直持续到1917年。

卡夫卡与女友通信后不久，就在一封信中表明，即使对她有思念之情也是与写作有关的。他将菲丽丝看成是一个可靠、坚强、平静、勤勉的人，可以对她畅所欲言。他唯恐外界对他的写作带来任何麻烦，就在他向女友倾诉衷肠时，也不忘向她指出，他们要结婚是一件十分困难的事情。他摘录了一首《寒夜里》的诗送给菲丽丝。多年来他一直很喜欢这首诗：

寒夜里，我埋头读书，
忘记了，这已经是就寝的时间。
绣金的棉被上的芳香，
只留下淡淡的一片，
炉子里的火也已经熄灭。
我那美丽的女郎，
忍不住一脸的怪嗔，
她夺走了我手中的灯盏，
问我：
“你知道，现在是几点？”

卡夫卡认为，这首诗极好地诠释了自己的基本情况。他问菲丽丝，如果那首诗的“女郎”不是“我”的女朋友，而是妻子，诗中所说的那个寒夜仅仅是一个例子，代表了夫妇生活的全部情况，那么，她会怎样看待这一切？菲丽丝没有正面回答，她邀请卡夫卡圣诞节时到柏林见面，卡夫卡却因忙于写作没有去。菲丽丝虽接受了卡夫卡向她的求爱，但是在1912年这一年里，她没有机会再次见到他，心情很忧郁。

1913年复活节期间，卡夫卡第一次去柏林，看望了菲丽丝。在圣灵降临节，他又一次去了柏林，菲丽丝将他介绍给家人。在这以后的几个星期里，卡夫卡一直在考虑是否正式向菲丽丝父亲提亲。但他却在日记中写道：“我要不顾一切地得到孤寂，我只有我自己。”8月15日，他又在日记中写道：“我要不顾一切地同所有事情、同所有的人断绝关系，我要同所有的人结仇，我要不同任何人说话。”而在同一天，他给菲丽丝的父亲去信，正式向其女求婚。

到了第六天，他不等回信就急不可待地写了第二封信，信中称自己是一个愤世嫉俗的人，性格内向、沉默、不善社交，与父母这些最善良、最可亲的人生活在一起，他都感到陌生。卡夫卡声明，他现在的工作正使他走向毁灭，但他没有能力放弃。他说文学创作是自己的唯一兴趣所在，婚姻也不能改变，菲丽丝跟他一起生活是不能幸福的。幸亏他没来得及寄出这封信，回信就到了，他求婚的要求得到了菲丽丝父亲的同意。但是卡夫卡犹豫了。1913 年 9 月，他第一次与菲丽丝“决裂”了。这为他以后作出类似的决定提供了一个模式：当他必须在生活和创作两者之间作出一个抉择时，他总是选择后者；可同时他又不反对生活，所以这种选择总是在不停地进行着。

1913 年 9 月，卡夫卡到意大利观光旅游，住进加尔达湖畔的里瓦疗养院，他在休养期间结识了一个 18 岁的瑞士姑娘 G. W. 。这次是他第二次与一个妩媚的姑娘之间有甜蜜的风流韵事，也是第一次认识一个信奉基督教的姑娘。G. W. 还是个不成熟的少女，她的五官长得精致小巧，身上洋溢着青春的气息。卡夫卡又一次坠入了爱河，完全陶醉于她那女性的魅力之中。两个渴望爱情的人一起度过了温馨浪漫的 10 天，卡夫卡在情欲上再次感到深深的满足和快乐。10 年以后，卡夫卡还常提起那段日子，称那时充满了宁静的醉意。如同在楚克曼塔尔的那次艳遇一样，这一次他对在里瓦的浪漫情爱也只字不提，恪守 G. W. 下的禁令，不谈她的姓名。像上次一样，卡夫卡在 3 年半以后，写了一篇重要的小说《猎人格拉胡斯》来纪念这次艳遇，又为自己的爱情故事树起了一座纪念碑。

卡夫卡一生爱恋过不少女性，有的短暂有的长久，但在感情上并没有那么刻骨铭心，真正让他心满意足的感情极少。他在致布洛德的信中说：“我基本上同女性没有深厚的感情，只有两次例外。”指的就是楚克曼塔尔和里瓦的两次艳遇。这两次艳遇让他品尝到情爱的甜蜜，他始终遵守诺言，不透露女人的姓名。

卡夫卡与菲丽丝长达 5 年的爱恋充满了变数，两次订婚又两次退婚，在婚姻面前，他始终处于矛盾之中，因为写作是他的头等大事。格蕾特是他与菲丽丝的调停人，卡夫卡却爱上她并和她有个儿子，但他至死也不知道。

从里瓦回来后两个星期，卡夫卡又恢复了同菲丽丝的鸿雁传书。1913年11月，他还去柏林看望了她。1914年3月，他在日记中这样写道：“去年夏天，我同菲丽丝决裂了，那是因为我过多地考虑了自己的文学创作……我那时一直认为，结婚会影响我的文学创作。”目前，卡夫卡却无法专心从事创作，他不愿这样等待，希望靠婚姻来拯救自己。于是他在朋友的帮助下，6月1日，和菲丽丝在柏林举行了订婚仪式，订婚启事也刊登了。在订婚前后，卡夫卡的心情十分矛盾，订婚没有使他获得他所希望的自救能力。回到布拉格后，卡夫卡感到自己像“囚犯”一样被捆住了手脚，“全身戴着镣铐，被安置在一个角落里”。7月12日，他同菲丽丝解除了婚约。他的创作能力又恢复了。8月，开始创作长篇小说《诉讼》，10月写下短篇小说《在流放地》。他说：“事实已经证明，我这种有规律的、空虚的、令人神经错乱的独身生活是行之有效的。”

1914年11月，由于要照看妹夫的工厂，卡夫卡的写作中断了。他又思念起菲丽丝，她又成了卡夫卡一切事情的中心。菲丽丝的女友格蕾特·布劳赫帮助他们恢复了来往。

由于格蕾特是卡夫卡与菲丽丝重新接触的媒介，从1914年年初，卡夫卡与她有通信来往。刚开始卡夫卡还有些犹豫，后来主动向这个21岁的姑娘发起“进攻”，前后给格蕾特写了68封信，书信的洪流将格蕾特淹没。1914年4月，卡夫卡把《变形记》送给格蕾特。对于这段暧昧关系，卡夫卡只字不提。但是，他做梦也没想到，格蕾特于1915年为他生下个私生子，七年以后便夭折，比卡夫卡死得还早。这是格蕾特1940年4月21日在写给巴勒斯坦一位友人的一封信中提到的：“她曾有一个儿子，是私生子。1921年将近7岁时在慕尼黑夭折。”如果情况属实，那么这个孩子肯定生于1914年。虽然格蕾特在信中没有提到孩子父亲的名字，但很显然，她把孩子的父亲指向卡夫卡。格蕾特封锁了卡夫卡当父亲的消息，原因是作为菲丽丝的女友，她与卡夫卡的情孽有些对不起菲丽丝，心中愧疚。她也知道卡夫卡在给菲丽丝的信中反复强调过，他结婚以后不要孩子，所以格蕾特不愿给卡夫卡添麻烦，只好一个人吞下这枚“苦果”。纳粹期间，格蕾特流亡意大利，后来同其他犹太人一起被捕，再无音信，可能死于纳粹集中营。

1916年1月，卡夫卡在博登巴赫与菲丽丝重逢了。7月，他们在马琳巴特的巴尔莫拉尔和奥斯鲍纳旅馆两个地方共同度过了10个昼夜。卡夫卡感觉自己已经能适应家庭生活了，打算在战争结束后就结婚，在柏林郊区租两至三个房间。卡夫卡有了新的自信，创作能力也随之恢复。1917年3月，卡夫卡在施恩鲍恩宫租下一套两居室。他这样做，不仅是为了摆脱原来嘈杂的环境，也是为了在结婚以后能让菲丽丝在布拉格好好休养一个月。他显然下了决心，准备辞去工人事故保险事务所的工作，建立家庭，当专业作家。

7月初，他们在柏林第二次订婚。5年来，卡夫卡结婚的决心时大时小，摇摆不定。他在日记中写下了自己的心声："如果我过一段时间死了，或者丧失了生活能力……那我会说，是我自己撕碎了自己……这个世界——菲丽丝是它的代表——和我在不停地冲突，这个冲突是避免不了的，它撕碎了我的身躯。"

9月，卡夫卡患了早期肺结核。12月，他以病痛为借口，与菲丽丝第二次解除了婚约。他为了从婚姻义务中解脱出来并专心投入写作，竟不顾菲丽丝的痛苦和名誉，使姑娘伤透了心。事后他也曾失声痛哭，深感对不起菲丽丝。发生婚变这一年是卡夫卡短篇小说的丰收年，他写下的著名短篇小说有《乡村医生》《在马戏场顶层楼座》《豺狗和阿拉伯人》《万里长城建造时》《给某科学院的报告》《猎人格拉胡斯》等。

卡夫卡与菲丽丝的恋情持续了5年多，他们之间分分合合，有过不快和误会，有过痛苦和烦恼，但彼此之间还是有感情的。在卡夫卡写给菲丽丝的信中，开头的称谓经常是如下写法："亲爱的菲丽丝小姐""亲爱的，最最亲爱的""亲爱的！我多么爱你""我的菲丽丝""我最亲爱的菲"等。他是倾注了深厚情感的。在信中他也时常表达对菲丽丝的思念和爱恋。下面摘录几封信的片断：

"我现在的生活已比过去广阔，里面包含着对你的思念，醒着时几乎没有哪一刻我不在想着你。而且往往在别的时间里我什么也不干，只想着你。”

（卡夫卡写给菲丽丝的信：1912年11月1日）

“菲丽丝，在我上床睡觉前，请把你的头贴在我的胸前，因为我非常地需要你。”

（卡夫卡写给菲丽丝的信：1913年1月17日—18日）

“亲爱的，把我拉向你，抓牢我，不要失去信心。岁月把我推前推后，你必须意识到我所给你的幸福绝不是夸大其词的，正如人们不想承受夸大的痛苦一样。不要让我走开。爱把我与你联系在一起，爱也许不多；爱产生了，爱来了，爱又走了；但我与你之间紧紧相连的链条不会变。亲爱的，你也不会变。”

（卡夫卡写给菲丽丝的信：1913年1月19日星期天下午，一个沮丧的时刻）

至于卡夫卡两次悔婚，原因也是多方面的。卡夫卡始终处于贫困、焦虑之中，收入养不起一个家，甚至没有自己的房子，他的精神状态也时好时坏，很不稳定，还有他与格蕾特的关系，让菲丽丝心中不快。最为重要的还是他把写作当成头等大事，而家庭和婚姻退居其次。卡夫卡的母亲朱莉于1914年7月20日在写给菲丽丝的母亲安娜的信中曾说：“也许他不适合婚姻，因为，他唯一肯努力去做的就是写作，那是他生活中的第一要事。因此，我那时总期待着用菲丽丝的聪慧来改变这一切，因为我总对自己说，一个聪明的女人能改变一个男人。可现在，我一切的美梦都破碎了。”卡夫卡的母亲说得没错，卡夫卡的生活目的和意义就是写作，“我写作，所以我活着；我活着，所以我写作。”这就是他生活的全部。

菲丽丝与卡夫卡分手后，在1919年3月嫁给了一个富有的柏林商人，婚后育有一双儿女。1936年，他们一家迁往美国。她一直完整地保存着卡夫卡的信件、明信片和电报，共有627件。她保存这些信件纯粹出于私人感情，因为卡夫卡在当时还默默无闻。她决心保管好这笔内心深处的个人隐密的财富。后来，由于马克斯·勃洛特以及她的亲朋好友的多方劝说，随着卡夫卡的声誉日隆，而她的健康状况越来越糟，需要昂贵的治疗费，她终于被说服了。1955 年她接受了出版商斯乔肯的 5000 美元，交出了这些原始信件，并授权他独家出版。在这些信件中，卡夫卡不仅充分表达了对于爱情、婚姻的理想与矛盾，而且也进行了大量的自我观察和表白。因而，它们已不单单是一般意义上的情书，同时也是卡夫卡自己心路历程的真实记录。

卡夫卡的爱情接踵而来。他与朱丽叶订婚，但婚礼前两天又退婚。他与密伦娜的狂热爱情，曾享受到快乐和幸福，但最终没有结合的机会。他的最后一个女人多拉，在他病危时守护在他的身边，却无缘成为夫妻。

与菲丽丝退婚以后，卡夫卡一直住在布拉格。1918 年 11 月，他去布拉格以东的什累申小镇休假养病。1919 年 1 月，他又去什累申小镇继续康复疗养，认识了年轻的捷克姑娘朱丽叶·沃丽切克，两人闪电般地恋爱了。28 岁的朱丽叶是捷克犹太人，十分漂亮，为人勇敢、诚实，父亲是个鞋匠，在布拉格的一座犹太教堂内打杂，未婚夫在第一次世界大战中丧生。两人在那里共同度过了 6 个星期。起初卡夫卡坚守自己的原则，刻意保持距离，减少见面机会。但是，孤男寡女在一起，情爱是黏合剂。卡夫卡感到两个人情投意合，他又一次被爱情唤醒。

1919 年 3 月，他们先后回到布拉格后，卡夫卡按捺不住的想念促使他立即给朱丽叶写信，然后两人就“像被谁驱赶似的飞到一块儿去了”。陶醉在爱情中的卡夫卡，觉得对朱丽叶的爱恋是发自内心的，而朱丽叶给他的安全感也是真的。他很快萌发了结婚的念头，并在一个生日之际与朱丽叶订婚。他认为“如果这次婚姻真的能成功，这将是建立在互相谅解基础上的最佳良缘”。

就在他们准备结婚的时候，没想到遭到卡夫卡父亲的断然反对，母亲也保持了沉默。这一次卡夫卡顶着压力为结婚继续努力，并与朱丽叶找到一套房子，发表了结婚预告，准备11月成婚。就在结婚前两天，他们发现那套预定的房子被租出去了。于是，卡夫卡作出了第三次退婚的决定。他在给朱丽叶妹妹的信中，解释此次退婚的原因是“我确实没有选择的余地，我对结婚已经死了心”，“与朱丽叶的订婚完全是我的精神状态所迫”。明知注定要失败，还作出订婚的决定，又儿戏般地退婚，任凭卡夫卡如何解释，忠心耿耿献身于他的朱丽叶还是无法承受这突如其来的打击。后来，朱丽叶住进一家精神病院，从此杳无音讯。

退婚后不久，卡夫卡于11月中旬重返什累申小镇，在他与朱丽叶相遇的地方流连忘返，重温他们相识相知的情景。在这里卡夫卡写下了著名的《致父亲的信》。这虽然是一封信，但在文学、教育学、心理学、伦理学等方面均极有价值。他在这封信里表露了其内心世界：“我在精神上显然是没有能力结婚的。这表现在，从我决定结婚那一刻起，我就再也不能入睡，从早到晚，脑子总是乱哄哄的。我过的不再是一种生活，我对一切都感到绝望，束手无策，不知怎样才好。”

此外，他在日记里还阐述了这样的观点：“同女人在一起生活是很难的。人们这样做，那是陌生感、同情心、肉欲、胆怯、虚荣逼迫出来的。只有在心灵深处的一股溪流，它才称得上爱情；这爱情是找不到的，它转瞬即逝。”这些真实的自白，说明卡夫卡绝不是玩弄女性感情的恶棍，也不是在辩解和推卸责任。他心里对爱情、对婚姻有解不开的结，在婚事面前他是个精神“阳痿”者。此外，“父亲情结”也始终困扰着他。在强大的父亲面前，他感到渺小无能，既畏惧父亲又鄙视父亲，他只好把不能结婚的原因归罪于父亲。

卡夫卡既不愿结婚，又始终离不开女人。在他爱恋的诸多女人中，大多数是少女，两次艳遇给他带来了难忘的快乐，但多数时候他的爱恋都夹杂着痛苦。除了自身的原因外，关键是这些女人没把他当成作家，也没人欣赏他的创作，而且不谈及文学这个话题。她们需要的是一个负责任的男人，是一个结婚顾家的男人，而卡夫卡根本不是这样的男人。

密伦娜·耶申斯卡却不同。这个24岁的捷克女郎是个已婚女子，性格爽朗、果断勇敢、敢作敢为、敢恨敢爱，而且还是个颇有才华的作家。卡夫卡和她的恋情注定与以往不同。他们趣味相投，有着共同的爱好。1920年4月初，卡夫卡收到密伦娜的译稿，她把卡夫卡的《运煤工》翻译成捷克文。他没有想到自己的作品竟成了一个女人主动接触的起点，密伦娜不仅爱他的作品还爱他的人。这时他正在阿尔卑斯山区蒂罗尔南部休假，在那里他开始与密伦娜通信，此后互相频繁通信，两人之间没有隔膜，敞开心扉交谈。卡夫卡无视密伦娜是个已婚妇人。他说："对我来说，你不是已婚的妇人，还是个年轻的姑娘。我还没见过像你这样有少女味的姑娘。"的确，在情人眼里24岁的少妇比清纯少女还有魅力。

频繁写信使两人的感情迅速升温，写信已不能解相思之苦。密伦娜写信让卡夫卡来维也纳看她，他才意识到密伦娜是属于他的。1920年6月29日，卡夫卡来到维也纳。第二天卡夫卡和密伦娜见面，两个互相倾心的人度过了幸福的4天。在密伦娜激情的爱恋抚慰下，卡夫卡焦虑的心结打开了，甚至把疾病也抛在了脑后。

7月4日，卡夫卡离开维也纳，准备动身回布拉格。密伦娜穿着漂亮的衣裙，把卡夫卡送到火车站。分别的时刻，他觉得天都要塌下来了。回到布拉格，卡夫卡依旧陶醉在幸福之中，甚至一天给密伦娜写3封情书。在布拉格的初次见面，两人都是一见钟情，相见恨晚。卡夫卡在给友人马克斯·勃洛特的信中是这样评价密伦娜的："她是一团烈焰，勇敢、聪颖，愿意奉献出一切。或者可以说，她用献身精神获得了一切。"

面对密伦娜咄咄逼人的狂热爱情，卡夫卡慢慢地有些害怕，想到不可能实现的婚姻，他再度感到焦虑不安。他给密伦娜一再写信，想结束这场爱情。虽然他知道密伦娜的婚姻早已名存实亡，但她毕竟是有夫之妇。8月4日，卡夫卡和密伦娜在奥地利和捷克斯洛伐克之间的一个边境小站格蒙登再次相会，这是个不快之夜，两人搞得很僵。此后，卡夫卡便想同密伦娜在情爱上一刀两断，因为她还不能下决心与丈夫离婚，他们之间只能偷偷摸摸地交往。卡夫卡写给她的信不能署上名字和日期，不敢正大光明地寄到她的家里，只能寄到一个固定的地点，然后由密伦娜去取。地下恋情是不能见光的，这也是卡夫卡的苦恼之一。

卡夫卡必须在创作和生活中再做一次抉择。卡夫卡为了写作把密伦娜推开，情爱的快乐对他已构不成诱惑。事实上，他们之间虽然结束了情爱游戏，但谁都没有忘记对方。密伦娜没有失望，继续关注着卡夫卡，继续翻译他的作品，在他的作品中感受他的呼吸，感受他的躯体，感受他的恐惧。但卡夫卡千方百计地逃避着密伦娜，他的病已不允许他再去谈情说爱。1921 年秋天，卡夫卡回到布拉格，密伦娜正巧途经此地，希望看看卡夫卡，两人终于得以见面。10 月初，卡夫卡把自己的所有日记交给了密伦娜。那时，《失踪的人》《致父亲的信》的手稿都已经到了密伦娜手里，卡夫卡再也没有要回。在卡夫卡的一生中，还没有一个女子像密伦娜一样得到卡夫卡的无限信赖。

密伦娜得知他的病情后，始终放心不下。1921 年 12 月 1 日，密伦娜第四次前来探望卡夫卡无果以后，又一次坐上火车前来看望卡夫卡。他在日记里关于她的几次来访有过叙述："一如往常，这几次见面是有感情的、诚挚的……" 1922 年 1 月，卡夫卡着手写作《城堡》，他心里仿佛有密伦娜的影子；4 月，他主动给密伦娜写信，两人期待着再一次见面。就在这封信发出不久，他们在布拉格再次相会。这以后他们偶尔还书信来往，心里思念着对方。

密伦娜最先认识到卡夫卡的价值，她崇拜他的才华，并以他对她的爱情为骄傲，但她又格外现实，知道自己必须放弃。卡夫卡与密伦娜的爱情结束后，完成了不朽的长篇小说《城堡》和短篇名作《饥饿的艺术家》《夫妇》等。卡夫卡去世后不久，密伦娜就离了婚，与一个信奉共产主义的贵族结合。1927 年，32 岁的密伦娜又嫁给富有才华的捷克建筑师克列依查尔，并生下一个女孩。在第二次世界大战期间密伦娜被盖世太保逮捕，后死于法西斯集中营。卡夫卡与密伦娜的情爱，是他一生最炽热的一次，爱上一个有夫之妇是要冲破世俗观念的。密伦娜至死都是眷恋卡夫卡的，尽管有几次婚变，但始终保存着卡夫卡的书信，给后人留下了《卡夫卡致密伦娜情书》。这些书信不仅见证了他们的爱情，也成为了研究卡夫卡的重要资料。

卡夫卡一生中交往的最后一个女人是多拉·笛雅梦特。1923 年 7 月，卡夫卡与多拉相识于米里茨的一个度假村。多拉是当地一家犹太公益机构的管理员，她只有19岁，受过严格的东正教教育，精通希伯来语，为人热情、天真无邪、淳朴自然、乐于助人。这些都深深地吸引了卡夫卡，两人很快陷入热恋。不久，他们在柏林同居了。两人在柏林生活期间，卡夫卡又经历了一次小小的创作高潮，写出了《一个小妇人》《地洞》和他的绝笔之作《女歌手约瑟芬或耗子民族》。

卡夫卡与多拉在一起仅有一年多的时间，却是他生活得十分幸福和快乐的时光，他终于成功地逃出了布拉格，并出人意料地建立起“家庭”，这怎么能不令人欣慰呢！晚上，他常常给多拉朗读文学作品，待她睡着就开始写作。看着熟睡的年轻少女，他感到一种心满意足，甚至幻想着与多拉移居巴勒斯坦，开一家小餐馆，多拉掌勺，他当招待。

1924年3月初，卡夫卡病情恶化，高烧不退，浑身战栗。家人和朋友将他接回布拉格。他的结核病已经蔓延到喉头，已经完全没有治愈的希望了。4月初，他被送进维也纳瓦尔特疗养院，多拉从柏林赶来照顾他。不久，卡夫卡又被转到维也纳大学医院。4月下旬，他被送到基尔林霍夫曼博士疗养所。多拉日夜守护着他，寸步不离。卡夫卡的病情没有好转，确诊结果是喉头结核病。卡夫卡的身体一天比一天虚弱，吞咽食物都已经困难。他与多拉的思想交流只能通过纸条进行了，卡夫卡明白自己将不久于人世了。

1924年6月2日，卡夫卡在病榻上校改最后一部作品集的清样，看着校样，泪水从他的脸上淌下。6月3日，他的呼吸突然急促起来。卡夫卡要求克洛普施托克大夫为他注射吗啡，这是大夫4年前答应下来的。他神情异常痛苦地说：“杀了我吧！不然你就是凶手！”在万般无奈的情况下，克洛普施托克给卡夫卡注射了一针安眠剂。中午时分，也就是41岁生日的前一个月，卡夫卡与世长辞，结束了他充满矛盾的一生。令人遗憾的是，他没能与多拉成为真正夫妻。

卡夫卡去世后，他的遗体停放在疗养所的小教堂里。多拉的心都要碎了，她完全失去了理智，始终守在他的身边，要陪伴着孤独的卡夫卡，拒绝离开卡夫卡的遗体。卡夫卡的遗体被运回布拉格，6月11日在施特拉施尼茨犹太公墓下葬。当他的棺木往墓穴里徐徐下放时，多拉拼命往坟墓里跳，人们得用力把她抱住才行。在卡夫卡一生挚爱的女人中，数多拉对他的感情最真挚。

卡夫卡一生的作品并不多，但他的小说揭示了一种变形荒诞的充满非理性色彩的景象，个人式的、忧郁的、孤独的情绪，运用的是象征式的手法，对后世的影响是巨大和深远的，许多现代主义文学流派如“荒诞派戏剧”、法国的“新小说”等都把卡夫卡奉为自己的鼻祖。

自杀逃离畸形爱情痛苦——马雅可夫斯基

苏联伟大的革命诗人马雅可夫斯基，是个才华出众、浪漫多情的诗人，但生前得不到承认。他终生追求真挚而纯洁的爱情，却始终没有获得向往的婚姻。为了得到莉莉娅的爱情，他两次自杀未遂。他渴望和情人波隆斯卡雅结婚，却不给她足够的时间处理，便用手枪结束了自己年轻的生命。

马雅可夫斯基（1893—1930 年）是苏联伟大的革命诗人、戏剧革新家。其代表作有长诗《穿裤子的云》《列宁》《好!》，代表剧作有《符拉基米尔·马雅可夫斯基》《宗教滑稽剧》，讽刺喜剧《臭虫》《澡堂》等。他的诗歌表达了胜利者的进取精神和希望，歌颂了革命力量和胜利，洋溢着澎湃的激情。长诗《列宁》从正面描写了列宁的光辉一生，刻画了群众对列宁的深厚感情，在形式上采用阶梯式手法，节奏明快。他的喜剧讽刺了小市民并揭露了官僚主义，在戏剧艺术上有所创新。马雅可夫斯基主张舞台应有强烈的剧场性和假定性，反对自然主义地描摹生活。他的戏剧理论对后来的苏联戏剧产生了深远的影响。

马雅可夫斯基一生追求进步，参加过地下斗争，坐过牢，经受过革命急风骤雨的考验。1917 年，他从艺术的殿堂走上战斗的街垒，同革命人民一道参加埋葬旧世界的斗争。他那脍炙人口的诗句："你吃吃凤梨，嚼嚼松鸡，你的末日到了，资产阶级!"以轻蔑的口吻宣判资产阶级反动政权的死刑。这首短诗成了革命水兵攻打冬宫时的战歌。十月革命后，他明确宣布站在苏维埃政权的一边，做维护新政权的工作。他到广场去，到工厂去，在群众集会上发表演说，朗诵诗歌，进行革命宣传鼓动工作。面对资产阶级对无产阶级革命的诅咒，马雅可夫斯基愤然挥笔，写下了震撼人心的《革命颂》(1918 年)。

然而，他所做的一切不被革命作家所理解，始终受到宗派主义的排斥。马雅可夫斯基认为自己有力量，有理性，在处理个人问题上持革命态度。可是，在他的作品中，有那么多的诗是渴望爱情以及表达内心忧郁的自白，如《从巴黎致函谈爱情》（1927 年）和那首优美的《放开喉咙歌唱》。作为一个革命者，他克制“个人主义的情感”；可在现实生活中，诗人虽竭力要把各种倾向、幻想和怀疑加以禁锢，它们却不自觉地一并挣脱出来。他在诗歌创作中从不掩饰自己对女人的爱，这些爱给他带来了无限的幸福与欢乐，激励他产生耀眼的灵感火花；同时，也使他陷入了无尽的苦恼与悲哀中。他终生追求真挚而纯洁的爱情，却屡受挫折，没能与心爱的女人结合，没能获得他所向往的婚姻。于是，脆弱的他竟心急地先去了，以自杀结束了生命，身后留下 13 卷诗文。马雅可夫斯基的创作、生死，同女人与爱情紧紧地缠绕在一起。

1893 年 7 月 19 日，符拉基米尔·符拉基米罗维奇·马雅可夫斯基出生在格鲁吉亚库塔伊斯省的巴格达吉村。他的父亲是一位没落贵族，担任过高加索林务官。1906 年，父亲去世后，全家迁居莫斯科。因为贫穷，他不得不和姐姐们为工艺品商店加工商品，绘制图画，为母亲分忧。生活的残酷，刺痛了马雅可夫斯基的心，他天真的性格，开始有所改变，逐渐变得喜欢沉默凝思，眼神中常常带着忧郁和冷漠，一道明显的皱纹在眉宇间竖起，如同刀刻的一般，而且终生没有平复过。

学生时期，马雅可夫斯基结识了一个参加了布尔什维克党的大学生，使他有机会接触了党内的同志，从此选定了自己的人生道路。1908 年年初，马雅可夫斯基参加了俄国社会民主工党（布），成为党的宣传员，义无反顾地投入到了工作和战斗中去。1911 年，马雅可夫斯基进入绘画雕刻建筑学校学习，结识了一大批未来派的诗人、画家。他曾 3 次被捕，坐过 11 个月的牢。第三次出狱后，他却陷入了一种所谓“进退两难”的“不安的心情”之中，产生了搞社会主义的艺术会同党的工作相矛盾的错误认识，从此开始了他生活与创作的曲折时期。

马雅可夫斯基在敖德萨与玛丽亚一见钟情，但他们的初恋被玛丽亚的家人扼杀了。他爱上了莉莉娅，但遭到莉莉娅家人的极力反对。他被爱情弄得神魂颠倒，两次为莉莉娅自杀未遂。最终两人还是没能结合。

爱情上的失意一直伴随着诗人。1913年年底，马雅可夫斯基与朋友一起周游俄罗斯，在敖德萨认识了举止优雅、品貌端庄、对文学艺术有着深厚兴趣的玛丽亚，她把浪漫的诗人迷住了；诗人过人的才华，也像磁石般吸引着她。她对这个来自莫斯科的小伙子一见钟情。他们相亲相爱，如鱼得水。马雅可夫斯基的朋友几乎怀疑他不会离开这里了。然而不久，马雅可夫斯基突然决定离开这个城市。几个月以后，他回到了莫斯科，心头依旧鸣响着初恋的痛苦的回声。他为妈妈和姐姐们朗诵了一首关于自己不幸爱情的诗篇：

你们以为，这是打摆子说胡话吗？
这是，
这是在敖德萨。
“我四点来”——玛丽亚说。
可是八点。
九点。
十点。
……

“那么这位玛丽亚到底在哪儿呢？”他读完以后，妈妈问道。

“妈妈，别提这个了。”马雅可夫斯基惨然地回答说。是的，玛丽亚再也不会回到他的身边了。因为她的父母和亲戚顽固地认为马雅可夫斯基不过是一个一文不名的穷光蛋，依靠人格和才华要娶走玛丽亚，那是绝对办不到的。于是他们强迫玛丽亚和心上人断绝来往，并把她另嫁他人。世俗的铜臭，玷污了他们纯洁的爱情，也使年轻的诗人领略了世事的混浊，进一步加深了对腐朽的资本主义的憎恶。

在马雅可夫斯基的遗书里，有一句“莉莉娅，爱我吧”和“已经开始的诗篇，请给勃里克夫妇，他们会搞清楚的”的话。与莉莉娅的交往是诗人生活中刻骨铭心的一段爱情。1914 年年底，一个偶然机会，马雅可夫斯见到了莉莉娅。她是个性情飘逸、性格开朗的迷人女孩，很快马雅可夫斯基便被她吸引了。

1915 年 5 月，马雅可夫斯基想和莉莉娅建立家庭，但遭到莉莉娅父母的反对，他们不喜欢这个经常挨饿的“未来派”的青年。8 月下旬，莉莉娅与批评家勃利克结婚，迁居彼得堡。马雅可夫斯基一直与她保持着联系，并且经常给她邮寄自己为她写的诗歌。为她写了《我爱》《关于这本》等长诗。这次爱情弄得诗人神魂颠倒。为赢得姑娘的感情，他两次自杀未遂，有一次他朝心脏开了枪，幸亏打歪了，伟大的诗人才幸免一死。

1917 年的一个朗诵会上，马雅可夫斯基为莉莉娅当众赋诗，并且暴露了许多他们的私生活，这让莉莉娅很生气，她决定断绝与马雅可夫斯基的来往。两个月后，他们都因为不能忍受思念之苦，于是又言归于好了。

一次，在思念这位情人时，他抑制不住自己的感情，挥笔写下了一首饱蘸心血、情意缠绵的诗《献给莉丽奇卡》。诗中写道：

我
　没有大海
　　　　除了你的爱
……
我
　没有太阳
　　　　除了你的爱。

1925 年 10 月，莉莉娅给马雅可夫斯基写了一封长信，提出要与他分手，她说自己已不再爱马雅可夫斯基了，马雅可夫斯基也不像以前那么爱她了。事实上，马雅可夫斯基仍然爱着她，虽然不像过去那么疯狂，却是深情的。为了不违背莉莉娅的意志，马雅可夫斯基只有偷偷地爱她。

1925年年底，他们再次碰面，莉莉娅发现马雅可夫斯基依然爱着她，但这时她已不想与他纠缠，于是他们的关系有了新的变化，以互尊互敬为主。

当他和后来的情人波隆斯卡雅谈起莉莉娅时，怅然若失地说道：“多么动人的名字，她的人就像这名字一样美丽！”马雅可夫斯基在给政府的遗书里，还将莉莉娅·勃里克算作他的家属，希望政府给予照顾，可见诗人的一片痴心。

马雅可夫斯基在巴黎向少女达季雅娜求婚，对方避而不答，又一次让他为爱情痛苦万分。他与已婚女演员波隆斯卡雅的爱情，既有甜蜜也有烦恼，既有幸福也有苦痛，他陷入到畸形的爱情里不能自拔。

1928年10月，马雅可夫斯基来到了巴黎，遇到了一个法国籍俄罗斯少女达季雅娜。少女的美丽与活力让诗人暂时忘记了莉莉娅，他以为这回得到了真爱。他写了《给雅可夫列娃·达季雅娜》送给所爱的人，表白自己那炽热的爱情，继而向达季雅娜求婚，要她一同回莫斯科。女方避而不答，诗人只得孤身回国。1928年12月，他回国以前，向巴黎的花房预约：每周给达季雅娜送一束鲜花，并附上一张字条，上面写着：

我们给您送上几朵玫瑰花
想使生活
　　　　发出
　　　　　　美妙的光华。
玫瑰会凋萎
　　　　　那时我们
将把菊花

投在

您的足下。

每一次爱情，诗人都是认真的。他是个感情专一的人，但只有付出，却没得到回报。这使诗人痛苦万分，无法忘怀。他情绪开始多变，时好时坏，时喜时悲，反复无常。

1929 年 5 月，诗人与莫斯科艺术剧院已婚女演员波隆斯卡雅偶然相遇，很快就互相熟悉了。他们相约散步谈心，到剧院看演出，频繁的接触使他们有了深入的了解，彼此间增进了友谊，感情也随着时间的推移逐步加深。马雅可夫斯基开始邀女友去他家做客。他拿出自己出版的书给她看，还像个出色的演员那样满怀激情地为她朗诵自己写的诗。诗人的嗓音低沉浑厚，诗句从他的嘴里诵读出来，有着感人的魅力。在波隆斯卡雅的眼里，马雅可夫斯基才华横溢，幽默风趣，浪漫多情，热情似火，这和她的丈夫是多么不同呀。波隆斯卡雅的心和眼前的这个男人贴近了，心灵产生了共鸣，她迷恋上了诗人。

波隆斯卡雅开始天天去诗人的家。马雅可夫斯基向女友讲述他那不幸的过去，得到了女友深切的同情。一次，波隆斯卡雅和朋友们从高加索回到莫斯科，马雅可夫斯基亲自到火车站去接她，并献上了两束漂亮的玫瑰花。波隆斯卡雅通过自己的观察，感受到诗人真诚的爱恋，她感到无比幸福，庆幸自己终于获得了真正的爱情。

他们的爱情生活充满了浪漫色彩，两个不幸的人陶醉在爱情里。一天晚上，他们并肩行走在鲁比亚大街，当走到广场上时，马雅可夫斯基当着过往行人的面，兴奋地跳起了马祖卡舞。他高兴极了，那本来高大笨拙的身体，此时却显得轻盈、滑稽、动人。冬天，他们一起去兜风。在冰天雪地里身体几乎冻僵了，然后一下车便开始奔跑，倒在雪地里嬉戏。马雅可夫斯基兴奋异常，他用手杖在雪地画了一颗心，接着又画了一支箭，穿心而过，旁边注着“娜拉——马雅可夫斯基”，象征着爱情丘比特的箭射中了他们。

然而爱情中有欢乐也有悲伤。波隆斯卡雅的排演任务非常忙。她是一个有进取心的演员，常对自己扮演的角色不满意，总是想不断地钻研、探讨。为此，她与马雅可夫斯基会面明显减少了，甚至一个星期乃至半个月也见不上一面。这使得马雅可夫斯基开始疑心起来，为女友的疏远而忧心忡忡，还吃起波隆斯卡雅丈夫雅辛的醋。有时他们相约见面，本来波隆斯卡雅兴致很高，诗人却十分忧郁，要么一言不发，要么魂不守舍，像是为某件事发愁，使得波隆斯卡雅的情绪也随之一落千丈。当波隆斯卡雅询问缘故时，马雅可夫斯基提出让女友离婚、退出戏剧界做他的妻子的要求。波隆斯卡雅以时机不成熟为由拒绝了。于是，他们难得的见面变成了无休止的争吵、埋怨。波隆斯卡雅不能理解诗人，开始有意地避开和他见面了。她不知道这时是诗人事业上最倒霉的时期，迫切需要得到她的安慰与体贴。

现实生活的不公正，使马雅可夫斯基身处逆境；爱情的不幸使他情绪上出现波动；文学界对他的误解和冷漠，使他的悲观情绪占了上风。年轻的伟大诗人走上了绝路。他对莉莉娅和波隆斯卡雅的爱至死不变。

马雅可夫斯基曾经不止一次地表明自己从事文学活动的宗旨是真心诚意地以革命的方法，为社会主义不懈地创作，要用自己的笔服务于今天的时刻，服务于真正的现实生活及其领路人——苏联政府和党。诗人唯一的希望，就是得到别人的理解与信任。然而他始终没有得到官方的正式承认，遭到一些自诩为革命作家的人的排挤，那些人总是对他的热情报以怀疑的眼光。苏联文学界同他的关系十分紧张，即使他要求加入革命组织——拉普（俄罗斯无产阶级作家协会）也无济于事。诗人因而变得焦急不安、心绪烦乱，常常独自发愁，无所适从。

他以为建立家庭就会减少痛苦，但波隆斯卡雅却屡屡拒绝。他对一位朋友这样说道："您读过车尔尼雪夫斯基的《怎么办》吗？我正在读。书中某些地方使我很感动。当时的问题是，走出家庭。现在的问题是，走入家庭，即建立家庭。很难。"

1930 年 2 月 1 日，"革命艺术战线"为诗人举办了他创作 20 周年的展览会，虽然受到读者的欢迎，但文学团体和各组织的代表没一个人参加。报纸上也开始出现攻击诗人的文章，他的作品《列宁》《好!》《澡堂》等也受到了非议。诗人的神经是相当敏感的。从1930年3月下旬起，这位长期严重疲于奔命的钢铁汉子，得了严重的流行性感冒，嗓子也疼得厉害。他在病中感到孤寂。痛苦折磨着肉体，吞噬着心灵。这时他多么需要有人站出来，理解他、信任他、慰藉他、爱抚他。

4月11日，马雅可夫斯基没有出席预定要参加的一个晚会，而是打电话给正在演出的波隆斯卡雅。他说自己很孤单、很痛苦，只有心爱的波隆斯卡雅能拯救他。波隆斯卡雅听了很感动，安慰他说：她同样不能没有马雅可夫斯基，等戏一演完，她马上去看他。波隆斯卡雅听到报幕的铃声，想挂断电话去上场，马雅可夫斯基赶忙说："娜拉，我亲爱的，我在信中向政府提出，把你看作是我家的成员之一，你不会反对吧?"波隆斯卡雅听不懂他的意思，只是委婉地说："我的上帝，我什么都不明白，你到底想说什么?"说完挂断电话，就去演出了。演出结束后，波隆斯卡雅马上到了马雅可夫斯基的家里，她请求他不要为他们的关系过于担忧，要保重身体，她迟早都会做他的妻子的，对此她已下定了决心。只是她想慎重、周全地考虑，如何做得更妥善些。她担心诗人的神经有点儿问题，建议他找医生看一看。说完这些，她略微待了一会儿，就又匆匆离去，忙着准备下面的演出。

4月14日，诗人再次约波隆斯卡雅在寓所谈话，并且事先拟好了一个谈话提纲，主要是谈他们之间的婚姻问题。当他们谈话时，马雅可夫斯基心情沉重，要求波隆斯卡雅不要去上班，留下来好好陪陪他。但是，剧院的规矩是严格的，波隆斯卡雅急于去剧院排演一个新戏，马上就得走。马雅可夫斯基坚持要她留下来，但波隆斯卡雅还是执意走了出去。当她走到距大门还有几步时，突然听到屋内发出一声枪响。她意识到了什么，两条腿一下子软了下来，但还是挣扎着往回跑。她呼叫着，在走廊里来回穿行，不敢去开马雅可夫斯基的房门。房间里，马雅可夫斯基用手枪击中胸膛，自杀身亡，年仅37岁。他死的时候，年迈的母亲和两个姐姐还活着，但都没有在他的身旁。只有波隆斯卡雅——可他们之间隔着一扇门。他在绝命书《给大家》中写道：

关于我的死，别埋怨任何人，也请你们不要造谣生事。死者最不喜欢这一套。

妈妈、两位姐姐和同志们，原谅我吧。——这不是个办法（我不愿别人这样做），但我没有别的出路。

莉莉娅——爱我吧。

政府同志，我的家属就是莉莉娅·勃里克、妈妈、两位姐姐和维洛尼佳·维陀尔多芙娜·波隆斯卡雅。

假如你能为他们解决生活问题，——谢谢。

已经开始的诗篇，请给勃里克夫妇，他们会搞清楚的。

正如人们所说——

事情已经了结，

爱情的小船在生活中

撞成了碎屑。

我的生命

已交割清楚，

不用再提彼此的委屈、

不幸

和痛苦。

祝你们幸福。

……

37 岁的马雅可夫斯基为何走上绝路？是多种原因造成的。经过漫长的斗争和献身之后，他感到自己仍然孤立无援；一个未来派诗人转变为无产阶级歌手，既招致未来派的攻击，又受到拉普的排斥，宗派主义的打击，使他悲愤万分；爱情屡受挫折，让他心灰意懒；情绪上不安定，内心十分痛苦；身体越来越糟，悲观情绪占了上风。伟大的诗人最终选择了自杀。

马雅可夫斯基自杀的消息令莉莉娅几乎崩溃，为此她写了多篇悼念文章，写这些文字时，她仿佛可以听到马雅可夫斯基的声音，感觉到他的表情、言语以及温暖的手。在这以后，爱情成为莉莉娅的一种痛苦，虽然又两次出嫁，但一直没能忘记马雅可夫斯基。1978 年 8 月 4 日，87 岁的莉莉娅趁家人不在时，偷偷地从枕下取出一个小包，从包里抽出一本普通的中学生作业本，颤巍巍地写道：“对于我的死不要怪罪于任何人，瓦夏（即马雅可夫斯基），谢谢你，原谅我，朋友们，再见了……”然后她服下安眠药。莉莉娅走后，她的家人把她的骨灰撒在风中，飘散在莫斯科美丽的原野里。在这片土地上，她和马雅可夫斯基第一次相遇。

诗人在死后得到了生前渴望的评价。1935 年 12 月 17 日，斯大林在《真理报》对马雅可夫斯基进行了新的评价：“马雅可夫斯基过去是而且现在还是我们苏维埃时代最优秀、最有才华的诗人。对纪念他的事情不关心，对他的作品的不关心都是错误的。”斯大林的这些话肯定了诗人在苏联诗歌史上的重要地位。诗人在死后得到了生前渴望的评价。

马雅可夫斯基生命短暂，爱情之花没有绽放，但他的作品却留在了人们的心中。尤其是著名长诗《列宁》（1925 年）和《好!》（1927 年），具有史诗的形式，气势磅礴、感情充沛、发自肺腑、激情四射、富有感染力，堪称“现代诗歌的奇葩”。